保险实务

(第2版)

王 启 主编

清华大学出版社
北京

内容简介

本教材以保险学理论为基础,系统梳理保险实务流程,采用模块化编写体例,每个模块内容以基本理论和基本知识为铺垫,加大案例分析和问题讨论,切实培养学生运用知识分析专业问题的能力;同时加大实训和技能训练,切实培养学生的实操能力。

本教材体现了保险学科当前最新成果,重点突出,实用性强,既可作为高职院校财经大类专业及相关专业的教材,也可作为保险从业者的参考用书。

本书封面贴有清华大学出版社防伪标签,无标签者不得销售。
版权所有,侵权必究。举报:010-62782989,beiqinquan@tup.tsinghua.edu.cn。

图书在版编目(CIP)数据

保险实务/王启主编. —2 版. —北京:清华大学出版社,2021.9(2025.8 重印)
ISBN 978-7-302-58738-5

Ⅰ.①保⋯ Ⅱ.①王⋯ Ⅲ.①保险业务 Ⅳ.①F840.4

中国版本图书馆 CIP 数据核字(2021)第 143114 号

责任编辑:陈凌云
封面设计:傅瑞学
责任校对:李 梅
责任印制:沈 露

出版发行:清华大学出版社
网　　址:https://www.tup.com.cn,https://www.wqxuetang.com
地　　址:北京清华大学学研大厦 A 座　　邮　　编:100084
社 总 机:010-83470000　　邮　　购:010-62786544
投稿与读者服务:010-62776969,c-service@tup.tsinghua.edu.cn
质量反馈:010-62772015,zhiliang@tup.tsinghua.edu.cn
课件下载:https://www.tup.com.cn,010-83470410

印 装 者:三河市龙大印装有限公司
经　　销:全国新华书店
开　　本:185mm×260mm　　印　　张:11.25　　字　　数:256 千字
版　　次:2013 年 3 月第 1 版　2021 年 9 月第 2 版　　印　　次:2025 年 8 月第 2 次印刷
定　　价:42.00 元

产品编号:091237-01

序言

有人曾说过，21世纪人才需求的标准是懂得现代科技的金融人才或懂得现代金融的科技人才。伴随全球经济、金融、信息一体化的发展，作为中国金融业三大支柱之一的保险业，在现代生活中发挥着越来越重要的作用。

作为我国高等职业院校的排头兵，深圳职业技术学院近20年来始终在探索最适合高等职业教育的人才培养模式。目前，深圳职业技术学院的金融保险专业已经形成以就业为导向、以岗位能力培养为核心、校企合作、学训一体的人才培养模式。

教学与实训是人才培养的重要内容，教材在教学与实训中发挥着非常关键的作用。本教材在前人的基础上，紧跟时代步伐，做了更进一步的改进，主要有以下四点特色。

（1）体现社会对职业的要求。高职教材必须体现职业对从业人员的要求，教材编写要以提高学生职业素养为中心，明确每章教学的知识目标和技能目标，并据此调整相应的内容，以强化课程教学的针对性和应用性，使学生毕业后能够迅速适应社会工作的需要。

（2）体现岗位对技能的要求。由有经验的教师和行业精英，按照工作岗位的实际需要，对岗位要求层层分解，以确定从事这一岗位工作应具备的能力，进而明确培养目标。按照教学规律，将相同、相近的各项能力进行总结、归纳，构成各种不同的教学模块，制订教学大纲，依次组织教材的结构和内容。教材强调以工作岗位所需职业能力的培养为核心，保证了职业能力培养目标的实现。

（3）适应高职大学生的特点。教材编写要密切关注学生的特点，注重教材的实用性。目前，金融保险专业的生源相对其他专业而言，文化基础较好，根据这一特征，教材编写应跟随新技术的变化，特别是根据新颁布的《中华人民共和国保险法》摒弃陈旧的内容，将新方法、新标准编入教材，使学生毕业后从事专业技术工作和管理工作更加得心应手。

（4）便于组织教学。在结构上，本教材充分实现了理论讲述、案例分析、综合实训三者的相互结合。

王启老师作为保险专业教学领域的新兵，近年来努力钻研，取得了卓有成效的成绩。本教材凝结了他在金融保险教学研究中很多独到的心得体会，相信会给大家带来不一样的收获。

深圳职业技术学院经济学院原院长　查振祥

前言

金融作为现代经济的核心,在我国社会主义建设中发挥着举足轻重的作用。作为金融服务行业,保险业与银行、证券业共同铸成了金融体系的三大支柱。保险是人类社会发展史上最伟大的发明之一,是一种利用市场化方法应对各类灾害事故和突发事件、妥善安排人的生老病死、转移风险的社会管理机制。

改革开放以后,我国保险业进入到一个新的发展阶段。特别是当前,随着我国经济的快速发展,人们可支配收入的不断增长,保险意识逐渐增强,保险业进入了加速发展阶段,保险业的地位也得到大幅的提升。保险不再是孤立发展,而是与银行、证券、投资理财等几乎所有金融行业相互融合、齐头并进。保险已经成为金融市场不可缺少的三大支柱之一,在社会主义建设中发挥着越来越重要的作用。

最近几年,我国保险业发展进入加速期,保险实务也不断推陈出新;保险实践和保险理论也在不断创新,新思想、新观点和新方法层出不穷。同时,新的保险实践和新的保险理论,客观上也要求保险实务教材对其加以总结。

2015年4月24日修正的《中华人民共和国保险法》(以下简称《保险法》),与之前相比有了很大变化,比如限制保险人合同解除权,增设保险合同不可抗辩规则;借鉴英美法系的禁止反言制度,规定保险人在合同订立时已经知道投保人未如实告知的情况的,保险人不得解除合同,不得免于承担保险责任;扩大人身保险利益的范围,规定投保人对与其具有劳动关系的劳动者有保险利益,可以为劳动者投保;等等。新修正的《保险法》客观上要求保险实务教材要与之相适应。

正是为适应以上几个方面的客观要求,我们经过努力,并在吸收他人研究成果的基础上编写了这本教材。本教材主要有以下特点。

(1)教材内容模块化。突破以往保险类教材按章节编写的惯例,改按模块化进行编写。

(2)紧跟时代步伐。保险与我国的经济都在不断进步和发展,本教材更新了很多陈旧的内容,以适应新形势发展的需要。

(3)更适合学生学习。本教材明确了模块学习的目标,配置了大量的案例分析和课堂讨论,把理论的学习转化为讨论的形式,让学生学会分析问题进而解决问题,一改以往枯燥的学习方式。实践证明,这种方式更受学生欢迎。

本教材由王启编写模块一~模块五以及模块九和模块十;魏莱编写模块六~模块八。本教材在编写的过程中得到了苏秋高等老师的帮助,在此表示感谢!

编　者

目录

模块一　保险与风险 ··· 1

单元 1.1　风险和风险管理 ··· 1
   1.1.1　风险 ··· 1
   1.1.2　风险管理 ·· 5

单元 1.2　保险概述 ·· 8
   1.2.1　保险的定义 ·· 8
   1.2.2　保险的要素 ·· 9
   1.2.3　保险的基本特征 ··· 12
   1.2.4　保险的职能 ··· 13
   1.2.5　保险的作用 ··· 15
   1.2.6　保险与其他一些活动的比较 ································ 17
   1.2.7　保险的分类 ··· 19
   1.2.8　现代保险的形成和发展 ······································ 20

复习思考题 ··· 21

模块二　保险合同 ·· 22

单元 2.1　保险合同概述 ··· 22
   2.1.1　保险合同的定义 ··· 22
   2.1.2　保险合同的法律特征 ··· 22
   2.1.3　保险合同的种类 ··· 23

单元 2.2　保险合同的要素 ·· 26
   2.2.1　保险合同的主体 ··· 26
   2.2.2　保险合同的客体 ··· 28

单元 2.3　保险合同的内容及形式 ·· 28
   2.3.1　保险合同的内容与解读 ······································ 28
   2.3.2　保险合同的形式 ··· 29

单元 2.4　保险合同的订立与效力 ·· 31
   2.4.1　保险合同的订立 ··· 31
   2.4.2　保险合同的成立与生效 ······································ 31

单元 2.5	保险合同的履行、变更和终止	33
	2.5.1 保险合同的履行	33
	2.5.2 保险合同的变更	35
	2.5.3 保险合同终止的几种形式	35
单元 2.6	保险合同的解释与争议的处理	37
	2.6.1 保险合同条款的解释原则	37
	2.6.2 保险合同条款的解释效力	38
	2.6.3 保险合同争议的处理方式	39
复习思考题		40

模块三 保险的基本原则 … 41

单元 3.1	最大诚信原则	41
	3.1.1 最大诚信原则的定义	41
	3.1.2 最大诚信原则作为保险法基本原则的原因	42
	3.1.3 最大诚信原则的基本内容	42
	3.1.4 最大诚信原则的违反及法律后果	44
单元 3.2	保险利益原则	45
	3.2.1 保险利益原则的定义和意义	45
	3.2.2 构成保险利益的条件	46
	3.2.3 保险利益原则在保险实务中的应用	47
单元 3.3	损失补偿原则	50
	3.3.1 损失补偿原则及其意义	50
	3.3.2 损失补偿原则对补偿量的规定	50
	3.3.3 损失补偿原则的延伸	51
单元 3.4	近因原则	53
	3.4.1 近因原则的含义	53
	3.4.2 近因原则的应用	53
	3.4.3 近因的识别	54
复习思考题		55

模块四 保险市场 … 56

单元 4.1	保险市场概述	56
	4.1.1 保险市场的定义	56
	4.1.2 保险市场的要素	56
	4.1.3 保险市场的特点	57
	4.1.4 保险市场的分类	58
	4.1.5 保险市场的供给与需求	59
单元 4.2	保险市场的构成	61

  4.2.1 保险人 ………………………………………………………………… 61
  4.2.2 投保人 ………………………………………………………………… 63
  4.2.3 被保险人 ……………………………………………………………… 64
  4.2.4 保险中介人 …………………………………………………………… 65
 单元4.3 国内外保险市场 …………………………………………………………… 66
  4.3.1 中国保险市场简介 …………………………………………………… 66
  4.3.2 国外保险市场简介 …………………………………………………… 69
 复习思考题 …………………………………………………………………………… 72

模块五 保险公司业务经营环节 73

 单元5.1 保险销售 …………………………………………………………………… 73
  5.1.1 保险销售的定义与意义 ……………………………………………… 73
  5.1.2 保险销售的主要环节 ………………………………………………… 73
  5.1.3 保险销售渠道 ………………………………………………………… 76
 单元5.2 保险承保 …………………………………………………………………… 79
  5.2.1 保险承保的定义 ……………………………………………………… 79
  5.2.2 保险承保的主要环节 ………………………………………………… 80
  5.2.3 财产保险的核保 ……………………………………………………… 81
  5.2.4 人寿保险的核保 ……………………………………………………… 82
 单元5.3 保险理赔 …………………………………………………………………… 83
  5.3.1 保险理赔的定义 ……………………………………………………… 83
  5.3.2 保险理赔的基本原则 ………………………………………………… 84
  5.3.3 保险理赔的方式 ……………………………………………………… 84
  5.3.4 保险理赔的程序 ……………………………………………………… 85
  5.3.5 保险理赔的时效 ……………………………………………………… 86
 单元5.4 保险客户服务 ……………………………………………………………… 87
  5.4.1 保险客户服务的定义 ………………………………………………… 87
  5.4.2 保险客户服务的主要内容 …………………………………………… 87
  5.4.3 财产保险客户服务的特别内容 ……………………………………… 88
  5.4.4 人寿保险客户服务的特别内容 ……………………………………… 89
 复习思考题 …………………………………………………………………………… 90

模块六 人身保险 91

 单元6.1 人身保险概述 ……………………………………………………………… 91
  6.1.1 人身保险的定义 ……………………………………………………… 91
  6.1.2 人身保险的特点 ……………………………………………………… 91
  6.1.3 人身保险的分类 ……………………………………………………… 92
  6.1.4 人身保险的相关条款 ………………………………………………… 93

单元 6.2　人寿保险 ………………………………………………………………… 95
　　6.2.1　人寿保险的定义 ……………………………………………………… 95
　　6.2.2　人寿保险的特征 ……………………………………………………… 95
　　6.2.3　普通型人寿保险 ……………………………………………………… 96
　　6.2.4　年金保险 ……………………………………………………………… 98
　　6.2.5　团体人寿保险 ………………………………………………………… 100
　　6.2.6　新型人寿保险 ………………………………………………………… 101
单元 6.3　健康保险 ………………………………………………………………… 105
　　6.3.1　健康保险的定义 ……………………………………………………… 105
　　6.3.2　健康保险的特征 ……………………………………………………… 106
　　6.3.3　健康保险的基本类型 ………………………………………………… 107
单元 6.4　意外伤害保险 …………………………………………………………… 110
　　6.4.1　意外伤害保险的定义 ………………………………………………… 110
　　6.4.2　意外伤害保险的特征 ………………………………………………… 111
　　6.4.3　意外伤害保险的可保风险 …………………………………………… 112
　　6.4.4　意外伤害保险的主要种类 …………………………………………… 112
　　6.4.5　意外伤害保险的给付方式 …………………………………………… 113
复习思考题 …………………………………………………………………………… 113

模块七　财产保险 ……………………………………………………………… 114

单元 7.1　财产保险概述 …………………………………………………………… 114
　　7.1.1　财产保险的定义与特征 ……………………………………………… 114
　　7.1.2　财产保险的分类 ……………………………………………………… 116
单元 7.2　财产损失保险 …………………………………………………………… 117
　　7.2.1　企业财产保险 ………………………………………………………… 117
　　7.2.2　家庭财产保险 ………………………………………………………… 120
　　7.2.3　海洋货物运输保险 …………………………………………………… 122
　　7.2.4　机动车辆保险 ………………………………………………………… 124
单元 7.3　责任保险 ………………………………………………………………… 130
　　7.3.1　责任保险概述 ………………………………………………………… 130
　　7.3.2　产品责任保险 ………………………………………………………… 132
　　7.3.3　雇主责任保险 ………………………………………………………… 133
　　7.3.4　职业责任保险 ………………………………………………………… 134
　　7.3.5　公众责任保险 ………………………………………………………… 135
单元 7.4　信用保险与保证保险 …………………………………………………… 136
　　7.4.1　信用保险与保证保险的定义 ………………………………………… 136
　　7.4.2　信用保险的主要特征 ………………………………………………… 136
　　7.4.3　信用保险的作用 ……………………………………………………… 137

　　　　7.4.4　信用保险的主要种类 …………………………………………………… 137
　　　　7.4.5　保证保险的主要种类 …………………………………………………… 139
　　复习思考题 …………………………………………………………………………… 140

模块八　保险代理人和保险经纪人 ……………………………………………… 141

　　单元 8.1　保险代理人概述 …………………………………………………………… 141
　　　　8.1.1　保险代理人的定义 ……………………………………………………… 141
　　　　8.1.2　保险代理人的作用 ……………………………………………………… 141
　　　　8.1.3　保险代理人的权利和义务 ……………………………………………… 142
　　单元 8.2　保险代理机构 ……………………………………………………………… 142
　　　　8.2.1　保险专业代理机构 ……………………………………………………… 142
　　　　8.2.2　保险兼业代理机构 ……………………………………………………… 143
　　单元 8.3　保险经纪人概述 …………………………………………………………… 143
　　　　8.3.1　保险经纪人的定义 ……………………………………………………… 143
　　　　8.3.2　保险经纪人的主要经营业务 …………………………………………… 144
　　　　8.3.3　保险经纪人的作用 ……………………………………………………… 144
　　　　8.3.4　保险代理人与保险经纪人的区别 ……………………………………… 145
　　复习思考题 …………………………………………………………………………… 145

模块九　保险监管 …………………………………………………………………… 146

　　单元 9.1　保险监管概述 ……………………………………………………………… 146
　　　　9.1.1　保险监管的定义 ………………………………………………………… 146
　　　　9.1.2　保险监管的意义 ………………………………………………………… 146
　　　　9.1.3　保险监管的模式 ………………………………………………………… 147
　　　　9.1.4　保险监管的原则 ………………………………………………………… 148
　　　　9.1.5　保险监管的目标 ………………………………………………………… 149
　　单元 9.2　保险监管的主体、客体和内容 …………………………………………… 150
　　　　9.2.1　保险监管的主体 ………………………………………………………… 150
　　　　9.2.2　保险监管的客体 ………………………………………………………… 151
　　　　9.2.3　保险监管的内容 ………………………………………………………… 151
　　　　9.2.4　保险监管的方式 ………………………………………………………… 153
　　　　9.2.5　保险监管的纠正与处罚措施 …………………………………………… 154
　　　　9.2.6　中国银行保险监督管理委员会 ………………………………………… 155
　　复习思考题 …………………………………………………………………………… 158

模块十　互联网保险 ………………………………………………………………… 159

　　单元 10.1　互联网保险概述 ………………………………………………………… 159
　　　　10.1.1　互联网保险的概念 …………………………………………………… 159

10.1.2　互联网保险的主要特点 ··· 159
　　10.1.3　互联网保险的作用 ··· 160
单元10.2　互联网保险的发展过程和现状 ································· 162
　　10.2.1　互联网保险发展的过程 ··· 162
　　10.2.2　互联网保险发展的现状 ··· 163
　　10.2.3　我国目前的互联网保险模式 ····································· 164
复习思考题 ··· 165

参考文献 ··· 166

模块一

保险与风险

中国自古就有"天有不测风云，人有旦夕祸福"的警言，指的就是生活中存在风险。风险，无处不在，无时不有。在平静而自然的社会和家庭生活中，总会出现一些意想不到的风险，而保险是在商品经济条件下，人们为应付因风险造成的损失而结成的一种特定的经济关系，是最有效的风险管理方式之一。风险是保险产生的自然基础，无风险则无保险。因此，对风险的研究就成为研究保险的逻辑起点。

单元 1.1 风险和风险管理

案例阅读

2011年日本地震海啸事件

北京时间3月11日13点46分，日本本州岛附近海域发生里氏9.0级地震，震中位于宫城县以东太平洋海域，震源深度10公里，东京有强烈震感。在遭受海啸袭击的本州岛东海岸，巨浪冲毁55 380栋房屋和建筑。这起海啸最大高度可能达到23米，强震确认造成的死亡人数上升到8 133人，官方统计显示，有12 272人因地震和海啸等灾害而失踪，使日本因地震和海啸遇难及失踪人数达到了20 405人。据报道，在日本重灾区宫城县，确认遇难的人数为4 882人。此次地震海啸已超过阪神大地震，成为第二次世界大战以来造成日本死亡人数最多的灾难。为评估此次强震，美国负责应对自然灾害的联邦救灾局、地质调查局及国家气象局当日联合举行电话会议。地质调查局高级顾问戴维·艾伯盖特表示，地震还在海底造成一条长300千米、宽150千米的裂缝。据媒体报道，美国风险分析业者AIR Worldwide表示，西太平洋9.0强震或会致保险损失金额高达近400亿美元，这场灾难将成为史上代价最昂贵灾难，这还未计入海啸造成的损失。这项数额几乎等同于2010年全球保险业的全世界整体灾损金额，或会迫使保险市场调高保费。

资料来源：https://news.qq.com/a/20110314/000586.htm

1.1.1 风险

1. 风险的含义

风险无处不在，无时不有。在古老的说法中，风险被理解为客观的危险，体现为自然现象或者航海遇到礁石、风暴等事件。这个词的现代意义已经不是最初的"遇到危险",而是"遇到破坏或损失的机会"。风险不仅来自我们生活的自然环境和制度环境,也来自我们作为集体或个人做出的每个决定、每个选择以及每次行动。我们在被风险环境包围的同时,也在制造着新的风险。

学术界对风险的定义向来众说纷纭。美国学者海恩斯提出的风险概念是"损失或损失的不确定性"。美国著名经济学家奈特称风险为"可测定的不确定性"。美国保险学者魏以德将风险解释为"某种不幸事件发生与否的不确定性"。我国学者许谨良认为,风险的真正含义是指引致损失的事件发生的一种可能性。比较广泛认可的定义为:风险是指在一定的客观情况下和一定时期内,某种随机事件发生给人们经济利益造成损失的不确定性。

2. 风险的特征

(1) 风险存在的客观性

无论是自然界的物质运动,还是社会发展的规律,都是由事物的内部因素决定的,由超出人们主观意识而存在的客观规律决定的。地震、台风、洪水、海啸、瘟疫和意外事故等,都不以人们的意志为转移,它们是独立于人的意识之外的客观存在。人们只能在一定的时间和空间内改变风险存在和发生的条件,降低风险发生的频率和损失程度,而不能彻底消除风险。

(2) 风险存在的普遍性

自从人类出现后,就面临着各种各样的风险,如自然灾害、疾病、伤害、战争等。随着科学技术的发展、生产力的提高、社会的进步、人类的进化,又产生了许多新的风险,且风险事故造成的损失也越来越大。在当今社会,个人面临生、老、病、死、意外伤害等风险;企业面临自然风险、技术风险、经济风险、政治风险等;甚至国家政府也面临各种风险,比如现今欧洲很多国家面临的债务危机,个别国家濒临着破产的边缘。总之,风险充斥在国家、社会、企业、个人生活的方方面面,无处不在,无时不在。

(3) 风险的可变性

在一定条件下,风险可能会发生变化。随着人们对风险认识的增强和风险管理方法的完善,某些风险在一定程度上得以控制,其发生频率和损失程度得以降低,从而使风险发生变化。例如,在古代,妇女生孩子就好比过鬼门关,因为胎位不正等原因,妇女常出现难产,导致产妇和婴儿的死亡率很高。在科技比较发达的今天,可以进行剖腹产,妇女生产风险大幅降低。还有一些风险在一定的空间和时间范围内可以被消除。例如血吸虫病,在新中国成立之前,此病一度蔓延;新中国成立之后,国家采取了很多切实有效的措施,如给新生儿注射疫苗进行预防,经过一段时间,血吸虫病在我国逐渐绝迹。

(4) 风险的偶然性

从个体的角度看,风险事故的发生存在偶然性与不确定性的特征,即风险事故何时、何地发生是不确定的。有的个体可能发生风险事故,有的个体可能不发生风险事故,风险事故存在偶然性。

(5) 风险的可测性

虽然个别风险的发生是一种随机现象,但通过对大数据分析会发现其呈现出明显的规律性。运用统计学方法处理大量相互独立的偶发事故,可以准确地推断出风险的规律性。根据以往大量资料,利用概率论和数理统计的方法可测算出风险事故发生的频率及其损失程度,并可构造出损失分布的模型。以此作为风险估测的基础,可将个体的不确定性转化为总体的确定性,将个体的偶然性转化为总体的必然性。

3. 风险的构成要素

（1）风险因素

风险因素又称风险条件,是促使或引起风险事故发生,或在风险事故发生时,致使损失增加、扩大的条件。风险因素可以分为以下三种。

① 实质风险因素。实质风险因素又称物质风险因素,是指增加标的的风险发生机会或损失严重程度的直接条件,是一种有形的因素。例如,天气干燥会引起或增加火灾发生的机会,下雨则容易引起交通事故的发生。

② 道德风险因素。道德风险因素是一种与人的品德修养有关的无形因素,是指由于人的恶意行为或不良企图,故意促使风险事故发生或扩大已经发生的风险事故所致的损失程度,如纵火骗保、贪污、受贿等。

③ 心理风险因素。心理风险因素是指由于人们主观上的疏忽或过失,以致增加风险事故发生的机会和扩大损失程度的因素。心理风险因素也是一种无形因素。冒险横穿马路、在施工中不戴安全帽、驾驶车辆时不系安全带等,都属于心理风险因素。

（2）风险事故

风险事故又称风险事件,指可能的风险变为现实,以致引起损失的结果。风险事故是损失的直接原因。

（3）风险损失

风险损失是非故意的、非计划的和非预期的经济价值的减少。风险损失可分为两种形态：直接损失和间接损失。直接损失是由风险事故导致的财产本身的损失或人身伤害；间接损失则是由直接损失引起的额外费用损失、收入损失、责任损失等。

风险就是风险因素、风险事故和风险损失三个因素共同作用的综合体,其关系表现如图 1-1 所示。

风险因素 → 风险事故 → 损失

图 1-1 风险因素、风险事故和风险损失的关系

4. 风险的种类

（1）按风险的性质分类

① 纯粹风险。纯粹风险是指只有损失机会而无获利可能的风险。纯粹风险的产生一般与自然力的不规则作用或人们的错误或失当行为有关,如各类自然灾害和意外事故均是纯粹风险。又如汽车驾驶者会面临因汽车碰撞而带来的损失风险,一旦碰撞事故发生,会造成财物损失或人员伤亡；而如果不发生碰撞事故,车主也不会获得收入。相对于投机风险而言,它的变化轨迹呈现出随机事件的特征,保险人一般将纯粹风险视为可保风险。

②投机风险。投机风险是指既可能产生收益也可能造成损失的风险。这类风险的结果有三种可能：没有损失、遭受损失、获得盈利。例如股票投资，投资者购买某种股票后，可能会由于股票价格上升而获得收益，也可能由于股票价格下降而蒙受损失，但股票的价格到底是上升还是下降，幅度有多大，这些都是不确定的，因而这类风险属于投机风险。

(2) 按保险标的分类

①财产风险。财产风险是指导致一切有形财产毁损、灭失或贬值的风险，如汽车被撞坏、房屋被洪水冲垮、仓库货品被大火烧毁等。

②人身风险。人身风险是指可能导致人身伤残、丧失劳动力、疾病、死亡的风险，如因自然灾害、疾病、意外事故而导致的伤害或死亡等。人身风险会造成经济收入的减少和支出的增加，降低本人及其所赡养的人的生活水平。

③责任风险。责任风险是指个人或团体因故意、过失或无过失行为造成他人财产损毁、人身伤亡，根据合同或法律应负经济赔偿责任的风险。例如美容医生在给客户做美容手术时，出现了医疗事故；驾驶机动车对第三者造成的损失；热水器生产商生产的产品漏电，伤害了用户，等等。

④信用风险。信用风险是指在经济合同行为中，债权人和债务人之间因一方违约对他方造成经济损失的风险，如商业信用风险、银行信用风险。

(3) 按产生的原因分类

①自然风险。自然风险是指因自然力的不规则变化产生的自然现象所导致的危害经济活动、物质生产或生命安全的风险。如地震、水灾、火灾、风灾、雹灾、冻灾、旱灾、虫灾以及各种瘟疫等在现实生活中大量发生的自然现象。在各类风险中，自然风险是保险人承保最多的风险。自然风险的特征是：自然风险形成的不可控性、自然风险形成的周期性、自然风险事故引起后果的共沾性，即自然风险事故一旦发生，其涉及的对象往往很广。

②社会风险。社会风险是一种导致社会冲突、危及社会稳定和社会秩序的可能性。更直接地说，社会风险意味着爆发社会危机的可能性。一旦这种可能性变成了现实，社会风险就转变成社会危机，对社会稳定和社会秩序都会造成灾难性的影响。

③经济风险。经济风险是指因经济前景的不确定性，各经济实体在从事正常的经济活动时蒙受经济损失的可能性。它是市场经济发展过程中的必然现象。在简单商品生产条件下，商品交换范围较小，产品更新的周期较长，故生产经营者易于把握预期的收益，经济风险不太明显。随着市场经济的发展，生产规模不断扩大，产品更新加快，社会需求变化剧烈，经济风险已成为每个生产者、经营者必须正视的问题。

④政治风险。政治风险又称国家风险，是指在国际经济活动中，由于国家的主权行为所引起的造成损失的可能性。国家风险是由国家主权行为引起的或与国家社会变动有关。在主权风险的范围内，国家作为交易的一方，通过其违约行为(如停付外债本金或利息)直接构成风险，通过政策和法规的变动(如调整汇率和税率等)间接构成风险；在转移风险范围内，国家不一定是交易的直接参与者，但国家的政策、法规却影响着该国企业或个人的交易行为。

⑤科技风险。科技风险是指由于科技进步导致的某些副作用。例如，由于酸雨、化工排放物的污染，导致城市的空气质量越来越差。

1.1.2 风险管理

1. 风险管理的定义

风险管理起源于美国。第一次世界大战以后，美国于 1929—1933 年陷入了 20 世纪最严重的经济危机，经济危机造成的损失促使管理者采取措施来消除、控制、处置风险，以减少风险给生产经营活动带来的影响。1931 年，美国管理协会保险部首先提出了风险管理的概念。风险管理在 20 世纪 30 年代兴起后，在 50 年代得到推广并受到了普遍重视。美国企业界在这一时期发生的两件大事对风险管理的蓬勃发展起到推波助澜的作用：一是美国通用汽车公司的自动变速装置厂发生火灾，造成巨额经济损失；二是美国钢铁行业因团体人身保险福利问题引发长达半年的工人罢工，给国民经济带来了难以估量的损失。这两件事情发生后，风险管理在企业界迅速推广。此后，对风险管理的研究逐步趋向系统化、专门化，风险管理也成为一门独立的学科。

风险管理是指如何在一个肯定有风险的环境里把风险减至最低的管理过程。风险管理通过风险识别、风险估计、风险驾驭、风险监控等一系列活动来防范风险。

风险管理当中包括了对风险的度量、评估和应变策略。理想的风险管理是一连串排好优先次序的过程，使当中可以引致最大损失及最可能发生的事情优先处理，而相对风险较低的事情则押后处理。现实情况是，优化的过程往往很难决定，因为风险和发生的可能性通常并不一致，所以要权衡两者的比重，以便做出最合适的决定。

风险管理还会面临有效资源运用的难题。把资源用于风险管理，可能会使可以运用于有回报活动的资源减少，而理想的风险管理正希望花最少的资源去尽可能化解最大的危机。

2. 风险管理的目标与范围

风险管理的目标由两部分组成，即损前目标和损后目标。前者是避免和减少风险事故形成的机会，包括节约成本、减少忧虑心理；后者是努力使损失的标的恢复到损失前的状态，包括维持企业的继续生产、生产服务的持续、收入的稳定、生产的持续增长和社会责任。二者的有效结合，构成了完整而系统的风险管理目标。

（1）损前目标

① 经济目标。企业应以最经济的方法预防潜在的损失。这要求对安全计划、保险以及防损技术的费用进行财务分析，从而使风险事故对企业可能造成的损失成本最小，达到最大安全保障的目标。

② 减轻企业和个人对潜在损失的忧虑和烦恼。这一目标用美国人罗伯特·麦尔的话来说就是"在宁静的夜晚睡个好觉"。风险因素的存在会对人们的正常生活和生产造成心理和精神的压力，通过制定切实可行的损失发生前的管理目标，可以减轻和消除这种压力，从而有利于社会和家庭的稳定。

③ 遵守和履行外界赋予企业的责任。例如，政府可以制定法规要求企业安装安全设备以免发生工伤。同样，企业的债权人也可以要求贷款的抵押品必须投保。

(2) 损后目标

① 维持企业的生存。在损失发生后,企业至少需要一段时间才能部分恢复生产或经营。这是损失发生后的企业风险管理的最低目标,只有在损失发生后能够继续维持生存,才能使企业有机会减少损失所造成的影响,尽早恢复损失发生之前的生产状态。

② 保持企业经营的连续性。这对公用事业尤为重要,因为公用事业单位有义务提供不间断的服务。

③ 收入稳定。保持企业经营的连续性,便能实现收入稳定的目标,从而使企业保持生产持续增长。

④ 履行社会责任。即尽可能减轻企业受损对其他人和整个社会的不利影响,因为企业遭受严重的自然灾害或意外事故势必会影响到雇员、顾客、供货人、债权人、税务部门以及整个社会的利益。企业作为社会的一部分,其本身的损失往往会涉及企业员工的家属、企业的债权人和企业所在社区的直接利益,从而使企业面临严重的社会压力。因此,企业在制订自身的风险管理目标时,不仅要考虑企业本身的需要,同时还要考虑企业所承担的社会责任。

3. 风险管理的步骤

风险管理的主要步骤是风险的识别、风险的预测和风险的处理。

(1) 风险的识别

风险的识别是风险管理的首要环节。只有在全面了解各种风险的基础上,才能预测风险可能造成的危害,从而选择处理风险的有效手段。常见风险识别的方法有以下三种。

① 生产流程分析法。生产流程分析法是对企业整个生产经营过程进行全面分析,对其中各个环节逐项分析可能遭遇的风险,找出各种潜在的风险因素。生产流程分析法包括风险列举法和流程图法。

② 财务表格分析法。财务表格分析法是通过对企业的资产负债表、利润表、营业报告书及其他有关资料进行分析,从而识别和发现企业现有的财产、责任等面临的风险。

③ 保险调查法。采用保险调查法进行风险识别有两种形式:一是根据保险公司或者专门保险刊物提供的保险险种一览表,选择适合本企业需要的险种。这种方法仅对可保风险进行识别,对不可保风险则无能为力。二是委托保险人或者保险咨询服务机构对本企业的风险管理进行调查设计,找出各种财产和责任存在的风险。

(2) 风险的预测

风险的预测实际上就是估算、衡量风险,由风险管理人员运用科学的方法,对其掌握的统计资料、风险信息及风险性质进行系统分析和研究,进而确定各项风险的频度和强度,为选择适当的风险处理方法提供依据。风险的预测一般包括以下两个方面的内容。

① 预测风险的概率。即通过资料积累和观察,发现造成损失的规律性。举个简单的例子,假设一个时期内,一万栋房屋中有十栋发生火灾,则风险发生的概率是 1/1 000。通过预测风险的概率,可以对概率高的风险进行重点防范。

② 预测风险的强度。如果风险发生,就会导致企业的直接损失和间接损失。对于容易造成直接损失并且损失规模和程度大的风险,应重点进行防范。

（3）风险的处理

常见的风险处理方法有以下4种。

① 避免风险。避免风险是指主动放弃和拒绝实施某项可能引起风险损失的方案，以免遭受损失。例如上下班高峰期选择乘坐地铁，可以避免塞车的风险；在通货膨胀比较严重的时期，原材料价格上涨过快，一些生产性企业会选择放弃利润很薄的订单。避免风险是一种相对消极的方法，存在一定的局限性，会影响企业经营目标的实现。

② 预防风险。预防风险是指采取措施消除或者减少风险发生的因素。例如，为了防止水灾导致仓库进水，采取增加防洪门、加高防洪堤等措施，可以大幅减少因水灾导致的损失。虽然风险难以完全消除，但防患于未然可以降低损失发生的频率，因此，防范风险在风险管理中意义重大。

③ 自留风险。自留风险也称风险自留或者风险承担，是指企业自己非理性或理性地主动承担风险，即指一个企业以其内部的资源来弥补损失。保险和风险自留是企业在发生损失后两种主要的筹资方式，都是重要的风险管理手段。风险自留目前在发达国家的大型企业中较为盛行。风险自留是指项目风险保留在风险管理主体内部，通过采取内部控制措施等来化解风险或者对这些保留下来的项目风险不采取任何措施。风险自留不改变项目风险的客观性质，即既不改变项目风险的发生概率，也不改变项目风险潜在损失的严重性。

④ 转移风险。转移风险是指在危险发生前，通过出售、转让、保险等方法将风险转移出去。转移风险可以分为非保险转移和保险转移。

4. 风险与保险的关系

在风险管理中，对不同的风险有不同的处理和防范措施，保险是风险损失转移的重要手段。

（1）风险是保险产生和存在的前提，无风险则无保险

风险是客观存在的，时刻威胁着人们生命和财产安全，是不以人的意志为转移的。风险的发生直接影响社会生产过程的继续进行和家庭正常的生活，因而产生了人们对那时进行补偿的需要，而保险是一种被社会广泛接受的经济补偿方式。因此，风险是保险产生和存在的前提，风险的存在是保险关系确立的基础。

（2）风险的发展是保险发展的客观依据

社会进步、生产发展、现代科学的进步，在帮助人类克服原有风险的同时，也带来了新风险。新风险对保险提出了新的要求，促使保险业不断设计新的险种、开发新的业务。从保险的现状和发展趋势来看，作为高风险系统的核电站、石油化学工业、航空航天事业的风险，都可以纳入保险的责任范围。

（3）保险是传统且有效的风险处理措施

人们面临的各种风险损失，一部分可以通过控制的方法消除或减少，但不可能全部消除。面对风险造成的资金浪费，其导致的巨额损失难以补偿，因而转移风险成为风险管理的主要手段。保险作为转移风险的方法之一，长期以来被人们视为传统的风险处理手段。通过保险，把不能自行承担的集中风险转嫁给保险人，以小额的固定支出换取巨额风险的经济保障，使保险成为处理风险的有效手段。

(4) 保险经营效益受风险管理技术的制约

保险经营效益的大小受多种因素的制约,风险管理技术作为其中非常重要的因素,对保险经营效益产生了很大的影响。如对风险的识别是否全面,对风险损失的频率和造成损失的严重程度估计是否准确,哪些风险可以接受承保,哪些风险不能承保,风险的范围应有多大,程度如何,保险成本与效益的比较等,都制约着保险的经营效益。

单元 1.2 保险概述

1.2.1 保险的定义

"保险"在我们生活中是一个比较熟悉的词,意指办事有把握或安全可靠。在金融领域,保险则有其特定的内容和含义。在我国,保险是一个舶来词,由英语 insurance 和 assurance 翻译而来的。保险作为一种客观事物,经历了一个发展的过程,从形式上看表现为互助保险、合作保险、商业保险和社会保险。

1. 保险可以从不同角度进行定义

(1) 从市场的角度看,保险是一种经济制度

保险源于海上借贷。中世纪,意大利出现了冒险借贷,冒险借贷的利息类似于今天的保险费,但因其高额利息被教会禁止而衰落。1384 年,比萨出现了世界上第一张保险单,现代保险制度从此诞生。保险运用多数单位的集体力量,即通过众多单位和个人缴纳的保费建立保险基金,对特定的事件产生所导致的损失进行补偿,由全体被保险人共同分摊损失,以确保经济生活的安定。

(2) 从社会的角度看,保险是一种保障制度

保险是社会经济保障制度的重要组成部分,是社会生活和生产的"稳定器"。世界很多国家都有社会保险制度,让自己的国民能过上相对安定的生活。

(3) 从风险管理的角度看,保险是风险转移的重要途径

个人或单位通过缴纳保险费的方式,将所面临的风险及由此造成的损失,转移给保险公司,可以起到分散风险,消化损失的作用。

(4) 从法律的角度看,保险是一种合同行为

保险是保险人和投保人之间的合同行为,双方在法律地位平等的基础上,经过自愿的要约和承诺,达成一致意见并签订合同。投保人通过履行缴费的义务,换取保险人为其提供保险经济保障的权利,体现了民事法律关系主体之间的权利和义务关系。

(5) 从经济的角度看,保险是一种分摊意外事故损失和提供经济保障的非常有效的财务安排

投保人通过缴纳保险费购买保险,将不确定的大额损失转变为确定的小额支出,或者将未来大额的或持续的支出转变成目前固定的或一次性的支出,从而有利于提高投保人的资金效益。在人寿保险中,保险作为一项财务安排的特性表现得尤为明显,因为人寿保险还具有储蓄和投资的作用,具有理财的特征。

2. 保险亦有广义和狭义之分

（1）广义的保险

广义的保险是指集合具有同类风险的众多单位和个人，以合理计算风险分担金的形式，向少数因该风险事故受到经济损失的成员提供经济保障的一种行为。广义的保险包含商业保险和社会保险。

（2）狭义的保险

狭义的保险仅指商业保险。根据《中华人民共和国保险法》的规定，保险是指"投保人根据合同约定，向保险人支付保险费，保险人对于合同约定的可能发生的事故因其发生所造成的财产损失承担赔偿保险金责任，或者当被保险人死亡、伤残、疾病或者达到合同约定的年龄、期限等条件时承担给付保险金责任的商业保险行为"。

1.2.2 保险的要素

现代保险的要素主要包含五个方面的内容。

1. 可保风险的存在

可保风险是指符合保险人承保条件的特定风险。一般来说，理想的可保风险应具备以下五个条件。

（1）风险必须是纯粹风险

纯粹风险是指风险一旦发生，就会成为现实的风险事故，此时只有损失机会而无获利可能。

（2）风险必须使大量标的均有遭受损失的可能性

保险标的的数量充足程度关系到实际损失与预期损失的偏离程度，影响保险经营的稳定性。

（3）风险必须有导致重大损失的可能

风险的发生应当有导致重大损失的可能性，这种损失是被保险人不愿承担的。如果损失很轻微，则无参加保险的必要。此外，保险费不仅包含损失成本，而且包含保险人经营的费用成本。因而对被保险人来讲，将轻微的损失通过保险转嫁给保险人在经济上是非常不合算的。

（4）风险不能使大多数的保险对象同时遭受损失

这一条件要求损失的发生具有分散性。因为保险的目的是以多数人支付的小额保费赔付少数人遭遇的大额损失。如果大多数保险标的同时遭受重大损失，则保险人通过向投保人收取保险费建立起的保险资金根本无法抵消损失。然而，在保险实践中，有些可保风险可能并不完全满足上述条件，如洪水、地震等巨灾往往导致多数保险标的同时遭受重大损失，因此，保险人在承保时力求将风险单位分散，这不仅可以避免大多数保险标的同时遭受重大损失，而且可以保证预期的损失与实际的损失相一致，保证保险公司经营的稳定性。在保险经营中，通过再保险的方式转嫁一部分风险责任，也能达到风险单位分散的目的。

（5）风险必须具有现实的可测性

在保险经营中，保险人必须制定出正确的保险费率，而保险费率的计算依据是风险发生的概率及其所致保险标的损失的概率。这就要求风险具有可测性。如果风险发生及其所致的损失无法确定,保险人也就无法制定可靠稳定的保险费率,也难于科学经营,这将使保险人面临很大的经营风险。因此,如果风险缺乏现实可测性,一般不能成为可保风险。

2. 大量同质风险的集合与分散

保险的过程既是风险的集合过程,又是风险的分散过程。保险人通过保险将众多投保人所面临的分散性风险集合起来,当发生保险责任范围内的损失时,又将少数人发生的损失分摊给全部投保人,也就是通过保险的补偿或给付行为分摊损失,将集合的风险予以分散。

保险风险的集合与分散应具备两个前提条件。

(1) 风险的大量性

风险的大量性一方面是基于风险分散的技术要求;另一方面是概率论和大数法则原理在保险经营中得以运用的条件。根据概率论和大数法则的数理原理,集合的风险标的越多,风险就越分散,损失发生的概率也就越有规律性和相对稳定性,依次厘定的保险费率也才更为准确合理,收取保险费的金额也就越接近于实际损失额和赔付额。倘若仅仅是少数的风险标的,就无所谓集合与分散,而且损失发生的概率难以测定,大数法则更不能有效地发挥作用。

(2) 风险的同质性

风险的同质性是指风险单位在种类、品质、性能、价值等方面大体相近。如果风险为不同质风险,那么损失发生的概率就不相同,风险也就无法进行集合和分散。此外,不同质的风险,损失发生的频率与幅度是有差异的,倘若进行集合与分散,则会导致保险财务的不稳定。

3. 保险费的厘定

保险在形式上是一种经济保障活动,而实际上是一种特殊商品的交换行为,因此,制定保险商品的价格(即厘定保险费率)便构成了保险的基本要素。但是,保险商品的交换行为又是一种特殊的经济行为,为保证保险双方当事人的利益,保险费率的厘定要遵循一些基本原则。

(1) 充分性原则

充分性原则是指所收取的保险费在支付赔款、营业费用和税款后,仍有一部分结余。这样做的目的一是保证保险人有足够的偿付能力,以便在发生保险事故的时候有足够的资金向被保险人支付保险金,保证保险人的正常经营;二是使保险人有盈余,保险公司是经营风险的特殊企业,和其他企业一样,它也要获得平均利润率,而承保利润是其重要组成部分。

(2) 公平性原则

一方面,公平性原则要求保险人收取的保险费应与其承担的保险责任是对等的;另一方面,要求投保人缴纳的保险费应与其保险标的的风险状况相适应,或者说,各个投保人或被保险人应按照其风险大小分担保险事故的损失和费用。

(3) 合理性原则

合理性原则是针对某险种的平均费率而言的。保险人向投保人收取的保险费不应在抵补保险赔付或给付有关的营业费用后,获得过高的营业利润,即要求保险人不能为获得非正常经营利润而制定高费率。

(4) 稳定性原则

稳定性原则是指保险费率在短期内应该是相对稳定的。这样既有利于保险经营,又有利于投保人续保。对于投保人而言,稳定的费率可使其支出确定,免遭费率变动之苦;对于保险人而言,尽管费率上涨可以使其获得一定的利润,但是费率的不稳定也势必导致投保人的不满,影响保险人的经营活动。

(5) 弹性原则

弹性原则要求保险费率在短期内保持稳定,在长期内则应根据实际情况的变动做适当的调整。因为在较长的时期内,由于社会、经济、技术、文化的不断进步,保险标的的风险状况会发生变化,保险费率水平也应随之变动。如随着医药卫生、社会福利的进步、人类寿命的延长、死亡率的降低和疾病的减少,过去厘定的保险费率就需要进行适当调整。

4. 保险准备金的建立

保险准备金是指保险人为保证其如约履行保险赔偿或给付义务,根据政府有关法律规定或业务特定需要,从保费收入或盈余中提取的与其所承担的保险责任相对应的一定数量的基金。为了保证保险人的正常经营,保护被保险人的利益,各国一般都以保险立法的形式规定保险公司应提存保险准备金,以确保保险公司具备与其保险业务规模相应的偿付能力。《中华人民共和国保险法》第九十八条规定:"保险公司应当根据保障被保险人利益、保证偿付能力的原则,提取各项责任准备金。保险公司提取和结转责任准备金的具体办法,由国务院保险监督管理机构制定。"

(1) 未到期责任准备金

未到期责任准备金是指在准备金评估日为尚未终止的保险责任提取的准备金,主要是指保险公司为保险期间在一年以内(含一年)的保险合同项下尚未到期的保险责任而提取的准备金。

(2) 寿险责任准备金

寿险责任准备金是指保险公司把投保人历年缴纳的纯保险费和利息收入累积起来,为将来发生的保险给付和退保给付而提取的资金,或者说是保险人还未履行保险责任的已收保费。

(3) 未决赔款准备金

未决赔款准备金是指保险公司为尚未结案的赔案而提取的准备金,包括已发生已报案未决赔款准备金、已发生未报案未决赔准备金和理赔费用准备金。已发生已报案未决赔款准备金是指为保险事故已经发生,并已向保险公司提出索赔,保险公司尚未结案的赔款而提取的准备金。已发生未报案未决赔款准备金是指为保险事故已经发生,但尚未向保险公司提出索赔的赔案而提取的准备金。理赔费用准备金是指为尚未结案的赔案可能发生的费用而提取的准备金。其中,为直接发生于具体赔案的专家费、律师费、损失检验费等而提取的准备金被称为直接理赔费用准备金;为非直接发生于具体赔案的费用而提取的准备金被称为间接理赔费用准备金。

(4) 总准备金

总准备金(或称自由准备金)是用来满足风险损失超过损失期望以上部分的责任准备金。总准备金是从保险公司的税后利润中提取的。

5. 保险合同的订立

保险合同是体现保险关系存在的形式。保险作为一种民事法律关系,是投保人与保险人之间的合同关系,这种关系需要有法律关系对其进行保护和约束,即通过一定的法律形式固定下来,这种法律形式就是保险合同。

保险合同是保险双方当事人履行各自权利与义务的依据。保险双方当事人的权利和义务是相互对应的。为了获得保险赔偿或给付,投保人要承担缴纳保险费的义务;保险人收取保险费的权利就是以承担赔偿或给付被保险人的经济损失的义务为前提的。而风险是否发生、何时发生、损失程度如何,均具有不确定性,这就要求保险人与投保人在确定的法律或契约关系约束下履行各自的权利与义务。

1.2.3 保险的基本特征

1. 互助性

保险具有"一人为众,众为一人"的互助特性。保险在一定条件下分担了单位和个人所不能承担的风险,从而形成了一种经济互助关系。这种经济互助关系通过保险人用多数投保人交纳的保险费建立的保险基金对少数遭受损失的被保险人提供补偿或给付而得以体现。

2. 法律性

从法律角度看,保险是一种合同行为,是一方同意补偿另一方损失的一种合同安排,同意提供损失赔偿的一方是保险人,接受损失赔偿的一方是投保人或被保险人。保险双方当事人要建立保险关系,形式就是保险合同;保险双方当事人要履行其权利和义务,其依据也是保险合同。

3. 经济性

保险是提供保险补偿或给付而实现的一种经济保障活动。其保障对象(包括财产和人身),都直接或间接属于社会再生产的生产资料和劳动力两大经济要素;其实现保障的手段,大多都必须采取支付货币的形式进行补偿或给付;其保障的根本目的,无论从宏观角度还是从微观角度看,都是与社会经济发展相关的。保险一方面为经济的发展保驾护航,另一方面保险本身也是经济发展的重要力量,都体现了保险的经济性。

4. 商品性

在商品经济的条件下,保险是一种特殊的商品,保险业属于国民经济的第三产业。保险体现了一种等价交换的商品经济关系,这种商品经济关系直接表现为个别保险人和个别投保人之间的交换关系,间接表现为在一定时期内全部保险人与全部投保人之间的交换关系。

5. 科学性

保险是处理风险的科学有效措施。现代保险经营以概率论和大数法则等科学的数理理论为基础。保险费率的厘定、保险准备金的提存等,都是以科学的数理计算为依据的。

1.2.4 保险的职能

保险的职能是由保险的本质决定的,现代保险具有经济补偿、资金融通和社会管理三大职能。

1. 经济补偿的职能

根据保险合同,投保人有义务按合同约定交纳保险费,而保险人也有义务在特定风险损害发生时,在保险合同约定的责任范围内按照合同约定的数额或结算方法对投保人(或受益人)给予赔付,从而使保险具备了经济补偿的职能。

在财产保险和责任保险的场合,一般是由保险公司根据实际损失的情况进行赔偿。这种赔偿是根据标的的实际价值、损失程度以及被保险人对其拥有的保险利益等因素而确定的,其目的是使社会财富因为灾害事故导致的实际损失在使用价值上得以恢复,从而使社会再生产过程得以迅速恢复和延续。

在人身保险的场合,一般是由保险公司根据合同约定的数额进行给付。这是因为人身保险的标的物——人的身体和生命的价值是很难用货币来衡量的,并且很多人身保险具有较强的储蓄性质,无论是在理论上还是在实践上,我们都不能说保险人在被保险人发生责任范围内的事故时所支付的保险金可以完全地弥补其受益人所承受的打击和损失,也就是说,人身保险不具有充分的补偿性,所以一般在人身保险中称为"给付"。

2. 资金融通的职能

除了具有经济补偿的职能外,保险还具有资金融通的职能。它使保险公司摆脱了单一地提供补偿功能的局面,更加广泛地参与到社会经济生活中,成为社会经济生活中最为重要的组成部分之一。在现代金融理论与实践中,保险、银行与证券被认为是金融体系的三大支柱,它们一起构成了整个社会融通、配置资金的核心力量。

通常认为,资金融通的职能是保险的衍生功能,是在保险基本功能的基础上衍生出来的。该功能随着现代保险业,尤其是寿险业的迅速发展和金融环境的不断完善而越来越突出。所谓资金融通,是指资金的积聚、流通和分配过程。保险的资金融通职能主要是指保险资金的积聚和运用。保险公司通过销售保险产品,收取保险费,吸引、积聚社会闲散资金,使社会资金从各个行业、各个方面流向保险公司。保险公司积聚的资金是以准备金的形式存在的,它具有负债性、收付的时间差、偿付的有条件性三个特性,这三个特性使保险公司进行资金运用成为可能。同时,为了确保未来偿付能力的充足性和经营的稳定性,保险公司也必须进行资金运用,并力求获得较高的收益率。

保险的资金融通职能是实现其经济补偿职能的重要保证。例如在人寿保险和储蓄性保险中,特别是在长期人寿保险中,保险人在收取保险费时,都必须考虑保险资金的预期收益。预期投资收益越高,保险人确定的保险费率就越低,其产品也更具有竞争力;相应地,只有那些处于"待命"状态的保险资金能够被积极、稳妥、有效地运用好,实现预期的投资收益,才能保证保险人的预期赔付额,继而确保保险补偿功能的实现。因此,保险资金的投资组合必须服从保险赔付在风险承担能力方面的要求,以安全性、盈利性、流动性为原则,以能够满足保险赔付和给付为首要目标。

保险的资金融通职能使保险业参与到社会资金的整体循环过程中,在对各种风险进行合理控制的基础上实现保险资金的保值增值,同时为社会经济的繁荣作出贡献。

3. 社会管理的职能

社会管理是指对整个社会及其各个环节进行调节和控制的过程,目的在于正常发挥各个系统、各个部门、各个环节的功能,从而实现社会关系和谐,以及整个社会的良性运行和有效管理。保险的社会管理职能不同于国家对社会的直接管理,而是通过保险内在的特性,促进经济社会的协调以及社会各领域的正常运转和有序发展。保险的社会管理职能是在保险业逐步发展成熟并在社会发展中的地位不断提高和增强之后衍生出来的一项职能。保险的社会管理职能主要体现在以下几个方面。

(1) 社会保障管理

社会保障被誉为"社会的减震器",是保持社会稳定的重要条件。保险是社会保障体系的重要组成部分,在完善社会保障体系方面发挥着重要作用。一方面,商业保险可以为城镇职工、个体工商户、农民和机关事业单位等没有参与社会保险的劳动者提供保险保障,有利于扩大社会保障的覆盖面;另一方面,保险具有产品灵活多样、选择范围广等特点,可以为社会提供多层次的保障服务,提高社会保障水平,减轻政府在社会保障方面的压力。

(2) 社会风险管理

风险无处不在,防范、控制风险和减少风险损失是全社会的共同任务。保险公司从开发产品、制定费率到承保、理赔的各个环节,都直接与灾害事故打交道,不仅具有识别、衡量和分析风险的专业知识,而且积累了大量风险损失资料,为全社会风险管理提供了有力的数据支持。同时,保险公司能够积极配合有关部门做好防灾防损,并通过采取差别费率等措施鼓励投保人和被保险人主动做好各项预防工作,降低风险发生的概率,实现对风险的控制和管理。

(3) 社会各项管理

通过保险应对灾害损失,不仅可以根据保险合同约定对损失进行合理补偿,而且可以提高事故处理的效率,减少当事人可能出现的各种纠纷。保险介入灾害处理的全过程,参与社会关系的管理,逐步改变了社会主体的行为模式,为维护政府、企业和个人之间的正常有序的社会关系创造了有利条件,减少了社会摩擦,起到了"社会润滑器"的作用,大幅提高了社会运行的效率。

(4) 社会信用管理

完善的社会信用制度是建设现代市场经济体系的必要条件,也是规范市场经济秩序的治本之策。最大诚信原则是保险经营的基本原则,保险公司经营的产品实际上是一种以信用为基础、以法律为保障的承诺,在培养和增强社会的诚信意识方面具有潜移默化的作用。同时,保险在经营过程中可以收集企业和个人的履约行为记录,为社会信用体系的建立和管理提供重要的信息来源,实现社会信用资源的共享。

1.2.5 保险的作用

1. 微观作用

(1) 保障企业和家庭的财务稳定,减轻人们的不安情绪

绝大多数的企业、家庭或个人都无法凭借自身的财力去承担所有的损失风险,所以必须将很多潜在的损失风险通过购买保险的方式转移出去,从而降低企业破产的可能,避免家庭生活水平大幅下降,保持生产、生活的稳定。

同时,因担心失去生命、健康和财产等所产生的忧虑,通常会使人们情绪低沉、压力重重,从而影响日常的工作和学习,对企业而言则影响到企业的正常运转。而通过为引起焦虑的事件投保,可以使人的焦虑情绪得到缓解。

(2) 促进企业和家庭有效控制风险

由于保险具有损失补偿的功能,投保人不可能利用保单从中获利,即保险人对被保险人的补偿不会超过损失前的状态,这就为被保险人采取必要的风险管理措施以减少预期损失提供了可能性。同时,当被保险人参加保险后,保险人为了降低赔付率,获得更好的经济效益,一般都会非常注重企业或个人的风险管理状况。由于保险公司掌握着有关造成损失的事件、行为和工艺条件的详细统计资料和其他知识,在风险评估和控制方面有着其他企业所不具备的优势,而且保险定价或承保决定通常是与被保险人以往的损失记录和减损行为有联系的,因此,被保险人具有控制损失的经济动机。事实上,很多企业和个人在购买了保险后,对自身风险的管理不是放松了,而是加强了。

相应地,保险公司在为企业和个人提供保障的同时,也会协助和鼓励被保险人进行减损和防损。保险公司由于长期与各种灾害打交道,积累了丰富的风险管理经验,可帮助和指导被保险人尽可能地消除各种风险隐患,达到防损和减损的目的。保险公司还熟悉许多损失控制方案,如在防火、职业健康和安全保障、工业损失预防、控制汽车损毁、人身伤害预防等方面,这些方案的实施可以有效地减少企业和个人的直接损失和间接损失。

保险人和被保险人共同做好风险管理工作,实际上对双方都是有利的。当然,减损的成本应该与其带来的直接或间接收益进行比较,而不是一味地强调减损本身的收益。某些风险是被保险人无法规避的,如衰老风险等,这就需要保险人加强对养老保险资金的有效管理,提高偿付能力。

2. 宏观作用

（1）保障社会再生产的正常进行

在社会再生产过程中，各生产部门之间保持合理的比例关系，是社会再生产连续进行的必要条件。但是，再生产过程中，这种比例关系以及再生产的连续性，会因各种自然灾害和意外事故而被迫中断，并导致连带损失。也就是说，就生产单位来说，这些风险不仅会造成生产单位本身的损失，而且会造成相关生产单位的连带损失。保险的补偿不仅可以帮助受灾单位恢复正常的生产经营，还能保障社会生产的正常进行。

（2）促进社会经济发展

保险作为国民经济的一个重要组成部分，其健康发展能促进经济的发展。

① 通过风险集散和经济补偿，为经济发展和改革创新保驾护航。重大自然灾害和意外事故的发生往往会使社会再生产过程被迫中断，生产环节中的企业受灾受损会影响社会再生产过程的均衡发展。保险的补偿职能保证了任何单位只要交纳了保险费，无论投保时间长短和保险损失大小，都可以得到及时、充分的补偿，从而对社会再生产过程的中断起了有效的修复作用，保证国民经济的正常运行。

② 通过对收取保费积聚起来的庞大保险基金进行科学高效的运用，可以促进居民储蓄向投资转化，为经济建设提供长期的融通资金，优化金融资源配置；可以为资本市场培育稳健的机构投资者，改善资本市场结构。而保险资金所具有的长期性、稳定性和规模性的特点，也使其成为促进资本市场繁荣的最稳健力量，从而推动金融市场的高效、稳健运行，为国民经济的发展提供动力支持。

③ 保险业本身作为国民经济中的一个重要产业，在就业、税收等方面都对经济发展发挥着重要作用，它自身健康稳定的发展就是经济、金融健康稳定运行的一个重要部分。

（3）有助于推动科技的发展

科技进步已成为经济发展中最重要的推动力，面向高新技术的风险投资已成为现代社会重要的经济活动。但高科技的开发同样存在风险，因此，保险公司所提供的保障，有利于企业开发新技术、新产品，推动科技发展。例如一些国家向太空发射卫星，往往会有很多失败的情况，如果该国家的研究机构购买了相关的保险，一旦发射失败，这个机构就可以从保险公司获得一大笔保险金，继续研究改进，谋求下一次的成功机会。

（4）有利于对外经济贸易的发展

保险作为对外贸易和经济交往中不可缺少的环节，对对外贸易的发展起到了巨大的促进作用。保险业的发展，特别是海外保险业的发展，不仅可以有力促进对外经济贸易，使国际经济交往得到保障，而且可以带来巨额的无形贸易净收入。目前，许多国家的外汇保费收入已成为一项重要的非贸易外汇收入，成为国家积累外汇资金的重要来源。

为了鼓励出口和扩大出口，促进我国对外贸易的发展，一些政策性保险（如出口信用保险）常被用作向卖方提供风险损失补偿的保障。它既可以帮助出口方获得银行贷款，又为创汇提供保障，有力地推动了对外贸易的发展。

(5) 保障社会稳定

保险通过分散风险及提供经济补偿，建立完善的经济保障制度，对全社会的稳定具有积极作用。

1.2.6 保险与其他一些活动的比较

1. 保险与社保

保险指的是商业保险，社保指的是社会保险。两者既有共同点，又相互区别。

（1）保险与社保的共同点

第一，保险与社保均以社会公众为对象；

第二，保险与社保均以缴纳一定保险费为条件。

（2）保险与社保的区别

第一，保险的投保大多采用自愿原则，而社保则是由法律或行政法规规定的强制性保险；

第二，保险公司的经营以谋利为目的，而国家举办的社保则是以社会安定为宗旨；

第三，保险以公正性费率为准则，而社保是以均一保费为重要原则；

第四，保险以现代企业为其经营主体，社保是以事业单位为经办主体。

2. 保险与储蓄

保险与储蓄都是以现在的剩余资金为未来所需做准备，即同为未雨绸缪之计，但两者属于不同的经济范畴，有明显的差异。

（1）行为性质不同

保险用全部投保人交纳的保费建立的保险基金对少数遭受损失的被保险人提供补偿，是一种互助行为；而储蓄是个人预留出一部分财产为自己做准备，应对将来的需要，无须求助他人，完全是一种自助行为。

（2）预期收益不同

在保险中，受益人能否得到赔付是不确定的，它取决于保险事故是否发生，赔付金额可能是其所交纳的保险费的几倍、几十倍甚至于几百倍；而在银行储蓄中，存款人到期应得的本金和利息是确定的。

（3）约束力不同

保险带有强制储蓄的色彩，不按期交纳保险费或者退保都会给被保险人造成损失，只有在保险期满或保险事故发生时才能拿到保险金；而银行储蓄则是存取自由。

（4）技术要求不同

保险集合多数面临同质风险的单位和个人来分摊少数单位和个人的损失，需要有特殊的分摊计算技术；而储蓄总是使用本金加利息的公式，无须特殊的分摊计算技术。

3. 保险与救济

保险与救济同为借助他人安定自身、救济生活的一种方法。但是，两者的根本性质是不同的。

(1) 提供保障的主体不同

保险保障是由商业保险公司提供的,是一种商业行为。救济包括民间救济和政府救济。民间救济由个人或单位提供,这类救济纯粹是一种捐赠行为、慈善行为;而政府救济纯属社会行为,所以又被称为社会救济。

相关资料

美国的政府救济

据《赫芬顿邮报》报道,自2007年的经济衰退开始,数百万美国人找不到工作,也无法再继续领取失业救济,美国政府想要知道:他们如何生活?

很多政界人士担忧长期失业者最终将享受到其他社会安全网络的照顾;其他人认为失业者是在等待高收入的工作,在救济金无法领取后,他们将接受任何可以找到的工作。现有数据显示,这两种情景都是片面的。艾瑞塔(David Arrieta)称他上周领取了最后一次失业救济金,他在2010年8月失去了办公室经理的工作。艾瑞塔称:"我希望能够找到工作,希望我们能够重新开始。"工作并未马上到来,艾瑞塔与妻子和三个孩子在亚利桑那州生活,他从退休金账户中提取现金,还准备把部分个人物品卖了,这样全家就能付房租了。

美国政府问责局的报告显示,约有三分之一的无法继续领取失业救济者能够找到工作,还有三分之一的家庭享受某种社会安全网络的福利,其他三分之一的人像艾瑞塔一样,在家人支持下得以生活,并希望最终能找到工作。

通过现有数据,政府问责局发现2007年至2009年失去工作并耗尽失业救济的200万人中,只有35%的人在2010年1月前找到了工作,18%的人离开了劳动力市场,46%的人仍然完全失业。仅有18%的人享受某种社会安全福利(social security benefit),15%的人领取食品券,不到3%的人获得社会福利(welfare)。

美国数个州对长期失业者所做调查的结果与此类似。无法获得失业救济的内华达州人中有27%的人享受了州安全网络提供的福利。康涅狄格州和华盛顿州的就业数据显示,35%的失业者在无法获得失业救济后找到了工作。

资料来源:https://www.jinfuzi.com/wz/id-473945.html

(2) 提供保障的资金来源不同

保险保障以保险基金为基础,主要来源于投保人交纳的保险费,其形成也有科学的数理依据,而且国家对保险公司有最低偿付能力标准的规定。民间救济的资金是救济方自己拥有的,因而救济资金的多少取决于救济方自身的财力。政府救济的资金来源于国家财政,因而政府救济资金的多少取决于国家的财力。救济资金的来源限制了救济的时间、地区、范围和数量。

(3) 提供保障的可靠性不同

保险以保险合同约束双方当事人的行为,任何一方违约都会受到惩罚,因而被保险方能得到及时、可靠的保障。民间救济则是一种单纯的临时性捐赠,任何一方都不受法律的约束。尤其对于救济人而言,其行为完全自由,是否救济、救济多少均由自己决定,因而被救济方所得到的保障只是临时的、不稳定的,而且也是不可靠的。至于政府救济,虽然不是合同行为,但是受到法律的约束,政府不能任意决定是否救济、救济多少,因而政府救济是及时、可靠的。

(4) 提供的保障水平不同

保险保障的水平取决于保险双方当事人的权利和义务,即保险的补偿或给付水平要根据损失情况而定;同时,与投标人的交费水平直接相联系,因而能使被保险人的实际损失得到充分的保障。而救济是单方面的行为,被救济者与救济者之间不存在权利义务关系,民间救济更是一种单方面的、无偿的授予行为。被救济方无须为获得救济而承担任何义务,因而救济的水平并不取决于被救济方的实际损失,而是取决于救济方的心愿和能力。政府救济要依法实施,但一般救济标准很低,通常以当地的最低生活水平而定。

1.2.7 保险的分类

1. 按保险标的不同分类

按保险标的不同,保险可分为人身保险和财产保险两大类。

(1) 人身保险

人身保险是以人的寿命和身体为保险标的的保险。当人们遭受不幸事故,或因疾病、年老以致伤残、死亡、丧失工作能力后,遵循保险合同的约定,保险人对被保险人或受益人给付保险金或年金,以解决其因病、残、老、死所造成的经济困难。

(2) 财产保险

广义上讲,财产保险是除人身保险外的其他一切险种,包括财产损失保险、责任保险、信用保险、保证保险、农业保险等。它是以有形或无形财产及其相关利益为保险标的的一类实偿性保险。

2. 按承保方式的不同分类

按承保方式的不同,保险可分为原保险与再保险。

(1) 原保险

发生在保险人和投保人之间的保险行为,称为原保险。

(2) 再保险

发生在保险人与保险人之间的保险行为,称为再保险。具体地说,再保险是保险人通过订立合同,将自己已接受投保的风险,全部或部分转移给一个或几个保险人,以降低自己所面临的风险的保险行为。一般把分出自己承保业务的保险人称为原保险人,把接受再保险业务的保险人称为再保险人。

3. 按保险性质的不同分类

按保险性质的不同,保险可以分为政策性保险与商业保险。

(1) 政策性保险

由国家财政直接投资成立的公司或国家委托独家代办的商业保险结构,为了体现一定的国家政策,如产业政策、国际贸易等,通常会以国家财政为后盾,举办一些不以营利为目的的保险。这类保险所投保的风险一般损失程度较高,但出于种种考虑而收取较低保费,若经营者发生亏损,国家财政将给予补偿。这类保险被称为政策性保险。常见的政策性保险有出口信用保险、投资保险等。

(2) 商业保险

与政策性保险相比,商业保险则是由以营利为目的的商业保险公司举办的。商业保险公司自主经营、独立核算、自负盈亏,出于利润最大化的考虑,通常不会经营政策性保险。

此外,按保障的主体不同,保险可分为个人保险和团体保险。按保险实施方式不同,保险又可分为自愿保险和强制保险。当前世界各国绝大部分保险业务都采用自愿保险方式办理,我国也不例外。

1.2.8 现代保险的形成和发展

1. 海上保险

(1) 现代海上保险发源于意大利

早在 11 世纪末,在经济繁荣的意大利北部,特别是热那亚、佛罗伦萨、比萨和威尼斯等地,已经出现了类似现代保险形式的海上保险。英文中的"保险单"(Policy)一词就是源于意大利语"Polizza"。世界上最古老的保险单是一张船舶保险保单,该保单至今仍保存在热那亚的博物馆,但这份保单并不具备现代保单的基本形式。最早的一份从形式到内容与现代保险几乎完全一致的保单,是 1384 年 3 月 24 日出立的航程保单。所以说,现代保险的最早形式——海上保险,发源于 14 世纪中叶以后的意大利。

(2) 现代海上保险形成于英国

15 世纪以后,海上保险业务随着海上贸易中心的转移从地中海区域转移至大西洋彼岸。17 世纪开始,英国成为世界海上贸易中心,海上保险业务的中心也开始转移到英国。第一家皇家交易所的开设,为海上保险提供了交易场所;保险商会在伦敦交易所内的设立,又大大促进了海上保险的发展;《海上保险法》的颁布,更使英国真正成为世界海上保险的中心,占据了海上保险的统治地位。另外,当代国际保险市场上最大的保险垄断组织之一"劳合社",最初就是专营海上保险的,其演变史也是英国海上保险发展的一个缩影。

2. 火灾保险

尽管火灾保险的起源可追溯至 1118 年,但真正意义上的火灾保险是在 1666 年的伦敦大火之后才发展起来的。伦敦大火是英国火灾保险发展的动力。1667 年,牙科医生尼古拉·巴蓬首先独资开办了一家专门经营房产火灾保险的商行,开创了私营火灾保险公司的先例。1680 年,他又会同他人共集资 40 000 英镑,成立了合伙性质的火灾保险所。在收费标准上,巴蓬采用了按房屋危险情况实行差别费率的方法。这是现代火灾保险差别费率的起源,从而使巴蓬具有"现代保险之父"之称。伦敦大火之后,保险思想深入人心,现代形式的火灾保险也由此逐渐发展起来。

3. 人寿保险

埃德蒙·哈雷编制的生命表,奠定了现代人寿保险的数理基础。埃德蒙·哈雷不仅是著名的数学家和天文学家,同时还是人寿保险的先驱。1693年,哈雷以德国西里西亚勃来斯洛市1687—1691年按年龄分类的死亡统计资料为依据,编制了世界上第一张生命表。埃德蒙·哈雷精确地表示出被统计人群每个年龄的死亡率,并首次将生命表用于计算人寿保险费率,为现代人寿保险奠定了数理基础。因此,生命表的编制是人寿保险发展史上的一个里程碑。

4. 责任保险

责任保险作为一类有体系的保险业务,始于19世纪的欧美国家,发达于20世纪70年代以后。1855年,英国开办了铁路承运人责任保险。但直到20世纪初,责任保险才开始迅速发展,成为现代经济不可缺少的一部分,成为保险人的支柱业务之一。大多数国家还将多种公共责任列为强制投保的范畴,如机动车辆第三者责任保险、雇主责任保险等。在西方非寿险保险公司中,责任保险的保费收入一般都占保费总收入的10%以上,在保险市场上有着举足轻重的地位。

5. 信用保险

信用保险是随着资本主义商业信用风险和道德危险的频繁发生而发展起来的。1702年,英国开设主人损失保险公司,承办诚实保险。1842年,英国保证保险公司成立。1876年,美国在纽约开办了诚实保证业务,于1893年又成立了专营信用保险的美国信用保险公司。第一次世界大战以后,信用危机使各国的信用保险业务大受打击。1934年,各国私营和国营出口信用保险机构在瑞士成立了国际信用保险协会,标志着国际信用保险的成熟和完善。目前,信用保险的承保范围已经相当广泛。

复习思考题

1. 什么是风险?风险具有哪些特征?
2. 风险的三要素是什么?它们之间的关系如何?
3. 什么是风险管理?其程序是怎样的?
4. 试阐述保险与风险管理的关系。

模块二

保 险 合 同

保险合同是合同双方当事人围绕设立、变更与终止保险法律关系而达成的协议。它在保险活动中起着非常重要的作用,因此也是保险学原理研究的重要内容。由于保险经济活动的内容涉及法律问题,本模块将从法律角度阐述保险合同的主体、客体和内容,保险合同订立、生效、履行、变更以及终止的过程,保险合同的表现形式以及保险合同解释的原则和争议处理。

单元 2.1　保险合同概述

2.1.1　保险合同的定义

合同是平等主体的自然人、法人及其他组织之间设立、变更、终止民事权利义务关系的协议。**保险合同是投保人与保险人约定保险权利义务关系的协议**。保险合同是特殊的民事合同,是明确保险关系的重要载体。

2.1.2　保险合同的法律特征

1. 保险合同是特殊的双务合同

合同有单务合同和双务合同之分。单务合同是指仅有合同当事人一方负担给付义务的合同,双方当事人并不互相享有权利和负担义务,如赠予合同和借款合同。双务合同是指双方当事人互享权利、互担义务的合同。投保人承担按时支付保险费的义务,享受一旦发生保险事故能得到保险人给付保险金的权利;而保险人则享受按约定收取保险费的权利,并承担一旦发生保险事故要对被保险人或受益人给付保险金的义务。所以,保险合同是双务合同。

在一般的双务合同中,双方的义务都是确定的。例如在买卖合同中,买方付款以后,卖方应当按照合同规定给付标的物,双方的对价关系很明确。而在保险合同中,就个别保险合同而言,对价关系很不明确。也就是说,投保人虽然交纳了保费,但只有在保险事故发生以后,保险人才履行保险金赔偿或给付义务,如不发生保险事故,保险人无须任何支出。不过,总体来看,投保人群体交纳的保费和保险人对投保人群体所支付的保险金是对等的。

2. 保险合同是最大诚信合同

任何合同的订立和履行都应当遵守诚实信用的原则。但是，由于保险双方信息的不对称性，决定了保险合同对诚信的要求要远高于其他合同。投保之前，保险人通过制定保险合同条款，对承保、核保、理赔等保险环节掌握得比较清楚，保险经营的复杂性和技术性使得保险人在保险关系中处于有利地位；投保之后，保险标的一直在投保方的控制之下，而保险人通常只是根据投保人的告知来决定是否承保以及承保的条件。此外，投保方对保险标的过去的情况、未来的事项也是要向保险人做出保证。所以，投保人和保险人的道德因素和信用状况对保险经营来说关系重大。

3. 保险合同是格式合同

格式合同也称附和合同，合同的条款不是由双方当事人共同协商拟定，而是由一方当事人事先拟定，另一方只能做出是否同意的表示。保险合同的这一特征是由保险业的特点决定的，一方面保险人所承保的风险越来越复杂，另一方面保险的专业化程度越来越高，因此，不得不采取固定承保风险及简化手续，追求高效，这就使保险合同逐渐走向技术化、定型化和标准化。《中华人民共和国保险法》第三十条规定："采用保险人提供的格式条款订立的保险合同，保险人与投保人、被保险人或者受益人对合同条款有争议的，应当按照通常理解予以解释。对合同条款有两种以上解释的，人民法院或者仲裁机构应当作出有利于被保险人和受益人的解释。"

随着经济生活的不断发展，保险合同要式的特点出现了新的发展趋势，特别是涉外业务，根据国际惯例，常用电子邮件、电话、电传等方式投保，只要双方当事人对有关保险条款协商一致，保险合同即告成立。但在这些情况下，事后的书面记录、文本确认和补充签字仍然是必要的。

4. 保险合同是射幸合同

射幸合同是指合同当事人中至少要有一方并不一定需要履行金钱给付义务，只有当合同中约定的条件具备时，或者当合同约定的事件发生时才需要履行，而合同约定的事件是否发生是不确定的。由于保险风险的发生具有不确定性，对于单个保险合同而言，在保险期限内，所约定的保险事故既有发生的可能，也有不发生的可能。如果没有发生保险事故，投保人只缴纳了保险费，却没有获得实际的保险金赔偿或者给付；但如果在保险期限内发生严重的保险事故，被保险人或受益人获得的保险金赔偿可能远远大于所缴纳的保险费。

2.1.3 保险合同的种类

1. 按保险标的的不同分类

按保险标的的不同，保险合同可分为财产保险合同和人身保险合同，这是我国《保险法》对保险合同分类的一种方式。

(1) 财产保险合同

财产保险以补偿被保险人财产利益的损失为目的。该财产利益损失不仅可因被保险人的财物或无形利益直接受到损害而发生,也可以因被保险人对第三人负有的损害赔偿责任而发生。财产保险的目的在于满足被保险人因损害发生而产生的需要,所以也称"损害保险"或"损失补偿性保险"。

(2) 人身保险合同

人身保险的目的是在被保险人生命或身体的完整性受到侵害或损失时,对其损失以金钱方式予以弥补,如人寿保险、健康保险和意外伤害保险等。基于生命、身体的无价性,除医疗费用保险及丧葬费用保险等就具体性损失投保的保险合同外,绝大多数人身保险合同的当事人可自由约定保险金额,在保险事故发生时,直接以保险合同约定的金额作为赔偿额加以支付。

2. 按保险金额与保险价值的关系分类

按保险金额与保险价值的关系,保险合同可分为足额保险合同、不足额保险合同和超额保险合同。

(1) 足额保险合同

足额保险合同又称全额保险合同,是指保险金额与保险价值完全相等的保险合同。当保险标的因保险事故的发生而遭受全部损失时,保险人按照被保险价值进行赔偿。

(2) 不足额保险合同

不足额保险合同又称低额保险合同,是指保险金额低于保险价值的保险合同。当保险标的因保险事故的发生遭受全部损失时,保险人按照保险金额赔偿,其与保险价值的差额部分由被保险人自己承担;保险标的遭受部分损失的,按照损失比例来赔偿。

(3) 超额保险合同

超额保险合同是指保险金额高于保险价值的保险合同。它包括因投保人超额投保而订立的保险合同,或因保险人超额承保所订立的保险合同,也有因保险标的价值变化而产生的特殊情况。

3. 按保险价值是否事先在保险合同中约定分类

按保险价值是否事先在保险合同中约定,保险合同可分为定值保险合同和不定值保险合同。

(1) 定值保险合同

定值保险合同是指合同双方当事人在订立合同时即已确定保险标的的价值,并将其写入合同当中的保险合同。

(2) 不定值保险合同

不定值保险合同是指合同双方当事人在订立合同时不确定保险标的的价值,也不在保险单中载明的保险合同。

案例分析

定值保险的赔偿计算

有一批货物从 A 地运往 B 地,货主以定值方式投保了货物运输保险,按投保时的实际价值与保险公司约定保险价值为 30 万元,保险金额为 30 万元,后货物在运输途中发生事故,出险地为 C 地,该货物的当地价值为 28 万元。

问:(1) 若货物全损,保险公司应如何赔付?

(2) 若货物损失了 50%,保险公司又该如何赔付?

4. 按保险人所负保险责任的次序分类

按保险人所负保险责任的次序,保险合同可分为原保险合同和再保险合同。

(1) 原保险合同

原保险合同是投保人与保险人订立的保险合同。它是针对再保险合同而言的,因而原保险合同的称谓只有在再保险合同出现后才能出现。通常所说的主保险合同就是指原保险合同。

(2) 再保险合同

再保险合同是指原保险人与再保险人订立的保险合同,即原保险人直接承保了业务后,为把自己承担的保险责任的一部分转让给再保险人承担而与其订立的保险合同。原保险合同与再保险合同是两个相互独立的合同,原保险合同的被保险人及受益人对再保险人无索赔请求权;再保险人无权向原保险的投保人请求给付保险费;原保险人不得以再保险人不履行保险金给付义务为理由,拒绝履行或延迟履行对被保险人及受益人的赔偿或给付保险金的义务。

5. 按合同承担风险责任的方式分类

按合同承担风险责任的方式不同,保险合同可分为单一风险合同、综合风险合同和一切险合同。

(1) 单一风险合同

单一风险合同是指只承保一种风险责任的保险合同。例如,农作物雹灾保险合同只对冰雹造成的农作物损失负责赔偿。

(2) 综合风险合同

综合风险合同是指承保两种以上的多种特定风险责任的保险合同。这种保险合同必须把承保的风险责任一一列举,只要损失是由于所承保的风险造成的,保险人就负责赔偿。

(3) 一切险合同

一切险合同是指保险人承保的风险是合同中列明的除外不保风险之外的一切风险的保险合同。由此可见,所谓一切险合同,并非意味着保险人承保一切风险,即保险人承保的风险仍然是有限制的,只不过这种限制采用的是列明除外不保风险的方式。在一切险合同中,保险人并不列举规定承保的具体风险,而是以责任免除条款确定其不承保的风险。也就是说，凡未列入责任免除条款中的风险均属于保险人承保的范围。

单元 2.2　保险合同的要素

2.2.1　保险合同的主体

保险合同的主体是保险合同的参加者，是在保险合同中享有权利并承担相应义务的人。保险合同的主体包括保险合同的当事人、保险合同的关系人和保险合同的辅助人。

1. 保险合同的当事人

保险合同的当事人包括保险人和投保人。

（1）保险人

根据我国《保险法》的规定，保险人又称"承保人"，是指与投保人订立保险合同，并承担赔偿或者给付保险金责任的保险公司。保险人是法人，公民个人不能作为保险人。对于保险人在法律上的资格，各国保险法都有严格的规定。一般来说，保险人经营保险业务必须经过国家有关部门的审查和认可。

我国《保险法》规定，保险人成立应当具备下列条件。

① 主要股东具有持续盈利能力，信誉良好，最近三年内无重大违法违规记录，净资产不低于人民币2亿元。

② 有符合本法和《中华人民共和国公司法》规定的章程。

③ 有符合本法规定的注册资本。

④ 有具备任职专业知识和业务工作经验的董事、监事和高级管理人员。

⑤ 有健全的组织机构和管理制度。

⑥ 有符合要求的营业场所和与经营业务有关的其他设施。

⑦ 法律、行政法规和国务院保险监督管理机构规定的其他条件。

（2）投保人

投保人是与保险人订立保险合同，并按照保险合同约定负有支付保险费义务的人，包括自然人、法人和其他组织。

投保人通常应具备一定的条件。

① 投保人应当具备相应的民事权利能力和民事行为能力。

② 投保人必须对保险标的具有保险利益。

③ 投保人必须承担支付保险费的义务。

2. 保险合同的关系人

保险合同的关系人包括被保险人和受益人。

（1）被保险人

被保险人是指根据保险合同，其财产利益或人身受保险合同保障，在保险事故发生后，享有保险金请求权的人。

① 被保险人的资格。一般说来,在财产保险中,对被保险人的资格没有严格的限制,自然人和法人都可以作为被保险人。而在人身保险中,法人不能作为被保险人,只有自然人而且只能是有生命的自然人才能作为人身保险合同的被保险人。在以死亡为给付保险金条件的保险合同中,无民事行为能力的人不得作为被保险人,但父母为其未成年的子女投保时除外,只是最高保险金额通常有限定。

② 被保险人与投保人的关系。在保险合同中,被保险人与投保人之间的关系通常有两种情况:一是当投保人为自己的利益投保时,投保人和被保险人同属一人,此时的被保险人可以视同保险合同的当事人;二是投保人为他人的利益投保时,投保人与被保险人分属两人,此时的被保险人即为保险合同的关系人。

案例分析

某企业为职工投保团体人身保险,保费由企业支付。职工张一指定妻子刘二为受益人,半年后张一与刘二离婚,谁知离婚次日,张一意外死亡。对保险公司给付的2万元保险金,企业以张一生前欠单位借款为由留下一半,另一半则以刘二已与张一离婚为由,交给张一父母。

问:企业如此处理是否正确?保险金理应给谁?为什么?

(2) 受益人

受益人一般是属于人身保险范畴的特定关系人,即人身保险合同中由被保险人或投保人指定,当保险合同规定的条件实现时有权领取保险金的人。受益人的收益权具有以下4个特点。

① 受益人由被保险人或投保人指定,但投保人指定受益人必须征得被保险人同意。

② 被保险人或投保人可以变更受益人,但投保人变更受益人需征得被保险人同意,而无须征得保险人同意,只需通知保险人即可。

③ 受益权只能由受益人独享,具有排他性,其他人都无权剥夺或分享受益人的收益权。受益人领取保险金,无须交纳所得税,也不用替被保险人偿还生前债务。

④ 当受益人先于被保险人死亡、受益人被指定变更、受益人放弃收益权或丧失收益权时,保险金作为遗产处理,由被保险人的法定继承人领取。

3. 保险合同的辅助人

保险合同的辅助人包括保险代理人、保险经纪人和保险公估人。

(1) 保险代理人

保险代理人即保险人的代理人,指依保险代理合同或授权书向保险人收取报酬,并在规定范围内以保险人名义独立经营保险业务的人。

(2) 保险经纪人

保险经纪人是基于投保人的利益,为投保人和保险人订立合同提供中介服务,收取劳务报酬的人。

(3) 保险公估人

保险公估人是指接受保险当事人委托,专门从事保险标的评估、勘验、鉴定、估损理算等业务的单位。

2.2.2 保险合同的客体

保险合同的客体是指投保人对保险标的所具有的保险利益,如果投保人对保险标的不具有保险利益,则保险合同无效。

客体是指民事法律关系中主体享受权利和履行义务时共同指向的对象。客体在一般合同中称为标的,即物、行为、智力成果等。保险合同虽属民事法律关系范畴,但它的客体不是保险标的本身,而是投保人或被保险人对保险标的具有的法律上的利益,即保险利益。

单元 2.3 保险合同的内容及形式

2.3.1 保险合同的内容与解读

保险合同的内容即保险合同的条款,是保险合同中规定保险责任的范围和确定合同当事人的权利义务及其他有关事项的合同条款,由基本条款和附加条款构成。

1. 保险合同基本条款的主要内容

(1) 保险人的名称和住所

保险人专指保险公司,其名称须与保险监管部门和工商行政管理机关批准及登记的名称一致。保险人的住所即保险公司或分支机构的主营业场所所在地。

(2) 投保人、被保险人和受益人的名称和住所

将投保人、被保险人和受益人的名称和住所作为保险合同基本条款的法律意义是:明确保险合同的当事人、关系人,确定合同权利义务的享有者和承担者;明确保险合同的履行地点,确定合同纠纷诉讼管辖。

(3) 保险标的

保险标的如果是财产及其有关利益,应包括该标的的具体坐落地点,有的还包括利益关系;保险标的如果是人的生命和身体,应包括被保险人的年龄,有的还包括被保险人的职业、健康状况。

(4) 保险责任和责任免除

保险责任是指保险合同中载明的,当保险标的发生了约定的保险事故或事件时,保险人应当承担的经济赔偿或给付保险金的责任。责任免除是指保险人依照法律责任规定或合同规定,不承担保险责任的范围。

(5) 保险期间和保险责任开始时间

保险期间是指保险人为被保险人提供保险保障的起止日期,即保险合同的有效期间。保险期间可以按年月日计算,也可以按照一个航程或一个工程的始末来计算。保险责任开始时间即保险人开始承担保险责任的时间,由双方在合同中事先约定。我国保险实务中以约定起保日的零点为保险责任开始时间,以合同期满日的 24 时为保险责任终止

时间。

（6）保险价值

保险价值是指保险标的的商定价值，即保险合同当事人双方约定的保险财产的价值。保险价值的确定有3种方法：①由当事人双方在合同中约定；②按事故发生后保险标的的市场价格确定；③依据法律的具体规定确定保险价值。

（7）保险金额

保险金额是指保险人承担赔偿或者给付保险金的最高限额。保险金额不得超过保险价值，超过的部分无效。在财产保险合同中，保险金额根据保险价值计算，以保险标的的实际价值为限，可以小于保险价值。在人身保险合同中，保险金额由双方当事人自行约定。

（8）保险费及其支付的办法

保险费是指投保人为取得保障，按合同约定向保险人支付的费用。支付办法由双方当事人在合同中约定，可以是一次性支付，也可以是分期支付。

（9）保险金赔偿或给付办法

在财产保险合同中，按规定的方式计算赔偿金额；在人身保险合同中，按规定的金额给付。

（10）违约责任和争议处理

违约责任是指保险合同当事人因其过错不履行或不完全履行合同约定的义务所应承担的法律后果。保险合同关系到当事人的利益，任何一方的违约都可能给对方造成损失，因此，在保险合同中必须明确违约责任，以便防范违约行为的发生。承担违约责任的方式也应在合同中说明，主要是支付违约金或支付赔偿金。

2. 附加条款

附加条款是指保险合同双方当事人在基本条款的基础上，根据需要另行约定或附加的，用于扩大或限制基本条款中所规定的权利和义务的补充条款。附加条款通常也由保险人事先印就一定的格式，待保险人与投保人特别约定填好后附贴在保险单上，故又称附贴条款。

在保险实务中，一般把基本条款规定的保险人承担的责任称为基本险，把附加条款规定的保险人承担的责任称为附加险。投保人不能单独投保附加险，必须在投保基本险的基础上才能投保附加险。

2.3.2 保险合同的形式

保险合同采用保险单和保险凭证的形式签订。合同订明的附件，以及当事人协商同意的有关修改合同的文书、电报和图表，也是合同的组成部分。保险合同是要式合同，但保险单仅为保险合同的书面证明，并非保险合同的成立要件。通常，保险合同由投保单、保险单（或暂保单、保险凭证）及其他有关文件和附件共同组成，其中以投保单、暂保单、保险单、保险凭证最为重要。

1. 投保单

投保单又称要保书,是投保人向保险人递交的书面要约,投保单经保险人承诺,即成为保险合同的一部分,投保单一般由保险人事先按统一的格式印制而成。需要投保人填具的事项一般包括:①投保人姓名(或单位名称)及地址;②投保的保险标的名称和存在地点;③投保险别;④保险价值或确定方法及保险金额;⑤保险期限;⑥投保日期和签名等。在保险实践中,对于有些险种,保险人为简化手续,方便投保,规定投保人可不填具投保单,只以口头形式提出要约,提供有关单据或凭证,保险人可当即签发保险单或保险凭证,这时,保险合同即告成立。投保人应按保险单的各项要求如实填写,如有不实填写,在保险单上又未加修改,则保险人可依此解除保险合同。

2. 暂保单

暂保单是保险人在签发正式保险单之前的一种临时保险凭证。暂保单上载明了保险合同的主要内容,如被保险人姓名、保险标的、保险责任范围、保险金额、保险费率、保险责任起讫时间等。在正式的保险单做成交付之前,暂保单与保险单具有同等效力;在正式的保险单签发之后,其内容归并于保险单,暂保单失去效力。如果保险单签发之前保险事故就已发生,暂保单所未载明的事项应以事前由当事人商定的某一保险单的内容为准。

使用暂保单的情况大致有3种:一是保险代理人或保险经纪人所出的暂保单。保险代理人在争取到保险业务而尚未向保险人办妥保险单之前,可以签发暂保单作为保险合同的凭证。保险经纪人与保险人就保险合同的主要内容经协商已达成协议后,也可向投保人签发暂保单,但这种暂保单对保险人不发生拘束力,如果因保险经纪人的过错致使被保险人遭受损害的,被保险人有权向该保险经纪人请求赔偿。二是保险公司的分支机构对某些需要总公司批准的业务,在承保后、总公司批准前而签发的暂保单。三是保险合同双方当事人在订立保险合同时,就合同的主要条款已达成协议,但有些条件尚须进一步协商;或保险人对承保危险需要进一步权衡;或正式保险单需由计算机统一处理,而投保人又急需保险凭证等,在这些情况下,保险人在保险单做成交付前先签发暂保单,作为保险合同的凭证。

3. 保险单

保险单简称保单,是保险合同成立后由保险人向投保人签发的保险合同的正式书面凭证,它是保险合同的法定形式。保险单应该将保险合同的内容全部详尽列说。尽管各类保险合同因保险标的及危险事故不同,保险单在具体内容上以及长短繁简程度上也有所不同,但在明确当事人权利义务方面,则是一致的。保险单并不等于保险合同,仅为合同当事人经口头或书面协商一致而订立的保险合同的正式凭证而已。只要保险合同双方当事人意思表示一致,保险合同即告成立,即使保险事故发生于保险单签发之前,保险人也应承担保险给付的义务。如果保险双方当事人未形成合意,即使保险单已签发,保险合同也不能成立。但在保险实践中,保险单与保险合同相互通用。保险单的做成交付是完成保险合同的最后手续,保险人一经签发保险单,则先前当事人议定的事项及暂保单的内容尽数归并其中,除非有诈欺或其他违法事情存在。保险合同的内容以保险单所载为准,投保人接受保险单后,即可推定其对保险单所载内容已完全同意。保险单除作为保险合同的证明文件外,在财产保险中,于特定形式及条件下,保险单具有类似"证券"的效用,可做成指示或无记名式,随同保险标的转让。在人身保险中,投保人还可凭保险单抵借款项。

4. 保险凭证

保险凭证是保险合同的一种证明,实际上是简化了的保险单,所以又被称为小保单。保险凭证与保险单具有同等的法律效力。凡保险凭证中没有列明的事项,都以同种类的正式保险单所载内容为准。如果正式保险单与保险凭证的内容有抵触或保险凭证另有特订条款,则以保险凭证为准。

单元 2.4 保险合同的订立与效力

2.4.1 保险合同的订立

订立保险合同,必须经过要约和承诺两个阶段。

1. 要约

要约是指一方当事人就订立合同的主要条款向另一方提出订约的明确的意思表示。提出要约的一方为要约人,接受要约的一方为受约人。就保险合同的订立而言,要约即为提出保险要求。由于保险合同通常采用格式合同,所以,保险合同的订立通常是由投保人提出,即投保人填写投保单,向保险人提出保险要求。

2. 承诺

承诺是指当事人一方表示接受要约人提出的订立合同的建议,完全同意要约内容的意思表示。要约一经承诺,合同即告成立。在保险合同订立过程中,保险人对投保人提出的投保申请作出同意订立保险合同的意思表示就是承诺,即同意承保。

2.4.2 保险合同的成立与生效

1. 保险合同成立

(1) 保险合同成立的定义

合同的成立是指合同因符合一定的要件而客观存在,其具体表现就是将要约人单方面的意思表示转化为双方一致的意思表示。保险合同成立是指投保人与保险人就合同的条款达成协议。我国《保险法》规定,投保人提出保险要求,经保险人同意承保,保险合同成立。

判断合同是否成立,不仅是一个理论问题,也具有实际意义。首先,判断合同是否成立,是为了判断合同是否存在,如果合同根本就不存在,它的履行、变更、转让、解除等一系列问题也就不存在了;其次,判断合同是否成立,也是为了认定合同的效力,如果合同根本就不存在,则谈不上合同有效、无效的问题,即保险合同的成立是保险合同生效的前提条件。

(2) 保险合同成立的要件

保险合同是一项民事行为,而且是一项合同行为,因而,保险合同不仅受保险法的调整,还应当受民法和合同法的调整,所以,保险合同的成立一定要符合民事法律行为的要件和合同的成立要件。

《中华人民共和国民法典》第四百七十一条规定:"当事人订立合同,可以采取要约、承诺方式或者其他方式。"我国《保险法》第十三条规定:"投保人提出保险要求,经保险人同意承保,保险合同成立。"依照这一规定,保险合同的一般成立要件有二:其一,投保人提出保险要求;其二,保险人同意承保。这两个要件,实质上是合同法所规定的要约和承诺过程。因此,保险合同原则上应当在当事人通过要约和承诺的方式达成意思一致时即告成立。

2. 保险合同生效

(1) 保险合同生效的定义

保险合同中的"保险合同生效"与"保险合同成立"是两个不同的概念。保险合同成立是指合同当事人就保险合同的主要条款达成一致协议;保险合同生效则是指合同条款对当事人双方已发生法律上的效力,要求当事人双方恪守合同,全面履行合同规定的义务。保险合同的成立与生效的关系有两种:一是合同一经成立即生效,双方便开始享有权利、承担义务;二是合同成立后不立即生效,而是等到保险合同生效的附条件成立或附期限到达后才生效。

(2) 保险合同生效的要件

《中华人民共和国民法典》第一百四十三条规定:"具备下列条件的民事法律行为有效:(一)行为人具有相应的民事行为能力;(二)意思表示真实;(三)不违反法律、行政法规的强制性规定,不违背公序良俗。"因而,保险合同若要有效订立,当事人必须具备相应的缔约能力,并在保险合同内容不违背法律和社会公共利益的基础上意思表示真实。

(3) 保险合同的无效

保险合同的无效是指当事人所缔结的保险合同因不符合法律规定的生效条件而不产生法律约束力。无效保险合同的特点是:①违法性,即违反法律和公序良俗;②自始无效性,即因其违法而自行为开始起便没有任何的法律效力;③无效性无须考虑当事人是否主张,法院或仲裁机构可主动审查,确认合同无效。

(4) 保险合同无效的原因

保险合同无效的原因主要有以下4种。

① 合同主体不合格。主体不合格是指保险人、投保人、被保险人、受益人或保险代理人等资格不符合法律规定。例如,投保人是无民事行为能力的或依法不能独立实施缔约行为的限制民事行为能力的自然人;保险人不具备法定条件,不是依法设立的;保险代理人没有保险代理资格或没有保险代理权。如果保险合同由上述主体缔结,则合同无效。

② 当事人意思表示不真实。在缔约过程中,如果当事人中的任何一方以欺诈、胁迫或乘人之危的方式致使对方作出违背自己意愿的意思表示,均构成缔约中的意思表示不真实。在这里,欺诈是指行为人不履行如实告知的义务,故意隐瞒真实情况或者故意告知虚假情况,诱使对方作出错误意思表示的行为。如投保人在订立保险合同时,明知不存在风险却谎称有风险,明知风险已经发生而谎称没有发生等。胁迫是指一方当事人以给对方或与对方有关的人的人身、财产、名誉、荣誉造成损害为要挟,迫使对方同自己订立保险合同的行为。要挟是确定可能实现的行为,而且足以使对方违背自己的意志与其订立保险合同。

③ 客体不合法。投保人或被保险人对保险标的没有保险利益,则其订立的保险合同无效。

④ 内容不合法。如果投保人投保的风险是非法的,如违反国家利益和社会公共利益、违反法律强制性规定等,均会导致合同无效。

案例分析

张某的私家车保险到期日为2021年12月28日。12月26日,张某与某保险公司业务员商定好购买下一年度的车险,想着过两天就是新的一年开始,于是决定车险的生效日期从2022年1月1日零时开始起到2023年1月1日24时止。孰料12月31日夜10点多,车子在小区停车场碰到了柱子,车尾凹进去一大块。第二天上午,张某打电话报保险公司索赔。

问:张某的做法是否妥当?为什么?

单元2.5　保险合同的履行、变更和终止

2.5.1　保险合同的履行

1. 投保人义务的履行

(1) 如实告知义务

该项义务要求投保人在合同订立之前、订立时及在合同有效期内,对已知或应知的与危险和标的有关的实质性重要事实向保险人做真实陈述。如实告知是投保人必须履行的基本义务,也是保险人实现其权利的必要条件。我国《保险法》规定:"订立保险合同,保险人就保险标的或者被保险人的有关情况提出询问的,投保人应当如实告知。"这说明我国对投保人告知义务的履行实行询问告知原则,即投保人只需对保险人所询问的问题如实作答,而对询问以外的问题投保人无须告知。

(2) 交纳保险费义务

交纳保险费是投保人的最基本义务,通常也是当事人约定保险合同生效的前提条件之一。投保人如果未按保险合同的约定履行此项义务,将要承担由此造成的法律后果;以交付保险费为保险合同生效条件的,保险合同不生效;对已经成立的财产保险合同不仅要

补交保险费,同时还要承担相应的利息损失,否则保险合同终止;约定分期支付保险费的人身保险合同,未能按时交纳续期保险费的,保险合同将中止,在合同中止期间发生的保险事故,保险人不承担责任,超过中止期未复效者,保险合同终止。

(3) 防灾防损义务

保险合同订立后,财产保险合同的投保人、被保险人应当遵守国家有关消防、安全、生产操作、劳动保护等方面的规定,维护保险标的安全,保险人有权对保险标的的安全工作进行检查,经被保险人同意,可以对保险标的采取安全防范措施。投保人、被保险人未按约定维护保险标的安全的,保险人有权要求增加保险费或解除保险合同。

(4) 危险增加通知义务

按照我国《保险法》的规定,保险标的危险程度显著增加时,被保险人应及时通知保险人。保险人可根据危险增加的程度决定是否增收保险费或解除保险合同。若被保险人未履行危险增加的通知义务,保险人对因危险程度显著增加而导致的标的损失可以不承担赔偿责任。

(5) 保险事故发生后及时通知义务

保险的基本职能是对因保险事故发生而造成的被保险人保险标的的损失承担赔偿责任。为了证明这一基本职能的体现,投保人、被保险人或受益人在知道保险事故后,应当及时将保险事故发生的情况通知保险人。这既是被保险人的一项义务,同时也是其获得保险赔偿的必要程序之一。保险事故发生后通知义务的履行,可以采取书面或口头形式。

(6) 损失施救义务

保险事故发生时,被保险人有责任尽力采取必要的、合理的措施,进行减少损失的施救。保险人可以承担被保险人为防止或减少损失而支付的必要的、合理的费用。

2. 保险人义务的履行

(1) 承担赔偿或给付保险金义务

承担赔偿或给付保险金是保险人最基本的义务。这一义务在财产保险中表现为对被保险人因保险事故发生而遭受的损失的赔偿,在人身保险中表现为对被保险人死亡、伤残、疾病或者达到合同约定的年龄、期限时给付保险金。需要特别指出的是,财产保险中的赔偿包括两个方面的内容:一方面,赔偿被保险人因保险事故造成的经济损失,包括财产保险中保险标的及相关利益的损失、责任保险中被保险人依法对第三者承担的经济赔偿责任、信用保险中权利人因义务人违约造成的经济损失;另一方面,赔偿被保险人因保险事故发生而引起的各种费用,包括财产保险中被保险人为防止或减少保险标的的损失所支付的必要的、合理的费用,责任保险中被保险人支付的仲裁费和其他必要的、合理的费用,以及为了确定保险责任范围内的损失被保险人所支付的受损标的的查勘、检验、鉴定、估价等其他费用。

(2) 说明合同内容

订立保险合同时,保险人应当向投保人说明保险合同的条款内容,特别是对免除保险人责任的条款必须明确说明。否则,责任免除条款不产生效力。

（3）及时签单义务

保险合同成立后,及时签发保险单证是保险人的法定义务。保险单证是保险合同成立的证明,也是履行保险合同的依据。保险单证应当载明保险当事人双方约定的合同内容。

（4）为投保人或被保险人保密义务

保险人在办理保险业务中对知道的投保人或被保险人的业务情况、财产情况、家庭状况、身体健康状况等,负有保密义务。为投保人或被保险人保密,也是保险人的一项法定义务。

2.5.2 保险合同的变更

保险合同的变更是指在保险合同有效期间,当事人依法对合同条款进行修改或补充。保险合同的变更包括两种情况:一是保险合同主体的变更;二是保险合同内容的变更。

1. 保险合同主体的变更

保险合同主体的变更即保险人、投保人、被保险人或受益人的变更。例如,由于保险标的的买卖、赠予、继承导致所有权发生转移,或者企业财产的经营权发生变化时,均可导致保险主体的变更。

> **案例分析**
>
> 有一承租人向房东租借房屋,租期为半年。租房合同中写明,承租人在租借期间,应对房屋损坏负责,承租人为此给所租借房屋投保火灾保险一年。租期满后,租户按时退房,退房后半个月,房屋毁于火灾。于是承租人以被保险人身份向保险公司索赔。
>
> 问:保险人是否应承担赔偿责任?为什么?

2. 保险合同内容的变更

保险合同内容的变更一般由投保人提出,其主要表现为:财产保险在主体不变的情况下,合同中保险标的种类的变化、数量的增减,存放地点、保险险种、风险程度、保险责任、保险期限、保险费、保险金额等内容的变更;人身保险合同中被保险人职业、保险金额发生变化等。

2.5.3 保险合同终止的几种形式

保险合同终止是指保险合同成立后,因法定的或约定的事由发生,使合同确定的权利、义务关系不再继续,法律效力完全消灭的法律事实。终止是保险合同发展的最终结果。应当注意的是,保险合同的终止只能说明合同自终止之日起,合同主体之间的法律关系消失,不再承担任何责任,但在合同有效期间产生的法律关系、引起的法律责任并不会消失。保险合同的终止由于原因的不同,主要有以下几种形式。

1. 期满终止

保险合同有期间的限制。在保险合同成立后，虽然没有发生保险事故，但如果合同的有效期已经届满，则保险合同终止。这种自然终止是保险合同终止最普遍、最基本的原因。

2. 因履行而终止

在发生保险事故后，保险人已经支付全部赔款或给付全部保险金后，保险合同因保险人履行全部义务而终止。例如，定期人寿保险的被保险人死亡，保险人给付受益人全部保险金后，合同即告终止。又如，财产保险的保险房屋数次遭受到水灾，保险赔款已经达到全部保险金额，保险合同效力终止。

3. 因保险标的的消灭而终止

因保险标的的消灭而终止是指因为保险事故以外的原因而造成保险标的的灭失、保险标的的不存在，保险合同自然终止。例如，人身意外伤害保险中的被保险人因疾病而死亡就属于这种情况。

4. 违约终止

违约终止是保险人因被保险人或保险人违约行为而终止合同。例如，人寿保险合同中，投保人未能按期交纳保险费或投保人故意造成被保险人死亡，因投保人违约导致保险合同终止的，保险人不承担保险责任。

5. 因合同解除而终止

（1）法定解除

法定解除是指当法律规定的事项出现时，保险合同当事人一方可依法对保险合同行使解除权。法定解除的事项通常在法律中被直接规定出来。当法定解除的原因出现时，保险合同当事人一方依法行使解除权，消灭已经失效的保险合同关系。在保险合同中投保人与保险人都具有法定解约权，如投保人有退保的自由。依法定权利解约后，保险合同的法律后果包括：一是保险合同经济关系终止；二是经济上的补偿。例如，在人身保险中，根据我国《保险法》的规定，投保人解除合同时已交足2年以上保险费的，保险人应当自接到合同解除通知之日起30日内，退还保险单的现金价值；未交足2年保险费的，保险人应按照合同约定在扣除手续费后，退还保险费。

（2）约定解除

约定解除是指合同当事人在订立合同时约定，在合同履行过程中，当某种情形出现时，合同一方当事人可以据此行使解除权，使合同的效力消灭。

（3）协商解除

协商解除是指在保险合同履行过程中，某种保险合同订立时未曾预料的情形出现，导致合同双方当事人无法履行各自的责任或合同履行的意义已经丧失，于是双方通过友好协商,解除保险合同。

(4) 裁决解除

裁决解除是指产生解除保险合同纠纷,纠纷当事人根据合同约定或法律规定提请仲裁或向人民法院提起诉讼时,仲裁机构或法院裁决解除保险合同。

单元 2.6 保险合同的解释与争议的处理

保险合同的解释是指保险合同的条款或者内容发生争议时,如当事人对保险合同使用的文字有不同理解的,依照法律规定的方式或者常用的方式,对保险合同的内容或文字的含义予以确定或说明。

保险合同作为双方的协议,只要符合法律要求,一经成立即具有法律效力,其所用文字、涉及内容不能随意变动,并受法律保护。但由于制定条款的经验问题或保险合同条款本身的局限性及文字语言表达方式的灵活性,尽管在订立合同时要求文字清楚、责任明确、内容具体、手续完备,但也很难就有关的情况进行详尽的约定,或者说很难避免文字上和内容上的不明确或不全面。而保险合同直接涉及主体间的经济利益,对立双方产生争议是不可避免的,因此,当保险合同当事人因合同内容歧义而引发纠纷时,适当的、合理的解释是必不可少的,以便后续合同的履行。

2.6.1 保险合同条款的解释原则

1. 文义解释原则

文义解释原则即按照保险合同条款通常的文字含义并结合上下文解释的原则。该原则主要是在保险合同用词发生歧义时用来解释保险合同的一项原则。文义解释是按照保险合同条款所使用文句的通常含义和保险法律、法规及保险习惯,并结合保险合同的整体内容对保险合同条款所做的解释。如果同一词语出现在不同地方,前后解释应一致,专门术语应按本行业的通用含义解释。我国保险合同的文义解释主要有以下两种情形。

(1) 保险合同一般文句的解释

对保险合同条款适用的一般文句,通常应尽可能按照文句公认的表面含义和语法意义解释。双方有争议的,以权威工具书或专家的解释为准。

(2) 保险专业术语和法律专业术语的解释

对保险专业术语和其他法律术语,有立法解释的以立法解释为准;没有立法解释的,以司法解释、行政解释为准;无上述解释的,也可按行业习惯或保险业公认的含义解释。

2. 意图解释原则

意图解释原则是指按照保险合同当事人订立保险合同的真实意图,对合同条款进行解释的原则。这一原则一般适用于文义不清,条款用词不准确、混乱模糊的情形,解释时要根据保险合同的文字、订约时的背景、客观实际情况进行分析推定。其具体做法是:书面约定与口头约定不一致时,以书面约定为准;保险单及其他保险凭证与投保单及其他合同文件不一致时,以保险单及其他保险凭证中载明的合同内容为准;特约条款与基本条款不一致时,以特约条款为准;保险合同的条款内容因记载方式和记载先后不一致时,按照批单优于正文、后批注优于先批注、手写优于打印、加贴批注优于正文批注的规则解释。这是因为当事人手写的、后加的合同文通常只能采取手写或批单的方式,所以手写的、后加的合同条款更能反映当事人的真实意图。

3. 有利于被保险人和受益人的原则

按照国际惯例,对单方面起草的合同进行解释时,应遵循有利于非起草人的解释原则。由于保险合同条款大多是由保险人拟定的,当保险条款出现含糊不清的意思时,应从有利于被保险人和受益人的角度作解释。但这种解释方式应有一定的规则,不能随意滥用。此外,采用保险协议书形式订立保险合同时,由保险人与投保人共同拟定的保险条款,如果因含义不清而发生争议,并非保险人一方的过错,其不利后果不能仅由保险人一方承担。如果一律作出对于被保险人有利的解释,显然是不公平的。

4. 诚实信用原则

诚实信用原则是一条内涵丰富、适用范围很广的法律原则。以诚实信用原则来解释保险合同,能使保险合同的解释相对公平、合理、真实。对于保险合同中一些显失公平的规定予以改正,对于合同规定含糊不清的,就应当以当事人订立合同的真实意思表示来作为解释合同的依据,使合同能真正体现当事人的真实意思表示。

5. 补充解释原则

补充解释原则是指当保险合同条款约定内容有遗漏或不完整时,借助商业习惯、国际惯例、公平原则等对保险合同的内容进行务实、合理的补充解释,以便合同继续执行。

6. 整体原则

保险合同的解释不应拘泥于合同规定的只言片语,而应把合同的某个条款放到合同之中,根据整个合同订立的目的、其他合同条款的规定来确定合同条款的具体含义。

2.6.2 保险合同条款的解释效力

对于保险合同条款的解释,依据解释者身份的不同,可以分为有权解释和无权解释。

1. 有权解释

有权解释是指具有法律约束力的解释,其解释可以作为处理保险合同条款争议的依据。对保险条款有权解释的机关主要包括全国人大及其工作机关、人民法院、仲裁机构和保险监督管理部门。有权解释可以分为立法解释、司法解释、行政解释和仲裁解释。

(1) 立法解释

立法解释是指国家最高权力机关的常设机关——全国人大常委会对保险法的解释。全国人大是我国的最高权力机关,也是最高立法机关,因此,只有全国人大常委会对《中华人民共和国保险法》的解释才是最具有法律效力的解释,其他解释不能与此冲突,否则无效。

宪法是国家的根本大法,具有最高的法律效力。任何法律、组织、个人都不得违反宪法的规定。因此,正确理解和解释宪法对于正确实施及确定合宪与违宪行为是非常必要的。对具有最高法律效力的宪法进行解释并能具有法律效力的只能是国家最高权力机关。法律主要是狭义上的法律,是指由全国人民代表大会及其常务委员会制定的宪法以外的国家基本法律。《保险法》就属于此类,只有全国人民代表大会常务委员会的解释才是具有法律效力的解释。涉及保护合同条款中有关《保险法》的内容时,此一解释为最具有法律效力的解释。其他解释不能与此冲突,否则无效。

(2) 司法解释

司法解释是指国家最高司法机关在适用法律的过程中对于具体应用法律问题所做的解释。对于保险合同条款中有关保险法的内容,在适用法律时,必须遵守司法解释。国家最高司法机关是最高人民法院。法律也是指前文中所说的狭义的基本法律。地方各级法院均无权对适用法律问题作出司法解释。

(3) 行政解释

行政解释是指国家最高行政机关及其主管部门对自己根据宪法和法律所制定的行政法规及部门规章所做的解释。最高行政机关指国务院及其主管部门。中国银行保险监督管理委员会是中国保险业的最高行政主管机关,有权解释保险合同条款中的有关规章类或视同规章部分,有权解释由中国银行保险监督管理委员会审批的保险条款。这些解释虽对法院的判决具有重要影响,但不具有必须执行的强制力。

(4) 仲裁解释

仲裁解释是指保险合同争议的双方当事人达成协议,把争议提交仲裁机构仲裁后,仲裁机构对保险合同条款的解释。仲裁机构对保险合同条款的解释同样具有约束力。当一方当事人不执行时,另一方当事人可以申请人民法院强制执行。

2. 无权解释

无权解释是指不具有法律约束力的解释。除有权解释外,其他单位和个人对保险条款的解释均为无权解释。保险合同争议的当事人双方均可对保险条款作出自己的理解和解释。对于这些解释,法院在判决时可以参考,但不具有法律上的约束力。一般社会团体、专家学者等均可对保险条款提出自己的理解和解释。对于这部分的解释,一般称为学理解释。学理解释同样只能作为仲裁、审判过程中的参考,不具有法律效力。

2.6.3 保险合同争议的处理方式

1. 协商

协商是指合同双方在自愿、诚信的基础上,根据法律的规定及合同的约定,充分交换意见,相互切磋与理解,求大同存小异,对所争议的问题达成一致意见,自行解决争议的方式。这种方式能迅速使双方的矛盾化解,也能增进双方的信任与合作。协商解决争议不仅可以节约时间、节约费用,更重要的是可以在协商过程中增进彼此了解,强化双方互相信任,有利于圆满解决纠纷,并继续执行合同。争议双方经协商不能取得一致的,可以约定向仲裁机构提出仲裁,也可以依法向人民法院提起诉讼。

2. 仲裁

仲裁是指由仲裁机构的仲裁员对当事人双方发生的争执、纠纷进行居中调解,并做出裁决。仲裁做出的裁决,由国家规定的合同管理机关制作仲裁决定书。申请仲裁必须以双方在自愿基础上达成的仲裁协议为前提。仲裁协议可以是订立保险合同时列明的仲裁条款,也可以是在争议发生前或发生时或发生后达成的仲裁协议。

仲裁机构主要是指依法设立的仲裁委员会,它是独立于国家行政机关的民间团体,而且不实行级别管辖和地域管辖。仲裁委员会由争议双方当事人协议选定,不受级别管辖和地域管辖的限制。仲裁裁决具有法律效力,当事人必须执行。仲裁实行"一裁终局"的制度,即裁决书做出之日即发生法律效力,一方不履行仲裁裁决的,另一方当事人可以根据民事诉讼的有关规定向法院申请执行仲裁裁决。当事人就同一纠纷不得向同一仲裁委员会或其他仲裁委员会再次提出仲裁申请,也不得向法院提起诉讼,仲裁委员会和法院也不会予以受理,除非申请撤销原仲裁裁决。

3. 诉讼

诉讼是指保险合同当事人的任何一方按照法律程序,通过法院对另一方当事人提出权益主张,由人民法院依照法定程序解决争议、进行裁决的一种方式。这是解决争议最激烈的方式。

在我国,保险合同纠纷案属民事诉讼法范畴。与仲裁不同,法院在受理案件时,实行级别管辖和地域管辖、专属管辖和选择管辖相结合的方式。《中华人民共和国民事诉讼法》第二十四条规定:"因保险合同纠纷提起的诉讼,由被告住所地或者保险标的物所在地人民法院管辖。"最高人民法院《关于适用〈中华人民共和国民事诉讼法〉若干问题的意见》中规定:"因保险合同纠纷提起的诉讼,如果保险标的物是运输工具或者运输中的货物,由被告住所地或者运输工具登记注册地、运输目的地、保险事故发生地的人民法院管辖。"所以,保险合同双方当事人只能选择有权受理的法院起诉。

我国现行保险合同纠纷诉讼案件与其他诉讼案一样,实行的是两审终审制,且当事人不服一审法院判决的,可以在法定的上诉期内向高一级人民法院上诉申请再审。第二审判决为最终判决。一经终审判决,立即发生法律效力,当事人必须执行;否则,法院有权强制执行。当事人对二审判决还不服的,只能选择申诉和抗诉程序。

复习思考题

1. 保险合同有哪些种类?
2. 保险合同的特点是什么?
3. 保险合同的当事人包括哪些?应该具备哪些条件?
4. 有哪些原因可以导致保险合同终止?
5. 保险合同的成立与生效有何区别?

模块三

保险的基本原则

在长期的保险实践中,人们摸索出许多经营技巧与方法,同时针对保险业经营的规律和特征,总结了一整套经营的基本原则。这些原则指导并规范着保险经营的各个环节,保证了保险业的健康发展。很多国家还将这些原则列入保险法或国家行政条例,用法律和行政手段保证这些原则的严格执行。

单元 3.1 最大诚信原则

3.1.1 最大诚信原则的定义

诚信一般是指诚实可靠、坚守信誉,是签订各种合同的基础。它要求合同双方当事人相互不隐瞒、不欺骗,做到诚实;任何一方当事人都应善意、全面地履行自己的义务,做到守信用。诚实信用原则是各国立法对民事、商事活动的基本要求,也是任何民事活动的基本原则。由于保险经营活动的特殊性,保险活动中对诚信原则的要求更为严格,要求做到最大诚信,即要求保险双方当事人在订立与履行保险合同的整个过程中要做到最大化的诚实守信。最大诚信原则的基本含义是:保险双方在签订和履行保险合同时,必须以最大的诚意,履行自己应尽的义务,不得隐瞒有关保险活动的任何重要事实,双方都不得以欺骗手段诱使对方与自己签订保险合同,否则将导致保险合同失效。

最大诚信原则作为现代保险法的四大基本原则之一,起源于海上保险。在早期的海上保险中,投保人投保时作为保险标的的船舶或者货物经常已在海上或在其他港口,真实情况如何,在当时的条件下,只能依赖于投保人的告知;保险人根据投保人的告知决定是否承保及估算保险风险、确定保险费率。因此投保人或被保险人告知的真实性对保险人来说有重大的影响,诚信原则对保险合同当事人的要求较一般的民事合同要求就更高、更具体,即要遵守最大诚信原则。该原则在《英国 1906 年海上保险法》中首先得到确定,该法第 17 条规定:"海上保险是建立在最大诚信原则基础上的契约,如果任何一方不遵守最大诚信原则,他方可以宣告契约无效。"

最大诚信原则就是诚实、守信,诚信是保险的生命线。从中国保险业经营的现状看,众多现实让我们认识到保险诚信不容乐观,如被保险人不如实告知情况或骗赔,保险人在经营与理赔方面的不诚信等行为,在一定程度上影响了中国保险业的健康发展。最大诚信原则作为《保险法》的一个基本原则,贯穿于保险法的始终,指导着保险司法,是保险合同当事人和关系人在保险活动中必须遵守的最基本行为准则,适用于保险合同的订立、履行、解除，以及理赔、条款解释、争议处理等各个环节。我国《保险法》第五条规定："保险活动当事人行使权利、履行义务应当遵循诚实信用原则。"诚实信用原则是保险活动所应遵循的一项最重要的基本原则，保险法律规范中的许多内容都必须贯彻和体现这一原则。在现代市场经济条件下，诚实信用原则已成为一切民事活动和一切市场参与者所应遵循的基本原则，成为市场经济活动的道德标准和法律规范。

3.1.2 最大诚信原则作为保险法基本原则的原因

保险活动之所以强调最大诚信原则，是由保险合同的特殊性所决定的。

第一，保险合同是射幸合同，具有不确定性。所谓射幸合同，是指当事人全体或其中的一人取决于不确定的事件，对财产取得利益或遭受损失的一种相互的协议。

第二，保险合同与一般合同相比具有明显的信息不对称性。保险合同的标的是被保险人的标的或者人身将来可能发生的危险，属于不确定的状态，保险人之所以能够承保处于不确定的危险，是基于其对危险发生程度的估计和计算。

第三，从保险的行业特性来看，保险离不开最大诚信原则。保险在国民经济中占有十分重要的作用，被誉为社会的稳定器。保险经营的特征表现为：其一，保险费收取的分散性，保险运作的原理就是各个投保人通过向保险人交纳一定的保险费从而形成一定的保险基金，由保险人来承担被保险人可能出现的风险；投保人越多，收取的保险费越多，保险基金越大，保险经营越安全，保险分摊也就越合理，从而保险人盈利的可能性就越大。这些要求保险人坚持最大诚信原则，以吸引更多的投保人投保。其二，保险经营的安全性。稳健经营是对保险行业的特别要求，中国对保险资金的投资渠道也有明确的限制，这也符合投保人的利益。其三，保险资金的负债性。保险资金属于保险人对被保险人的负债，保险人不得将保险资金作为盈利分配，也不得作为利润上缴，只能充分利用、确保增值，因此保险业的健康发展离不开最大诚信原则。

3.1.3 最大诚信原则的基本内容

最大诚信原则的内容主要通过保险合同双方的诚信义务来体现，具体包括投保人或被保险人如实告知的义务及保证义务，保险人的说明义务及弃权和禁止反言义务。

1. 投保人或被保险人的义务

（1）如实告知义务

① 含义。如实告知义务又称据实说明义务、如实披露义务。告知是指投保人在订立保险合同时对保险人的询问做出的说明或者陈述，包括对事实的陈述、对将来事件或者行为的陈述以及对他人陈述的转述。

② 告知的主体。我国《保险法》第十六条第一款规定："订立保险合同，保险人就保险标的或者被保险人的有关情况提出询问的，投保人应当如实告知。"这一条款明确规定了投保人的如实告知义务，告知的主体当然就是投保人；至于被保险人是否具有同样的义务，我国《保险法》没有明文规定，但是在人身保险中，当投保人与被保险人不是

同一人时,投保人对被保险人的健康状况很难清楚地了解,若被保险人不负如实告知的义务,必将大量地增加合同风险,甚至出现难以防范的道德风险,危及保险行业的稳定发展。

③ 如实告知的内容。告知的目的是使保险人能够准确地了解与保险标的的风险可能性有关的重要事实。重要事实是指能够影响一个正常的谨慎的保险人决定是否接受承保或者据以确定保险费率或者是否在保险合同中增加特别约定条款的事实。投保人需要如实告知的重要事实通常包括下列四项：第一,足以使被保险人风险增加的事实；第二,为特殊动机而投保的,有关这种动机的事实；第三,表明被保险风险特殊性质的事实；第四,显示投保人在某方面非正常的事实。具体到每份保险合同,重要事实的范围又会依其保险种类的不同而各异。就人身保险而言,告知的事实多与健康状况有关,同时保额达到一定额度时一般都会安排被保险人进行体检。有人认为,投保人所应当如实告知的重要事实的范围因为体检医师的介入而缩小甚至免除,凡是体检医师通过检查可以发现的病症,投保人与被保险人都不负告知义务；即使体检医师因学识经验不足未能发现,后果也应由保险人承担。对此观点,首先,体检医师只是对其体检的项目负责；其次,体检项目是保险人根据投保人、被保险人的告知以及被保险人的年龄及投保额列出的,当其隐瞒有关情况时,保险人无法根据经验列出需要的体检项目；最后,体检医院与保险人只是一种合作关系,体检医师既不可能自己掏钱为被保险人增加体检项目,同时也并不能保证现有的体检结果准确无误。

④ 违反如实告知的法律后果。我国《保险法》第十六条第二款规定："投保人故意或者因重大过失未履行前款规定的如实告知义务,足以影响保险人决定是否同意承保或者提高保险费率的,保险人有权解除保险合同。"

案例分析

2020年5月,某公司42岁的业务主管王某因患胃癌（亲属因害怕其情绪波动,未将真实病情告诉本人）住院治疗,手术后出院,正常参加工作。8月24日,王某经同事推荐,与之一同到保险公司投保了人寿险。王某在填写投保单时并没有申报身患癌症的事实,也没有对最近是否住过院及做过手术进行如实说明。2021年7月,王某病情加重,经医治无效死亡。王某的妻子以指定受益人的身份,到保险公司请求给付保险金。保险公司在审查提交的有关证明时,发现王某的死亡病史上载明其曾患癌症并动过手术,于是拒绝给付保险金。王妻以丈夫不知自己患何种病并未违反告知义务为由抗辩,双方因此发生纠纷。

问：王某是否履行了如实告知义务？

(2) 按约定交付保险费的义务

保险费是投保人向保险人交纳的费用,作为保险人依照合同承担赔偿和给付责任的代价。保险合同成立后,投保人按照约定交付保险费,保险人按约定的期间承担保险责任。

(3) 被保险人提供证明资料的义务

保险事故发生后,依照保险合同请求保险公司赔偿或给付保险金时,投保人、被保人或者受益人应当向保险公司提供其所能提供的与确认保险事故的性质、原因、损失程度等相关的证明和资料。

2. 保险人的义务

(1) 保险人的明确说明义务

《中华人民共和国民法典》第四百九十六条规定："采取格式条款订立合同的,提供格式条款的一方应当遵循公平原则确定当事人之间的权利和义务,并采取合理的方式提示对方注意免除或者减轻其责任等与对方有重大利害关系的条款,按照对方的要求,对该条款予以说明。"我国《保险法》第十七条第二款规定："对保险合同中免除保险人责任的条款,保险人在订立合同时应当在投保单、保险单或者其他保险凭证上作出足以引起投保人注意的提示,并对该条款的内容以书面或者口头形式向投保人作出明确说明;未作提示或者明确说明的,该条款不产生效力。"

从以上法律规定可以看出,保险人的说明义务是法定义务,不允许保险人以合同条款的方式予以限制和免除。任何情况下保险人均有义务在订立保险合同前向投保人详细说明保险合同的各项条款,并针对投保人有关保险合同条款的提问做出直接真实的回答,就投保人有关保险合同的疑问进行正确的解释。

(2) 弃权与禁止反言

① 弃权是指保险合同当事人放弃自己在合同中可以主张的某项权利;弃权可以分为明示弃权和默示弃权,其中明示弃权可以采用书面或者口头形式。

② 禁止反言是指保险人放弃某项权利后,不得再向投保人或被保险人主张这种权利。禁止反言的基本功能是防止欺诈行为,以维护公平、公正,促成双方当事人之间本应达到的结果。在订立保险合同时,一旦保险人放弃了某项权利,那么在合同成立后保险人便不能反悔。

3.1.4 最大诚信原则的违反及法律后果

违反最大诚信原则便是破坏最大诚信,包括违反实质性重要事实的告知和破坏保证两个方面。

1. 违反告知及其法律后果

由于保险合同是建立在当事人双方最大诚信原则基础之上的,况且保险标的都在被保险方监控之下,因而要求投保方对所有实质性重要事实予以正确无误地告知,保险人才能在自己技术和经济能力的基础上,权衡是否承保或基于何种条件承保。任何重要事实的不正确告知,都有可能导致保险人做出错误的决定。投保人和被保险人违反告知的表现主要有以下4种。

① 隐瞒。投保人一方明知一些重要事实而有意不申报。

② 漏报。投保人一方对某些重要事实误认为不重要而遗漏申报,或由于疏忽对某些事项未予申报。

③ 误报。投保人一方因过失而申报不实。

④ 欺诈。投保人一方有意捏造事实,弄虚作假,故意对重要事实不做正确申报并有欺诈意图。

各国法律对违反告知的处分原则是区别对待的。首先,要区分其动机是无意还是故意,对故意的处分比无意的重。其次,要区分其违反的事实是否为重要事实,对重要事实的处分比非重要事实的重。

2. 破坏保证及其法律后果

与告知不同的是,保险合同涉及的所有保证内容,无论是明示保证还是默示保证,均属于重要事实,因而投保方必须严格遵守。一旦投保方违背或破坏保证内容,保险合同即告失效,保险人可以拒绝赔偿或给付保险金。而且除人寿保险外,保险人一般不退还保险费。

案例分析

突发先天性疾病是否为不实告知?

2020年9月1日新学期开始,13岁的B上初中了,学校让新生每人交纳了保险费25元,其中学生平安保险10元,附加疾病险15元。9月8日凌晨,B腹部剧烈疼痛,后经医院确诊为"左肾输尿管狭窄,左肾重度积水",属于先天性疾病。B在2020年12月至次年的9月,共动了三次手术。2021年,B父两次向投保的A公司提出报销医药费的请求。但A公司认为B是带病投保,保险公司对先天性疾病有明文规定(《学生和幼儿园儿童疾病住院医疗保险试行办法》),不负责赔偿。B父不服,诉诸法院。

问:B是否违反了最大诚信原则?突发先天性疾病是否为不实告知?法院应如何判决?

单元 3.2 保险利益原则

3.2.1 保险利益原则的定义和意义

1. 保险利益原则的定义

保险利益原则又称可保利益原则,是指投保人或被保险人对其所投保的标的所具有的法律上认可的经济利益,也就是说,标的的损坏或灭失与被保险人有着利害关系。如果财产安全,投保人就能得益;如果财产受损,其利益也会遭受损害。我国《保险法》第十二条规定:"人身保险的投保人在保险合同订立时,对被保险人应当具有保险利益。财产保险的被保险人在保险事故发生时,对保险标的应当具有保险利益。"

2. 保险利益原则的意义

保险利益原则规定,投保人对保险标的必须具有法律上承认的利益,否则,保险合同无效。在保险经营活动中,坚持保险利益原则意义深远。

（1）防止道德风险的发生

如果投保人以没有保险利益的保险标的投保，最有可能出现投保人为获得保险赔偿而任意购买保险，并盼望事故发生；更有甚者，为了获得巨额赔偿或给付，采用纵火、谋财害命等手段，故意制造保险事故，增加道德风险事故的发生。在保险利益原则的规定下，由于投保人与保险标的之间存在利害关系的制约，投保的目的是获得一种经济保障，一般不会诱发道德风险的产生。

（2）避免赌博行为的发生

在保险业刚刚兴起的时候，有人以与自己毫无利害关系的远洋船舶与货物的安危为赌注，向保险人投保。若船货安全抵达目的地，则投保人丧失少量已付保费；若船货在航行途中灭失，其便可获得高于所交保费几百倍甚至上千倍的额外收益。这种收益不是对损失的补偿，是以小的损失谋取较大的经济利益的投机行为。于是，人们就像赛马场上下赌注一样买保险，严重影响了社会安定。英国政府于18世纪通过立法禁止了这种行为，维护了正常的社会秩序，保证了保险事业的健康发展。保险利益原则规定，投保人的投保行为必须以保险利益为前提，一旦保险事故发生，投保人获得的就是对其实际损失的补偿或给付，这就把保险与赌博从本质上区分开来了。

（3）便于衡量损失赔偿金额，避免保险纠纷的发生

保险人对被保险人的保障，不是保障保险标的的本身不受损害，而是保障保险标的遭受损失后被保险人的利益，补偿的是被保险人的经济损失；而保险利益以投保人对保险标的的现实利益以及可以实现的预期利益为限，因此是保险人衡量损失及被保险人获得补偿的依据。保险人的赔付金额不能超过保险利益，否则被保险人将因此获得额外利益，这有悖于损失补偿原则。再者，如果不以保险利益为原则，还容易引起保险纠纷。例如，借款人以价值200万元的房屋做抵押向银行贷款100万元，银行将此抵押房作为标的投保，房屋因保险事故全损，银行作为被保险人，其损失是200万元还是100万元呢？保险人应该赔200万元还是100万元呢？如果不根据保险利益原则来衡量，银行的损失就难以确定，就可能引起保险双方的纠纷。而以保险利益原则为依据，房屋全损只会导致银行贷款本金加利息难以收回，因此，银行最多损失100万元及利息，保险公司不用赔付200万元。

3.2.2 构成保险利益的条件

保险利益是订立保险合同的前提条件，无论是财产保险合同，还是人身保险合同，必须以保险利益的存在为前提，因此保险利益的确立十分重要。投保人对保险标的的利益关系并非都可作为保险利益，它必须满足以下三个条件。

1. 合法性

投保人对保险标的的利益必须是国家法律承认的。只有法律上认可的合法利益，才能受到国家法律的保护，因此，保险利益必须是符合国家法律规定、符合社会公共利益、被法律承认并受到法律保护的利益。例如，因贪污、走私、盗窃等行为所得的利益不得作为投保人的保险利益投保，如果投保人为以违法手段取得的利益投保，则保险合同无效。

2. 确定性

投保人或被保险人对保险标的所具有的利害关系,必须是已经确定或者可以确定的,才能构成具有保险利益。这种利益包括现有利益和预期利益两种。现有利益是客观上已经存在的利益;预期利益是客观上尚未存在,但根据法律或规定可以预计在未来产生的利益,如预期的房屋租金等。预期利益只有在可以确定金额并能在客观上实现时,才能作为保险利益。

3. 可计算性

由于保险补偿是经济补偿或给付,所以只有当投保人或被保险人的保险利益能够用货币反映其价值或进行评估时,保险人才能对投保人或被保险人未来可能产生的损失进行补偿或给付;否则,无法实现保险职能。因此,投保人对保险标的的保险利益在数量上应该可以用货币来计算,无法定量的利益不能投保。在财产保险中,保险利益一般可以精确计算,对于那些像纪念品、日记、账册等不能用货币计量价值的财产,尽管它们与被保险人有利害关系,但不能作为保险利益,接受投保。人身保险合同的保险利益有一定的特殊性,由于人身无价,只要投保人与被保险人具有利害关系,就认为投保人对被保险人具有保险利益。在某些特殊情况下,人身保险的保险利益也可加以计算和限定。例如,债权人对债务人生命的保险利益可以确定为债务的金额加上利息及保险费。

3.2.3 保险利益原则在保险实务中的应用

1. 保险利益原则在财产保险中的应用

(1) 财产保险的保险利益的确立

财产保险合同保障的并非财产本身,而是财产中所含的保险利益。该保险利益是因投保人或者被保险人对保险标的具有某种利害关系而产生的,这种利害关系一般指的是因法律上或者契约上的权利或责任而产生的利害关系。即凡因财产发生风险事故而蒙受经济损失或因财产安全而得到利益或预期利益者,均具有财产保险的保险利益。

① 财产所有人、经营管理人对其所有的或经营管理的财产具有保险利益。例如,公司法定代表人对公司财产具有保险利益;房主对其所有的房屋具有保险利益;货物所有人对其货物具有保险利益,等等。

② 财产的抵押权人对抵押财产具有保险利益。对财产享有抵押权的人,对抵押财产具有保险利益。抵押是债的一种担保,当债权不能得以清偿时,抵押权人有从抵押的财产价值中优先受偿的权利。但是,在抵押贷款中,抵押权人对抵押财产所具有的保险利益只限于他所贷款项的额度,而且,在债务人清偿债务后,抵押权人对抵押财产的权益消失,其保险利益也就随之消失。

③ 财产的保管人、货物的承运人、各种承包人、承租人等对其保管、占用、使用的财产,在负有经济责任的条件下具有保险利益。

④ 经营者对其合法的预期利益具有保险利益。如因营业中断导致预期的利润损失、

租金减少、票房减少等,经营者对这些预期利益都具有保险利益。

(2) 财产保险的保险利益时效

一般情况下,财产保险的保险利益必须在保险合同订立时到损失发生的全过程中存在。当保险合同生效时,如果投保人无保险利益,那么该合同就是自始无效合同。如果损失发生时,被保险人的保险利益已经终止或转移出去,也不能得到保险人的赔偿。我国《保险法》第四十八条规定,在财产保险合同中,"保险事故发生时,被保险人对保险标的不具有保险利益的,不得向保险人请求赔偿保险金"。如甲银行在进行抵押贷款时,对抵押品投保,当该行收回所放贷款后,抵押品受损,尽管保险合同尚未过期,但甲银行不能得到保险人的赔偿。但是在海上货物运输保险中,买方投保时往往货物所有权还未到手,而货权的转移是必然的,为了便于订立保险合同,此时,保险利益不必在保险合同订立时存在,但当损失发生时,被保险人必须具有保险利益。

(3) 财产保险的保险利益变动

保险利益并非一成不变,由于各种原因,保险利益会发生转移和消灭等变化。保险利益的转移是指在保险合同有效期内,投保人将保险利益转移给受让人,经保险人同意并履行合同变更的相关手续后,原保险合同继续有效。保险利益消灭是指投保人或被保险人对保险标的的保险利益随保险标的的灭失而消灭。

在财产保险中,为了减少社会成本,保护被保险人的利益,也规定保险标的的转让是财产保险合同的延续。按照我国《保险法》的规定,在财产保险合同中,保险标的转让的,保险标的的受让人承继被保险人的权利和义务;并且被保险人或者受让人应当及时通知保险人,但货物运输保险合同和另有约定的合同除外。因此,在保险实务中,因保险标的易主发生所有权让予时,所有权人或者受让人应及时通知保险人。

此外,当被保险人死亡时,保险利益可依法转移给继承人;当被保险人破产时,其财产便转移给破产债权人和破产管理人,破产债权人和破产管理人对该财产具有保险利益。

2. 保险利益原则在人身保险中的应用

(1) 人身保险的保险利益的确立

人身保险的保险标的是人的寿命或身体。只有当投保人对被保险人的寿命或身体具有某种利害关系时,他才对被保险人具有保险利益。即当被保险人健在及身体健康时,才能保证其投保人应有的经济利益;反之,如果被保险人死亡或伤残,将使其投保人遭受经济损失。

① 为自己投保。当投保人为自己投保时,投保人对自己的寿命或身体具有保险利益,因其自身的安全健康和自己的利益密切相关。

② 为他人投保。当投保人为他人投保时,即投保人以他人的寿命或身体为保险标的进行投保时,保险利益的形成通常基于三种情况:a.亲密的血缘关系。投保人对与其具有亲密血缘关系的人,法律规定具有保险利益。这里的亲密血缘关系主要是指父母与子女之间、亲兄弟姐妹之间、祖父母与孙子女之间,不能扩展为较疏远的家族关系,如叔侄之间、堂(表)兄弟姐妹之间等。在英、美等国家,成年子女与父母之间、兄弟姐妹之间是否存在保险利益,是以是否存在金钱利害关系为基准的。b.法律上的利害关系。投保人对与

其具有法律利害关系的人具有保险利益。例如,婚姻关系中的配偶双方;不具有血缘关系,但具有法定抚养、赡养关系的权利义务方,如养父母与子女之间。c.经济上的利益关系。投保人与对其具有经济利益关系的人具有保险利益,如债权人与债务人之间、保证人与被保证人之间、雇主与其重要的雇员之间等。例如,在债权债务关系中,债务人的死亡对债权人的切身利益有直接影响,因此,债权人对债务人具有保险利益,但以其具有的债权为限。

我国《保险法》第三十一条规定:"投保人对下列人员具有保险利益:(一)本人;(二)配偶、子女、父母;(三)前项以外与投保人有抚养、赡养或者扶养关系的家庭其他成员、近亲属;(四)与投保人有劳动关系的劳动者。除前款规定外,被保险人同意投保人为其订立合同的,视为投保人对被保险人具有保险利益。"为了保证被保险人的人身安全,《保险法》还严格限定了人身保险利益,第三十四条第一款规定:"以死亡为给付保险金条件的合同,未经被保险人书面同意并认可保险金额的,合同无效。"

(2) 人身保险的保险利益时效

与财产保险不同,人身保险的保险利益必须在保险合同订立时存在,在保险事故发生时是否具有保险利益并不影响合同效力。按照《保险法》的规定,在订立人身保险合同时,投保人对被保险人不具有保险利益的,合同无效;在索赔时,即使投保人对被保险人不存在保险利益,也不影响合同的效力。

之所以要求在保险合同订立时必须具有保险利益,是为了防止产生道德风险,进而危及被保险人生命或者身体的安全。此外,由于人身保险具有长期性、储蓄性的特点,如果一旦投保人对被保险人失去保险利益,保险合同就失效的话,就会使被保险人失去保障。而且领取保险金的受益人是由被保险人所指定的,如果合同订立之后,因保险利益的消失而使受益人丧失了在保险事故发生时所应获得的保险金,无疑会使该权益处于不稳定的状态之中。所以,人身保险的保险利益是订立合同的必要前提条件,而不是给付的前提条件。保险事故发生时,无论投保人存在与否,也无论投保人是否具有保险利益,保险人均应按合同约定的条件给付保险金。

(3) 人身保险的保险利益变动

在人身保险中,投保人对被保险人的保险利益分为两种情况,即被保险人的保险利益专属投保人和非专属投保人。如果人身保险合同为债权债务关系而订立,这时被保险人的保险利益专属于投保人(债权人),当投保人死亡时,保险利益可由投保人的合法继承人继承;如果人身保险合同为特定的人身关系而订立,如血缘关系、抚养关系等,这时被保险人的保险利益非专属于投保人,保险利益一般不得转移。

案例分析

退租后房屋失火,是否能赔?

张某于2020年租用刘某的小区住房,租用合同为2020年3月10日至2020年9月9日,租期为半年。张某在租住期间为该房屋及室内财产购买了一份A公司财产保险,保险期限为2020年3月15日至2021年3月14日。半年后,张某如期退租。2021年1月1日,该房屋发生火灾,房屋内财产尽毁。刘某得知张某原来购买过保险,于是向A公司提出索赔请求。

问：刘某的赔偿请求能否如愿？理由是什么？

单元 3.3　损失补偿原则

3.3.1　损失补偿原则及其意义

1. 损失补偿原则的含义

损失补偿原则是指当保险事故发生时，保险人必须在保险责任范围内对被保险人所受的损失进行补偿。损失补偿原则是由保险的经济补偿职能确定的，这是财产保险理赔的基本原则。通过补偿，使被保险人的保险标的在经济上恢复到受损前的状态，不允许被保险人因损失而获得额外的利益。补偿原则的实现方式通常有现金支付、修理、更换和重置。

损失补偿原则的基本含义有两层：一是只有当保险事故发生造成保险标的毁损，致使被保险人遭受经济损失时，保险人才承担损失补偿的责任；否则，即使在保险期限内发生了保险事故，但被保险人没有遭受损失，就无权要求保险人赔偿。这是损失补偿原则的质的规定。二是被保险人可获得的补偿量仅以其保险标的遭受的实际损失为限，即保险人的补偿恰好能使被保险标的在经济上恢复到保险事故发生之前的状态，而不能让被保险人通过保险获得额外利益。这是损失补偿原则的量的限定。损失补偿原则主要适用于财产保险以及其他补偿性保险合同。

2. 坚持损失补偿原则的意义

（1）坚持损失补偿原则有利于实现保险的基本职能

补偿损失是保险的基本职能之一，损失补偿原则恰好体现了保险的基本职能，损失补偿原则的质的规定和量的限定都是保险基本职能的具体反映。也就是说，如果被保险人由于保险事故遭受的经济损失不能得到补偿，就违背了保险的宗旨。损失补偿原则约束保险人必须在合同约定条件下承担保险保障的义务，履行保险赔偿责任；对被保险人而言，该原则保证了其正当权益的实现。

（2）坚持损失补偿原则有利于防止被保险人通过保险获得额外利益，减少道德风险

损失补偿原则的质的规定在于有损失则赔偿，无损失则不赔偿；其量的规定决定了被保险人因损失所获得的补偿不能超过其所受到的实际损失，使被保险人只能获得与损失发生前相同经济利益水平的赔偿。因此，该原则可以防止被保险人利用保险额外获利，有效抑制了道德风险的发生。

3.3.2　损失补偿原则对补偿量的规定

损失补偿原则对补偿量的规定体现为三个"为限"。

1. 保险人对被保险人的补偿以被保险人的实际损失为限

也就是说,补偿的金额最高不能超过保险标的在出险时的实际价值。在实际价值范围内损失多少赔多少。

2. 保险人对被保险人的补偿以保险金额为限

也就是说,补偿的金额不能超过保险合同约定的保险金额。保险金额是保险人承担赔偿责任的最高限额。

3. 保险人对被保险人的补偿以保险利益为限

也就是说,赔偿最高不超过被保险人对保险标的所拥有的可保利益。

三个"为限"中,没有主要标准和次要标准之分,而是以最低者为限。

案例分析

唐某和王某各出10万元合购一台的士运营。的士车辆注册登记的是唐某和王某两人的姓名。唐某经济条件比较宽裕,王某相对比较拮据,在购买保险的时候,唐某一人出钱为车购买了保险,保单上只写了唐某的姓名。没过多久,该车辆发生自燃,全车被毁。

问:唐某去保险公司索赔,保险公司该如何赔付?

3.3.3 损失补偿原则的延伸

损失补偿原则规定,保险人对遭受保险事故损失的被保险人进行经济补偿,但被保险人也不能通过保险索赔获得额外收益。在实践中,损失赔偿原则可以延伸出另外两个原则。

1. 代位求偿原则

(1) 代位求偿原则的定义

代位求偿是指当保险标的发生保险责任范围内的由第三者责任造成的损失,保险人向被保险人履行损失赔偿责任后,有权在其已经赔付金额的限度内取得被保险人在该项损失中向第三者责任方要求赔偿的权利。保险人取得该项权利后,即可取代被保险人的地位向第三者责任方索赔。简言之,代位求偿就是保险人取代被保险人向责任方追偿,是一种权利代位,即追偿权的代位。

代位求偿原则根源于补偿性的保险合同。当保险标的发生保险单承保责任范围内的损失时,被保险人有权向保险人要求赔偿,如果这项损失是由于第三者的责任造成的,被保险人又有权根据法律要求肇事者对损失进行赔偿。就被保险人而言,他的两项权利同时成立,保险人不能以保险标的损失是由于第三者的责任所致为由而拒绝履行保险合同责任;同样,第三者也不能以受损财产已有保险为由解除自己的赔偿责任。如果这两项权利都能实现,被保险人就可因依法享有双重损害赔偿请求的权利而获得双重的补偿。这种双重补偿无疑会使被保险人获得超过其实际损失的补偿,从而获得额外利益,这不符合损失补偿原则。

倘若被保险人在获得保险赔款后,放弃向第三者责任方的索赔权,则不仅使责任方得以逃脱其应当承担的法律责任,而且也显失公平。为了解决这个矛盾,保险法律规定保险人在赔偿以后可采取代位追偿的方式向第三者追偿,这样既可以使被保险人能及时取得保险赔偿,又可避免产生双重补偿,同时第三者也不能逃脱其应承担的法律责任。

(2) 代位求偿原则存在的条件

对于代位求偿权,按照法律规定,一般应具备下述要件方能成立。

① 被保险人因保险事故对第三者享有损失赔偿请求权。首先,保险事故是由第三者造成的;其次,根据法律或合同规定,第三者对保险标的的损失负有赔偿责任,被保险人对其享有赔偿请求权。

② 保险标的损失原因属于保险责任范围,即保险人负有赔偿义务。如果损失发生原因属于除外责任,那么保险人就没有赔偿义务,也就不会产生代位求偿权。

③ 保险人给付保险赔偿金。对第三者的赔偿请求权转移的时间界限是保险人给付赔偿金,并且这种转移是基于法律规定,不需要被保险人授权或第三者同意,即只要保险人给付赔偿金,请求权便自动转移给保险人。

(3) 保险双方在代位求偿中的权利义务

① 保险人的权利义务。保险人的权利是保险人在赔偿金额范围内代位行使被保险人对第三者请求赔偿的权利。保险人的义务是保险人追偿的权利应当与其赔偿义务等价。如果追得的款项超过赔偿金额,超过部分归被保险人。

② 被保险人的权利义务。第一,在保险赔偿前,被保险人需保持对过失方起诉的权利;第二,不能放弃对第三者责任方的索赔权;第三,由于被保险人的过错致使保险人不能行使代位请求赔偿权利的,保险人可以相应扣减保险赔偿金;第四,被保险人有义务协助保险人向第三者责任方追偿;第五,被保险人已经从第三者取得损害赔偿的,保险人赔偿保险金时,可以相应扣减被保险人从第三者已取得的赔偿金额。

(4) 代位求偿原则的适用范围

① 保险人代位追偿的对象是对保险标的损失负有责任的第三者,但保险人对被保险人的家庭成员及组成人员的过失行为造成的损失不能行使代位求偿权。

② 代位追偿原则不适用于人身保险。

2. 损失分摊原则

损失分摊原则是由损失补偿原则派生出来的另一个原则,又称为重复保险原则。它主要针对实务中重复保险的情况,规定了保险人怎样履行经济补偿,而又不能使被保险人从中获利。

重复保险是指投保人对同一保险标的、同一保险利益、同一保险事故分别向两个或以上的保险人投保。在重复保险中,当保险标的发生事故时,投保人可能同时向每个保险人索赔,其获得的赔偿金额将会超过标的的实际价值、实际损失或拥有的保险利益,额外获利,这显然违背了损失补偿原则的原则,应予以限制。

对于重复保险,主要采用分摊的方法。所谓损失分摊原则,是指在重复保险情况下,保险人如何来分摊标的的损失。目前,分摊的方法主要有以下三种:

(1) 比例责任制

比例责任制又称保险金额比例分摊制,是将各保险人所承保的保险金额进行加总,得出各保险人应分摊的比例,然后按比例分摊损失金额。

(2) 限额责任制

限额责任制又称赔款额比例责任制,即保险人分摊赔款额不以保额为基础,而是按照在无他保的情况下各自单独应负的责任限额进行比例分摊赔款。

(3) 顺序责任制

顺序责任制又称主要保险制,即各保险人所负责任依签订保单顺序而定,由其中先订立保单的保险人首先负责赔偿,当赔偿不足时再由其他保单的保险人依次承担不足的部分。

案例分析

许某投保了人身平安保险,一次乘坐朋友的车辆遭遇车祸,导致一条腿终身残疾。按照保险合同的约定,保险公司拟给付保险金5万元。许某将对方肇事车主投诉至仲裁庭,双方协商由肇事方赔付2万元给许某。保险公司的业务员得知此事后,建议公司只赔付3万元。许某不同意,将保险公司告上法庭。

问:法庭将如何判决?依据是什么?

单元 3.4　近 因 原 则

3.4.1　近因原则的含义

近因是引起保险标的损失的直接的、有效的、起决定作用的因素,而并非指时间或空间上与损失最接近的原因。引起保险标的损失的间接的、不起决定作用的因素,称为远因。在保险理赔中,近因原则的运用具有普遍意义。

近因原则是保险理赔过程中必须遵守的原则。在处理赔偿案件时,赔偿与给付保险金的条件是造成保险标的损失的近因属于保险责任。若造成保险标的损失的近因属于保险责任范围内的事故,则保险人应负赔付责任;反之,若造成保险标的损失的近因属于责任免除,则保险人不负赔付责任。只有当保险事故的发生与损失的形成有直接因果关系时,才构成保险人赔付的条件。

3.4.2　近因原则的应用

损失与近因存在直接的因果关系,因而,要确定近因,首先要确定损失的因果关系。确定因果关系的基本方法有从原因推断结果和从结果推断原因两种。从近因认定和保险责任认定看,可分为下述情况。

1. 损失由单一原因所致

若保险标的损失由单一原因所致,则该原因即为近因。若该原因属于保险责任事故,则保险人应负赔偿责任;反之,若该原因属于责任免除,则保险人不负赔偿责任。

2. 损失由多种原因所致

如果保险标的遭受损失系两个或两个以上的原因所致,则应加以区别。

(1) 多种原因同时发生导致损失

多种原因同时发生而无先后之分且均为保险标的损失的近因,则应区别对待。若同时发生导致损失的多种原因均属保险责任,则保险人应负责全部损失赔偿责任;若同时发生导致损失的多种原因均属于责任免除,则保险人不负任何损失赔偿责任;若同时发生导致损失的多种原因不全属保险责任,则应严格区分,对能区分保险责任和责任免除的,保险人只负保险责任范围所致损失的赔偿责任,对不能区分保险责任和责任免除的,则不予赔付。

(2) 多种原因连续发生导致损失

如果多种原因连续发生导致损失,前因与后因之间具有因果关系,且各原因之间的因果关系没有中断,则最先发生并造成一连串风险事故的原因就是近因。保险人的责任可根据下列情况来确定。

第一,若连续发生导致损失的多种原因均属保险责任,则保险人应负全部损失的赔偿责任。如船舶在运输途中因遭雷击而引起火灾,火灾引起爆炸,由于雷击、火灾、爆炸三者均属保险责任,则保险人对一切损失负全部赔偿责任。

第二,若连续发生导致损失的多种原因均属于责任免除,则保险人不负赔偿责任。

第三,若连续发生导致损失的多种原因不全属于保险责任,最先发生的原因属于保险责任,而后因不属于责任免除,则近因属保险责任,保险人负赔偿责任。

第四,最先发生的原因属于责任免除,其后发生的原因属于保险责任,则近因是责任免除项目,保险人不负赔偿责任。

(3) 多种原因间断发生导致损失

致损原因有多个,它们是间断发生的,在一连串连续发生的原因中,有一种新的独立的原因介入,使原有的因果关系链断裂,并导致损失,则新介入的独立原因是近因。近因属于保险责任范围的事故,则保险人应负赔偿责任;反之,若近因不属于保险责任范围,则保险人不负赔偿责任。

3.4.3 近因的识别

1. 损失发生的原因

损失发生的原因可以归纳为以下三种类型。

① 几种原因同时作用,即并列发生。在这种情况下,承保损失的近因必须具有现实性、支配性、决定性和有效性。其他原因并不是承保危险,不决定损失的发生,只决定程度轻重、损失大小。

② 几种原因随最初的原因不可避免地顺序发生。在此情形下,近因是效果上最接近于损失,而不是时间上最接近于损失的原因。

③ 几种原因相继发生,但其因果链由于新干预因素而中断。如果这种新干预因素具有现实性、支配性和有效性,那么在此之前的原因就被新干预因素所取代,变成远因而不被考虑。损失的近因归咎于具有支配性的新干预因素。

2. 分析近因的方法

根据上述分析,我们可以得出这样一个分析近因的方法,即:近因是指对损失的发生具有现实性、决定性和有效性的原因。损失是近因的必然的和自然的结果和延伸。如果某个原因仅是增加了损失的程度或者扩大了损失的范围,则此种原因不能构成近因。

在保险业务实践中,有一些案件同时存在两个近因。这类特殊案件又分为三种不同的情况:第一,两个原因都属于保险责任或者责任免除;第二,其中一个原因属于保险责任,另一个原因属于非承保责任;第三,其中一个原因属于保险责任,另一个原因属于责任免除。

第一种情况比较好处理,属于保险责任的由保险人承担赔偿责任,属于责任免除的,则不承担赔偿责任。第二种情况也不难处理,如果损失的原因都是近因,其中一个属于保单项下的保险责任,而另一个属于非承保责任(即保单并未明确规定责任免除),那么保险人在一般情况下要对全部损失承担赔偿责任。第三种情况分细了还有两种情况:①两个近因同时发生并相互依存;②两个原因同时发生但相互独立。在第①种情况下,如果两个近因同时发生且相互依存,没有另一个近因,任何一个近因都不会单独造成损失,此时责任免除优于保险责任,即保险人对全部损失不承担赔偿责任。理由是,在合同自由的前提下,司法对保险合同的解释不是为了改变合同当事人的意图,而是落实这种意图,对于保险合同中明确约定的责任免除,除影响公共利益的法定责任免除外,被保险人一般可以支付对价予以加保,否则就表明被保险人愿意或需要自己承担这种危险。在第②种情况下,两个近因相互独立,没有哪个近因,另一个近因也会造成损失,那么被保险人对于承保危险所造成的损失部分可以获得保险赔偿,但对责任免除的近因所造成的损失,保险人则不予赔偿。

案例分析

张某在市区骑自行车被一辆汽车撞到,送至红十字会医院治疗。在治疗期间,由于护士注射药物出错,产生过敏,导致张某突发心脏病死亡。张某在事故发生前3个月购买了一份价值10万元的人身意外险。

问:张某的死符合赔付条件吗?为什么?

复习思考题

1. 什么是保险利益?
2. 财产保险与人身保险在保险利益时效方面有何不同?
3. 最大诚信原则包括哪些内容?
4. 代位求偿原则的前提条件是什么?

模块四

保险市场

保险市场是保险商品交换关系的总和,它既可以指固定的交易场所,也可以是促进保险交易实现的整个运行机制。保险公司要适应并驾驭保险市场,必须首先了解、研究保险市场,按照市场规则,依法经营保险业务,规范公司的行为准则和职业道德。本模块重点介绍保险市场的基本理论和运行原则。

单元 4.1 保险市场概述

4.1.1 保险市场的定义

传统保险市场的概念是指以保险当事人为主体、具有固定交易地点和稳定交易行为的保险业务经营场所。现代意义的保险市场已突破传统的地域上的限制,指促进保险交易实现的诸多环节,包括供给者、需求者、中介人、管理者在内的整个市场运行机制,从这个意义上讲,保险市场就是保险商品交换关系的总和。因此,保险市场是指保险商品交换关系的总和或是保险商品供给与需求关系的总和。保险市场的交易对象是保险人为消费者提供的保险保障,即各类保险商品。

交换是保险市场的基础。在早期的保险市场上,参与交易活动的有两个主体:供给方和需求方。随着经济全球化趋势的加强和保险业的发展,保险中介人应运而生。保险中介人一方面推动了保险业的发展,另一方面使保险交换关系复杂化。

4.1.2 保险市场的要素

1. 保险市场的主体

(1) 保险市场的供给方

保险市场的供给方是指在保险市场上提供各类保险产品,承担、分散和转移他人风险的各类保险人。保险市场的供给方以各种保险组织形式出现在保险市场上,如中国人寿保险公司、中国平安保险公司等。

(2) 保险市场的需求方

保险市场的需求方是指保险市场上所有现实的和潜在的保险产品的购买者,即各类投保人。保险市场的需求方有各自独特的保险保障需求,也有各自特有的消费行为。需求者有个人,也有团体。

(3) 保险市场的中介方

保险市场的中介方是指活动于保险人和投保人之间,充当保险市场供需双方的媒介,把保险人和投保人联系起来并建立保险合同关系的人。保险市场的中介方主要包括保险代理人、保险经纪人和保险公估人。

2. 保险市场的客体

保险市场的客体就是保险商品。保险商品是保险人向投保人、被保险人提供的,在保险事故发生时给予经济保障的承诺。和一般商品不同,保险商品有自己的特征。

(1) 保险商品是一种无形商品

一般的商品是有形的,看得见、摸得着,而保险商品却是看不见、摸不着,无法品尝和试用。保险合同虽是有形,但它承载的保险商品本身是无形的。保险商品是保险人对保险消费者的"一纸承诺",如果最终保险事故没有发生,则消费者无法感受到保险商品的存在。

(2) 保险商品是一种非渴求商品

所谓"非渴求商品",是指消费者一般不会主动购买的商品。通常,很少有人主动买保险,除非法律有强制性的规定,因为人们总在风险事故发生前存在侥幸心理,而在风险事故发生后才知道保险的必要性。

(3) 保险商品是一种异质性商品

保险商品不像一般商品那样是标准化、具有同质性的。保险商品是一个复杂的动态过程,发生的时间、地点、方式等都是不同的,差异性很大。即使是同一家公司推出的同一款保险商品,因为购买者不一样、被保险人不一样、保险标的发展的轨迹不一样等,最后消费者所得到的服务也可能完全不同。因此,保险商品是一种复杂的异质性商品。

(4) 保险商品是一种隐形消费的商品

保险商品不像一般的商品能直接感受到商品的存在,保险商品的消费过程往往比较隐蔽。同样是一款人身保单,有的价值几万元,有的甚至高达几千万元。相对于一般的商品,保险的消费只是增加了一项隐形的保障,但是它的确真实存在并必不可少。

(5) 保险商品是一种复杂的商品

说保险商品复杂,一方面表现在保险合同是一个法律文件,即保险人承诺在特定情况发生时提供保险保障的法律文件。尽管保险公司尽量在简化合同条款,但鉴于法律的要求,使这些措辞难以理解。另一方面保险的理赔也相当复杂。有一些理赔案件,因为双方当事人对保险合同的意见不统一,甚至要提起诉讼,由法院来裁决。

4.1.3 保险市场的特点

1. 保险市场是直接经营风险的市场

任何市场都有风险,只是在一般的市场交易中,交易对象是商品或劳务,并不是风险本身。而保险经营的对象恰恰是风险,它通过对风险的聚集和分散来开展经营活动。这就需要保险人具有专业知识,能够满足各种各样的人对规避风险的需求。正是由于保险市场交易对象的特殊性，才导致保险市场具有专业性强、经营面广的特点。在保险市场中，投保人把不愿自己承担的风险转交给保险人，让保险人来承担风险，条件是投保人支付一定的保险费给保险人。

2. 保险市场是非即时清结市场

所谓即时清结市场，是指市场交易一旦结束，供需双方立刻就能准确知道交易结果的市场。一般的商品市场，都是能够即时清结的市场。而保险交易活动，因风险的不确定性和保险的射幸性，使交易双方在交易结束时不可能马上知道交易结果，一直要到保险合同终止时，才能确切地知道交易结果。这当中的关键是看双方约定的保险事故是否发生。

3. 保险市场是特殊的"期货"交易市场

由于保险的射幸性，保险市场所做的任何交易，都是保险人对未来风险事件发生所致的经济损失进行补偿的承诺。而保险人是否履约，即是否对某一特定的对象进行经济补偿，则取决于保险合同约定时间内是否发生约定的风险事故。只有在保险合同约定的未来时间内发生保险事故，并导致经济损失，保险人才可能对被保险人进行经济补偿。

4. 保险市场是政府积极干预的市场

由于保险具有社会广泛性，保险业的经营活动直接影响广大公众的利益，而且其所承担的是未来的损失赔偿责任，所以政府有责任保证保险人的偿付能力，以保障广大被保险人的利益。同时，政府的监督和管理对保护投保人获得合理的保险条件和费用支付条件是必不可少的。所以，即使是在自由市场经济国家，政府对保险业仍实行严格的监督和控制。在我国，也专门设置有监督和管理保险行业的政府部门。

4.1.4 保险市场的分类

1. 按保险承保标的划分

按保险承保标的划分，保险市场可分为寿险市场和非寿险市场。非寿险市场可分为财产保险市场、责任保险市场等。其中，财产保险市场又可分为水险市场、火险市场等。

2. 按保险活动空间划分

按保险活动空间划分，保险市场可分为国内保险市场和国际保险市场。国内保险市场按经营区域范围又可分为全国性保险市场和区域性保险市场。

3. 按承保方式划分

按承保方式划分，保险市场可分为原保险市场和再保险市场。

4. 按保险市场的性质划分

按保险市场的性质划分,当今世界保险市场有四种类型。

(1) 完全垄断型

完全垄断型市场由一家保险公司控制,市场价格由该公司所决定,其他公司无法进入保险市场。垄断型市场还可细分为两种形式:一种是专业型完全垄断,即在一个保险市场同时存在两家或两家以上保险公司,各垄断某类业务,相互业务不交叉,以保持完全垄断市场。另一种是地区性完全垄断模式,即在一国保险市场上,同时存在两家或以上的保险公司,各垄断某一地区保险业务,相互业务不交叉。

(2) 完全竞争型

完全竞争型市场是指保险市场上有数量众多的保险公司,任何保险公司都可以自由地进出市场。在这种模式下,保险市场处于不受任何阻碍和干扰的状态中。同时,由于存在大量的保险公司,且每个公司在保险市场上所占的份额都很小,因而任何一个保险公司都不能单独左右市场,而由保险市场自发地调节保险商品的价格。在完全竞争型市场上,保险资本可以自由流动,价值规律和供求关系充分发挥作用,政府保险监管机构对保险企业管理相对宽松,保险行业协会在市场管理中发挥重要作用。

(3) 垄断竞争型

在垄断竞争型市场上,大小保险公司并存,少数大公司在市场上取得垄断地位,导致同业竞争在大垄断公司之间、垄断公司与非垄断公司之间激烈展开。

(4) 寡头垄断型

寡头垄断型市场是指在一个保险市场上,只存在少数大型保险公司相互竞争。在这种模式下,保险业经营依然以市场为基础,但保险市场具有较高的垄断程度,保险市场上的竞争是保险垄断企业之间的竞争,会形成相对封闭的保险市场。存在寡头垄断型市场的国家既有发达国家,也有发展中国家。

4.1.5 保险市场的供给与需求

1. 保险市场的供给

保险市场的供给简称保险供给,是指在一定的费率水平上,保险市场上的各家保险公司愿意并且能够提供的保险商品的数量。影响保险供给的因素主要有以下几个。

(1) 保险费率

在市场经济条件下,保险供给的主要影响因素是保险费率。一般来说,保险费率越高,保险供给越大;反之,保险供给越小。

(2) 保险技术水平

保险业是一个专业性和技术性都很强的行业,有些险种很难设计,因此要有专业性很强的保险市场与之适应。

(3) 保险市场规范

竞争无序的市场会抑制保险需求,从而减少保险供给;反之,则会提高保险市场的需求。

(4) 互补品和替代品价格

互补品价格和保险供给成正相关关系,替代品价格和保险供给成负相关关系。

(5) 保险偿付能力

各国法律对保险公司都有最低偿付能力标准的规范,这也会制约保险供给。

(6) 政府监管

目前,各国对保险业都有严格的监管制度。因此,即使保险费率上升,由于政府的严格管制,保险供给也会受到控制。

2. 保险市场的需求

保险市场的需求简称保险需求,是全社会在一定时期内购买保险商品的货币支付能力,包括保险商品的总量需求和结构需求。保险需求取决于三个要素:①有保险需求的人;②为满足保险需求的购买能力;③购买意愿。影响保险需求总量的因素主要有以下几个。

(1) 风险因素

无风险,无保险。风险是保险需求的首要条件。风险程度越高,范围越广,保险需求总量也就越大;反之,保险需求总量越小。保险需求总量与风险程度成正比例关系。

(2) 保险费率

保险费率对保险需求有一定的约束力,两者成反比例关系。从总体上讲,费率上升带来保险需求的减少;反之,则会增加。但是,费率对保险需求的影响会因保险品种的不同而不同。

(3) 消费者收入

消费者收入直接关系到保险购买力。当国民收入增加时,购买保险商品的消费者会更多,形成更强的消费能力,保险需求随之扩大,企业的利润也会随之增加。因此,消费者收入是影响保险需求的主要因素之一。

(4) 保险相关商品的价格

与财产保险相关的是财产。例如,汽车价格大幅下降,消费者增加了对汽车的购买,那与汽车相关的机动车辆保险的需求就会随之增加。又如,当房产交易下滑时,与房屋相关联的保险商品的需求也会随之下降。

(5) 文化传统

保险需求在一定程度上受人们风险意识和保险意识的影响,而这些意识又受特定文化环境的影响和控制。

(6) 经济制度

现代保险属于商品经济范畴。保险发展的历史表明,现代保险是随着商品经济的产生而产生的,随着商品经济的发展而发展的。保险需求总量与商品经济的发展程度成正比例关系。

单元 4.2 保险市场的构成

总体而言,保险市场由承保方(保险人)、投保方(投保人和被保险人)、中介方(保险代理人、保险经纪人和公估人)三大部分组成。保险人就是保险公司,保险代理人、保险经纪人和保险公估人属于保险中介范畴。

4.2.1 保险人

保险人又称承保人,即经营保险业务的组织。保险人是订立保险合同的一方当事人,他收取保险费,并按照合同的规定对被保险人赔偿损失或履行给付义务。在法律上,除法律特准的自然人外,保险人一般都要求是法人。世界各国对保险人的业务经营范围、管理、监督、机构设置以及资本金和保证金等都有明确的法律规定。保险人主要有公营保险、民营保险、个人保险、合作保险等几种组织形式。

1. 公营保险组织

公营保险组织是指由国家和地方政府投资经营的保险机构。在社会主义国家,商业性保险业务主要由公营保险企业经营,如苏联、朝鲜。资本主义国家也有公营保险,如美国联邦政府设立的存款保险公司,日本厚生省管辖的国营健康保险机构,欧洲各国设立的社会保险机构。我国的社会保险属于公营保险,是保障老百姓基本生活的保险。

公营保险组织主要有以下两个特点。

(1) 大多不以营利为目的

公营保险组织一般都是为了贯彻国家政策,保障国家企业和百姓的生产、生活而设立的,所承保的风险多是民营保险不愿或无能力经营的风险,如失业保险、农业保险、出口信用保险等。

(2) 以举办强制保险为主

强制保险往往是根据国家特殊政策需要而实施的,这种保险风险大、承保面广,因此,由公营保险组织举办较为可靠。

2. 民营保险组织

与公营保险组织相对的就是民营保险组织。民营保险组织之一是公司保险组织,大多数国家都是采用保险股份有限责任公司和相互保险公司两种形式。

(1) 保险股份有限责任公司

保险股份有限责任公司是世界各国保险业中主要的保险组织形式,特别是在财产保险及责任保险方面。

保险股份有限责任公司的优点是:①多为大规模经营,能较广泛地分散风险;②因受利益机制的刺激,经营效率比较高,并且由于同业竞争激烈,更能积极开发新险种、采用相适应的新方法和新技术;③容易募集巨额资本,有利于业务扩展,经营较为安全。

(2) 相互保险公司

相互保险公司是公司保险与个人保险相结合的一种形式。它由预料特定风险可能发生的多数经济单位,为达到保险保障的目的,而组成非营利性保险组织。其参与者并非股东,仅是合同当事人;公司的所有成员为保险参加者,既是会员又是保险人,也是被保险人。

3. 个人保险组织

个人保险组织在英国最为流行,这主要是由英国经济发展的特点,特别是英国以判例制度为特点的法制发展史等综合因素所决定的。美国除在得克萨斯州、纽约州有保险条例规定可以接受个人保险组织登记外,其他地区不接受个人保险组织登记。因而,如今除英国劳合社社员仍然可以保持相当承保能力外,其他国家的个人保险组织逐渐减少,呈现出被淘汰的趋势。

英国劳合社是目前世界上最大的保险垄断组织之一,它是伦敦劳合士保险社的简称。劳合社并不是一个保险公司,它仅是个人承保商的集合体,其成员全部是个人,各自独立、自负盈亏,进行单独承保,并以个人的全部财力对其承保的风险承担无限责任。劳合社的成员需要经过劳合社组织严格审查批准,最先只允许具有雄厚财力且愿意承担无限责任的个人为承保会员,直到1994年劳合社制定了长达48页的计划纲要,其中一点是将过去的劳合社进行改造,接纳一些实力雄厚的法人团体入社,从此,公司资本不断涌入。

4. 合作保险组织

合作保险组织是由社会上具有共同风险的个人或经济单位,为了获得保险保障,共同集资设立的保险组织形式。

在西方国家的保险市场上,合作保险组织分为消费者合作保险组织与生产者合作保险组织。前者是由保险消费者组织起来并为其组织成员提供保险的组织,它既可以采取公司形式(如相互保险公司),也可以采取非公司形式(如相互保险社与保险合作社)。后者则多半是由医疗机构或人员为大众提供医疗与健康服务组织起来的,如美国的蓝十字会和蓝盾医疗保险组织。合作保险组织主要包括相互保险社和保险合作社两种形式。

(1) 相互保险社

相互保险社是同一行业的人员,为了应付自然灾害或意外事故造成的经济损失而自愿结合起来的集体组织。与相互保险公司相比较,相互保险社具有以下四个特征。

① 参加相互保险社的成员之间互相提供保险。

② 相互保险社无股本,其经营资本的来源仅为社员缴纳的分担金,一般在每年年初按暂定分摊额向社员预收,在年度结束计算出实际分摊额后,多退少补。

③ 相互保险社的保险费采取事后分摊制,事先并不确定。

④ 相互保险社的最高管理机构是社员选举出来的管理委员会。

(2) 保险合作社

保险合作社是由一些对某种风险具有同一保障要求的人自愿集股设立的保险组织。保险合作社与相互保险社的差异在于以下3个方面。

① 保险合作社是由社员共同出资入股设立的,加入保险合作社的社员必须缴纳一定金额的股本。社员即为保险合作社的股东,其对保险合作社的权利以其认购的股金为限。而相互保险社却无股本。

② 只有保险合作社的社员才能作为保险合作社的被保险人,但是社员也可以不与保险合作社建立保险关系。而相互保险社的社员之间是为了一时目的而结合的,如果保险合同终止,双方即自动解约。

③ 保险合作社的业务范围仅局限于合作社的社员,只承保合作社社员的风险。

4.2.2 投保人

投保人是指与保险人订立保险合同,并按照保险合同负有支付保险费义务的人。投保人可以是自然人也可以是法人。

1. 成为投保人的条件

(1) 具有相应的权利能力和行为能力

根据《中华人民共和国民法典》的规定,18周岁以上的成年人及年满16周岁未满18周岁以自己的劳动收入为主要生活来源的人,是完全民事行为能力人,可以成为保险合同的投保人;16周岁以上不满18周岁的未成年人及不能辨认自己行为和不能完全辨认自己行为的精神病人,是限制民事行为能力或无民事行为能力的人,不能成为投保人;16周岁以下的未成年人为限制民事行为能力人或无民事行为能力人,如需订立保险合同,由法定代理人代理,或者征得其法定代理人的同意。

按照法理,限制行为能力人所订保险合同,如事先未经其法定代理人同意,但事后得到法定代理人的承认,或在限制其行为能力的原因消失后自己追认,则从其承认或追认时开始生效。需要注意的是,对未成年人所订立的保险合同的效力,各国的法律规定不尽相同。

(2) 投保人对保险标的具有保险利益

投保人同时是被保险人时,应对保险标的具有法律上或实际上的利益,如果无利益,不会有损失,也就没有订立保险共同取得经济保障的必要;投保人若为自己的利益,而以他人(被保险人)的生命、身体或财产为保险标的时,也应对标的具有合法利益。但若投保人为被保险人的利益而签订保险合同,即以自己为投保人,就他人的财产,以他人为被保险人,使被保险人享有赔偿请求权时,投保人是否一定要具备可保利益,这在一些国家的法律上尚无明确规定。

(3) 投保人履行交付保险费的义务

无论是为自己还是为他人的利益而订立保险合同,投保人均须承担交纳保险费的义务。

2. 投保人的权利

① 请求保险公司承担必要、合理的费用。

② 请求保险公司降低保险费。被保险财产的危险程度明显减少时,保险公司应当降

低保险费,并按日计算,退还相应的保险费。

③ 请求复效。在分期付款的人身保险合同中,如果投保人超过60日不交纳续期保险费,合同效力中止。但自合同效力中止之日起两年内,投保人有权提出恢复合同的请求。

④ 指定和变更受益人。

3. 投保人的义务

(1) 按约定交付保险费的义务

保险费是投保人向保险人交纳的费用,作为保险人依照合同承担赔偿和给付责任的代价。保险合同成立后,投保人按照约定交付保险费,保险人按约定的期间承担保险责任。

财产保险的保险费,一般应在合同成立后一次性交清,经双方特别约定,也可以分期支付,若投保人未按约定交付保险费,保险人可诉请交付,也可通知被保险人终止合同。人身保险费可一次性交清,也可分期支付。保险人对人身保险的保险费不得以诉讼方式请求投保人支付。

(2) 如实告知的义务

在订立保险合同时,保险人可以就保险标的或被保险人的有关情况提出询问,投保人应当如实告知。投保人故意隐瞒事实,不履行如实告知义务的,或者因过失未履行如实告知义务的,足以影响保险人决定是否同意承保或者提高保险费率的,保险人可以解除保险合同。

① 危险增加的通知义务。危险增加的通知义务是指在保险合同的有效期内,保险标的危险程度增加的,投保人或被保险人应依照合同规定及时通知保险人,保险人有权要求增加保险费或者解除合同。投保人或被保险人未履行该通知义务的,保险标的因危险程度增加而发生的保险事故,保险人不承担赔偿责任。

② 出险通知义务。出险通知义务即保险事故发生的通知义务,是指投保人、被投保人或者受益人知道保险事故发生后,应当及时通知保险人。其意义在于能使保险人迅速调查、取证,采取适当的方法,防止损失扩大,并为赔偿和给付保险金做准备。

(3) 提供证明、资料的义务

在签订保险合同之前、保险合同生效之后直至保险合同终止期间,投保人都有义务提供一些保险人需要的证明、资料。例如,保险事故发生后,在申请保险赔偿的时候,必须提供一系列的证明和材料,保险人根据这些资料来确认保险事故是否属于保险责任赔偿的范围,如果确实是赔偿的范围,还须依据这些资料确认赔偿的额度等。

(4) 退赔的义务

对于因自己违法而取得的赔偿或给付,投保人有退赔的义务。

4.2.3 被保险人

被保险人是指根据保险合同,其财产利益或人身受保险合同保障,在保险事故发生后,享有保险金请求权的人。投保人往往同时就是被保险人。

1. 构成被保险人的要件

① 投保人不是被保险人时,投保人指定或变更受益人必须经过被保险人的同意。

② 以死亡为给付保险金条件的保险合同,投保人就保险险种和保险金额必须取得被保险人的同意,该保险合同转让和质押也必须经被保险人同意,否则保险合同无效,合同的转让和质押也无效。父母为未成年子女投保的,不受此限,但是死亡给付保险金额总和不得超过金融监管部门规定的限额。

2. 被保险人的权利

(1) 决定保险合同是否有效

在人身保险合同中,以死亡为给付保险金条件的合同及其保险金额,在未经被保险人书面同意并认可的情况下,保险合同无效。因此被保险人的书面签字非常重要,绝对不允许投保人或者保险业务员代签。

(2) 指定或变更受益人

在人身保险合同中,被保险人有权指定或变更受益人,而投保人指定或变更受益人,必须事先征得被保险人的同意。

3. 被保险人的义务

① 被保险人也有危险增加通知义务、保险事故通知义务、防灾防损和施救义务、提供有关证明、单证和资料的义务等。

② 当保险人行使保险代位权的时候(即保险人代替被保险人向造成损害的第三人行事赔偿请求权的时候),被保险人有协助义务。

4.2.4 保险中介人

1. 保险代理人

保险代理人即保险人的代理人,是指依保险代理合同或授权书向保险人收取报酬,并在规定范围内以保险人名义独立经营保险业务的人。对于保险代理人,本书模块八将有详细介绍。

2. 保险经纪人

保险经纪人是基于投保人的利益,为投保人和保险人订立合同提供中介服务,收取劳务报酬的人。

保险经纪人是指代表被保险人在保险市场上选择保险人或保险人组合,同保险方洽谈保险合同条款并代办保险手续以及提供相关服务的中间人。保险经纪人是专家型的经纪人。在发达的保险市场上,要想成为一名保险经纪人,必须通过严格的审查。审查的内容是经纪人必须掌握大量的保险法律知识和保险业务实践经验,其中包括在保险经纪公司协助保险经纪人准备有关材料和保险条件的经验。经过这一阶段之后,候选人还要充当联络员,这时他们可以进入保险市场,了解市场的构造和基础设施,以及未来的磋商对手——保险人的经营情况,从而对保险市场有一个初步的了解,同时也了解到从事保险经纪活动所应具有的道德准则和其他有关规定。

在具备上述条件之后,要想成为一名合格的保险经纪人,在不同的国家还有不同的规定。例如在英国,要向注册管理机关——英国保险经纪人注册理事会申请注册,取得注册资格的个人和法人才能以保险经纪人或再保险经纪人的身份从事经纪活动。

3. 保险公估人

保险公估人是指接受保险当事人委托,专门从事保险标的之评估、勘验、鉴定、估损理算等业务的单位。

保险公估人在保险市场上的作用具有不可替代性,它以其鲜明的个性与保险代理人、保险经纪人一起构成了保险中介市场的三驾马车,共同推动着保险市场的发展。保险公估人的作用主要体现在以下三个方面。

① 保险理赔是保险经营的重要环节。在保险业发展初期,对保险标的的检验、定损等工作往往由保险公司自己进行。随着业务的发展,这种保险公司"全程包办"方式的局限性日益暴露——保险公司理赔人员的专业局限性越来越难以适应复杂的情况。保险公司从经营成本考虑,不可能配备众多的、门类齐全的各类专业技术人员。而保险公估人能协助保险公司解决理赔领域的一些专业性、技术性较强的问题(如经济、金融、保险、财会、法律及工程技术等领域的问题),从而促进保险运作在理赔领域良好地进行。

② 保险公司既是承保人又是理赔人,直接负责对保险标的进行检验和定损,做出的结论难以令被保险人信服。保险合同的首要原则是最大诚信原则,由于保险合同订立双方的信息不对称,在承保和理赔阶段,以及在危险防范和控制方面,都存在违背这一原则的可能。而地位超然、专门从事保险标的查勘、鉴定、估损的保险公估人作为中介人,往往以"裁判员"的身份出现,独立于保险双方之外,在从事保险公估业务过程中始终遵循"独立、公正"原则,与保险人和被保险人保持等距离关系,不受保险人或被保险人的主观利益影响,能使保险赔付更趋于公平合理,可以有效缓和保险人与被保险人在理赔环节的矛盾。

③ 保险公估人代替保险公司独立承担保险理赔领域的工作,从而实现了保险理赔工作的专业化分工。这种分工一方面有利于保险理赔技术的不断升级和横向交流,并能促进保险公估业整体执业水平的提高,从而促进整个保险行业的发展;另一方面由于规模效应以及逆向选择和道德风险的减少,必然会大幅降低保险理赔费用从而降低保险成本,最终提高整个社会的福利。

单元 4.3 国内外保险市场

4.3.1 中国保险市场简介

新中国成立后,人民政府接管旧中国的官僚资本保险公司,同时整顿改造私营保险公司,为新中国保险事业的诞生和发展创造了条件。1946 年 10 月 20 日,中国人民保险公司的成立标志着中国的保险事业进入一个崭新的阶段。

新中国成立初期,中国的保险事业在发展过程中遇到了很多挫折。从1958年起,中国国内保险业务部分停办。从1966年起的十年间,中国保险业务彻底停办。

改革开放后的1980年,中国人民保险公司恢复国内保险业务。从此,中国现代保险事业进入高速发展时期。国家为恢复和扶持保险事业,做出了若干战略性的决策:恢复国内保险业务;积极发展涉外保险业务;进行体制改革,将保险公司回归金融体系,升级等同于国家专业银行;制定和颁发有关保险法规,使保险管理有法可依。这些举措从理论上、组织上、经营上、法律上都为保险事业的发展奠定了基础,使中国保险业的发展掀开了崭新的篇章。

1. 中国保险市场现状

改革开放以来,我国保险业有序发展,充分发挥了经济补偿职能,为改革开放和国民经济的发展作出了重要贡献。进入21世纪,我国保险业的发展突飞猛进,保险总资产的增速远远高于同期我国GDP的增速。截至2020年年末,我国保险公司总资产达到23.3万亿元,同比增长13.3%。

伴随市场规模的快速扩大,我国保险业的发展进入一个新的阶段,呈现出一些新的特征。

(1) 体制改革不断深入,市场机制初步建立

20世纪90年代以来,我国对原有计划经济体制下形成的保险体制进行了一系列的重大改革:一是按照产、寿险分业经营的原则,对分业经营的保险公司进行规范和改组;二是按照建立现代企业制度的要求,对保险企业进行较为规范的股份制改革,加快了国有保险公司的商业化改革进程;三是成立了中国银行保险监督管理委员会,集中管理全国保险市场;四是界定了商业保险与政策保险的经营范围,进行了政策保险体制改革的探索。保险体制的一系列改革,不仅规范了保险市场的秩序,而且激活了保险业的活力。

(2) 市场主体的多元化格局初步形成

进入21世纪以来,国内的保险公司不断涌现,国外的大型跨国保险金融集团也开始争相抢占我国的市场,形成了集公营、私营及外资保险企业百家争鸣的多元化格局。

(3) 保险法律法规体系初步形成

1995年6月30日,第八届全国人民代表大会常务委员会第十四次会议通过了《中华人民共和国保险法》(以下简称《保险法》),这是中华人民共和国制定的第一部保险基本法。该法采用了国际上一些国家和地区的惯用规定,是集保险业法和保险合同法为一体的立法体例,是一部较为完整、系统的保险法律。2002年,根据中国加入世贸组织的承诺,第九届全国人民代表大会常务委员会第三十次会议于2002年10月28日通过了《关于修改〈中华人民共和国保险法〉的决定》,对《保险法》做了首次修正,于2003年1月1日起实施。最新的《保险法》是中华人民共和国第十二届全国人民代表大会常务委员会第十四次会议于2015年4月24日修正的。保险法律法规体系的建立,为规范保险活动、保护保险人和被保险人的合法权益、加强保险业的监管提供了法律依据。

(4) 保险资金运用渠道逐渐扩宽

20世纪80、90年代,我国保险资金的运用渠道一直比较狭窄,使用上也比较保守。

进入21世纪后,保险资金的运用渠道已基本全面放开,从公募领域到私募领域、从传统产品到另类工具、从境内市场到境外市场、从实体经济到虚拟经济,保险资金运用空间大为拓展,保险资产管理公司已经成为金融业中投资领域最为广阔的金融机构。

我国保险业虽然获得了巨大的发展,但相比西方发达国家仍然只是一个新兴市场,还有很多方面亟待改善和发展。目前,我国保险业和保险市场存在的一些问题,主要表现在以下几个方面:①保险从业者的未来发展、养老和医疗等福利待遇问题,即代理人制的问题。保险代理人就是保险的业务员,就目前的体制,他们并没有获得任何制度上的保障,有业绩才能生存,生活上没有任何保障,这对于保险事业的长远发展是非常不利的。②保险公司投资渠道狭窄的问题。国家虽然对保险公司的资金运用有了很大幅度的放宽,但仍然是管制严格,投资渠道相对比较狭窄。③保险公司的法人治理结构问题。目前,保险公司的法人治理结构还未出现大的问题,但未来情况如何谁也不能预料。④保险公司的市场开发问题。中国保险市场发展空间巨大,但市场经济发展不平衡,东西、南北差距大,存在险种开发的衔接问题。

2. 中国保险业已经取得的成果

(1) 发展理念不断更新

突破"就保险论保险"的思维局限,行业观念发生深刻转变,"想全局、干本行,干好本行、服务全局",以思想理念的创新推动保险实践发展,拓宽了行业发展的视野和空间。

(2) 市场体系更加健全

形成了综合性、专业性、区域性和集团化发展齐头并进,原保险、再保险、保险中介和保险资产管理协调发展的现代市场体系,管理扁平化和功能专业化的新型保险机构大量涌现,进一步拓宽了保险服务的覆盖面,提高了保险的服务功能和经营水平。

(3) 保险服务功能进一步发挥。

积极探索推广多形式、多渠道的农业保险,积极开拓参与多层次社会保障体系建设的新途径,全力以赴参与南方雨雪冰冻灾害、汶川地震等重大自然灾害处置,保险投资的领域和影响不断扩大,保险业对经济社会发展的支持作用日益增强。

(4) 现代企业制度逐步建立

保险公司治理改革深入推进,风险管理和内部控制不断加强,信息技术等现代科技手段在保险经营管理中的作用越来越大,保险公司的决策能力和管理水平明显提高。

(5) 保险制度建设全面加强

国务院发布了《关于保险业改革发展的若干意见》,《保险法》完成了第三次修正,交强险法定保险制度建立并全面实施,出台了一系列促进保险业规范发展的规章和规范性文件,保险业发展的制度基础进一步夯实。

(6) 保险监管不断完善

目前,我国已基本建立了偿付能力、公司治理和市场行为三大支柱监管框架,监管的规范化、信息化水平显著提升,监管的科学性、有效性得到进一步加强,发现、识别、防范和控制保险业系统风险的能力明显提高,及时、有效地化解和处置了一些公司和领域的潜在风险隐患;随着监管的国际交流与合作不断加强,发起建立亚洲保险监管合作机制,逐步成为国际保险监管规则制定的重要参与者。

4.3.2 国外保险市场简介

1. 英国保险市场

英国保险市场是欧洲最大的保险市场,也是世界第三大保险市场。2003年,保险费收入占世界保险费收入的9.1%。2005年,英国保险市场有保险从业人员33.9万人,占金融机构人员的1/3;保险资金占股票市场投资的17%;每天支付养老金和人寿保险给付金1.56亿英镑,每天支付财产保险赔付金5 400万英镑。

保险作为保障工具和储蓄工具在英国非常普及。2005年,英国人均长期业务保费支出为1 800英镑,在欧盟名列第一,在世界名列第三。英国保险费收入占GDP的比例在欧洲最高,在世界排名第二。近年来,随着经济全球化的日益深入,英国保险公司海外业务比重日益扩大。2005年,英国保险公司的纯保险费将近1/4来自海外业务。海外业务保险费收入320亿英镑,其中长期业务占240亿英镑,非寿险业务占80亿英镑。

目前,英国保险公司大致可分成三大类:公司(保险公司和再保险公司,以及经纪人公司)、劳合社和保赔协会。保险业主要有以下营销渠道:保险经纪人、直接经销、保险代理以及独立金融顾问等。长期以来,保险经纪人一直是推销保险产品的主力军。2005年,英国保险市场有1 167家在英国注册或在欧盟成员国注册的保险公司,其中大约有870家公司只经营财险业务(如汽车保险、家庭财产保险和企业财产保险),有237家公司只经营长期业务(如人寿保险和养老保险),有60家公司既经营财产保险又经营人寿保险。因此,英国保险市场竞争非常激烈。

当前,在全球并购风潮席卷下,英国保险业并购迭起,其中最为著名的当属商联保险并购案。1998年6月,英国商联保险(Commercial Union,CU)和保众保险(General Accident,GA)合并成立了商联保险(CG Uplc)。2000年5月30日,CGU又与Norwich Union保险公司合并成立了现在的商联保险集团(CGNU)。目前CGNU已是英国最大的保险公司。据悉,仅2000年、2001年两年时间,就有好几家英国保险公司宣布倒闭;此外,外国保险公司接手英国公司案日益增多。2000年,英国成立了普通保险标准委员会(General Insurance Standards Councils,GISC),该委员会参与了2001年保险政策和法规的制定工作。2001年6月,一份由政府支持的长期储蓄市场回顾性杂志问世。与此同时,布鲁塞尔方面制定出了一项新的保险经纪人条例。目前,大多数英国保险公司所面临的最大问题是保险公司的偿付能力和金融管理方式。由于英国经济前景出现了极大的不确定性,加之英国脱欧等原因,给英国保险业的发展蒙上了一些阴影。

在全英保险市场中,劳合社可谓独树一帜,不仅是世界上最大的保险市场,而且是国际航空和海上保险业务的龙头。近几年,经过调整,劳合社加大了资本投入,扩大了保险范围,并由此提高了劳合社的盈利率。现代伦敦劳合社是1871年根据议会法案建立的。伦敦劳合社不是一家保险公司,它是个人会员和法人会员构成的保险市场,它不经营保险,只是给经营者提供场所、服务和帮助。经营者遵守劳合社理事会制定的规章制度。伦敦劳合社市场由劳合社会员、承保辛迪加、管理代理人、劳合社经纪人构成。劳合社会员提供市场需要的资本。会员提供的资本用于承保风险。到2003年1月,劳合社共有法人会员762名,提供资本116.94亿英镑;个人会员2 198名,提供资本27.01亿英镑。

承保辛迪加由劳合社个人会员和法人会员组成。承保辛迪加在劳合社市场内作为独立的经营单位进行运作,由管理代理人管理。2002年该市场共有71家辛迪加组织,主要承保海上保险、航空保险、巨灾保险、职业保险和汽车保险。管理代理人管理辛迪加,通过聘用承保小组代表承保辛迪加来承保风险。这是2003年初开始实行的一种新的管理方式。管理代理人被授予特权在劳合社市场内进行管理。一些管理代理人是股票交易所的上市公司;另一些是私营公司。对辛迪加来说,管理代理人是资本提供者。

2. 法国保险市场

法国保险立法渊源深厚。法国在欧洲大陆保险事业刚启蒙的阶段就十分活跃,在14世纪到17世纪前叶,欧洲各国纷纷出现了包含海上保险的有关规定。早在1681年,路易王朝的路易十四就制定了《海事条例》。该条例将海上保险的规定相对统一了起来,后来成为拉丁语系国家制定保险法的蓝本。这后来被拿破仑在1807年制定《法国商法典》时所接受并继承。《法国商法典》的颁布引发欧洲各国追随,形成了制定国家统一商法典的潮流。

法国在保险法的立法体制上,采用了保险合同法和保险业法分别立法体例。1905年,法国颁布了《法国保险业监管法》。1976年,法国将有关保险的法律编纂成大一统式的《保险法典》。这是一部内容非常完整的保险法典,不仅包括了保险合同、海上保险、保险公司、保险中介以及其他保险组织、保险监管,还包括了政策性很强的强制保险。此后,该法分别在1983年和1997年陆续进行了修订。迄今为止,在大陆法系国家中,该法典是内容最为广泛的保险法典。

在大陆法系的保险立法上分为两种不同的体系——德国体系和法国体系。法国体系在该国的商法典中特设有海上保险法,而陆地保险同德国体系基本相同,另外颁布了《保险合同(契约)法》(1930年)。这种立法技术在保险的立法史上被誉为是具有先进性的立法。在第二次世界大战前,与法国的立法体系基本相同,或参照了法国的立法经验的国家有比利时、荷兰、西班牙、意大利、葡萄牙、罗马尼亚、土耳其、希腊、智利、乌拉圭、阿根廷等。

法国不仅在保险立法方面具有引领潮流的先进性,在财产保险市场中也有惊人之处。

第一,保险密度、深度均为世界前列。

2008年,法国的保险密度(以美元计量的人均保费)为4 131美元,为世界第8位,高于第18位的德国。与世界第1位的英国相比,法国在财产保险上的保险密度为1 339.2美元,高于英国的1 275.7美元。

同年,法国的保险深度(保费占GDP的比例)为6.6%,为世界第11位,低于第2位的英国,高于第21位的德国。在财产保险的深度上,法国高于英国,但是低于德国。

第二,财产保险的保费收入增长稳定,名列欧盟第三。

再看保费收入的情况。2008年法国的财产保费收入占欧盟全体的14.9%,为欧盟的季军。

如果从2001年到2008年的财险保费收入看,2001年的财产保费收入为430亿欧元,2002年为476亿欧元,2003年为507亿欧元,2004年为529亿欧元,2005年为567亿欧元,2006年为583亿欧元,2007年为607亿欧元,2008年为625亿欧元。8年中,每年的增幅均在0.46%到4.5%之间浮动。如果把2001年与2008年相比,2008年则比2001年增加了195亿欧元,增幅为45.3%,平均年增长率约为5.7%。在一个成熟的财产保险市场中,每年能有5%以上的稳步增长实属不易。

第三,机动车险持平,医疗、意外伤害险需求快增。

2005年时,法国机动车险保费收入的比例为35.7%,医疗、意外伤害险为16.9%,财产险为25.3%,运输险(含海上、航空、陆地运输)为2.4%。

2008年时,法国机动车险保费收入的比例为29.4%,与2005年相比减少6.3%;医疗、意外伤害险为26.4%,与2005年相比增加9.5%;财产险为23.2%,与2005年相比微减少2.1%;运输险1.8%,与2005年相比微减少0.6%。

对法国财产保险险种变化的考察,发现法国财险市场正在悄然生变。首先,机动车险市场仍在原地踏步。2005年与2008年的保费收入持平,而医疗、意外伤害险的需求则增长较快。第二,虽然财产险在整个财险中所占的比重有所下降,但是,财产险保费收入实质上每年都在微增。2006年为130亿欧元,2007年为135亿欧元,2008年为141亿欧元。

法国财险市场的特征为医疗、意外伤害险市场需求逐年增加,为其财险的总体增长提供了动力,使得其总体发展速度高于英、德两国。在法国保险市场上,保险公司分为国营保险公司、股份有限公司和互助保险公司三大类。三类公司各有特色,在保险市场上形成鼎足之势。国有公司资产雄厚,经营规模宏大,在承保巨额工业火险方面独占鳌头;互助保险公司因无须通过经纪人开展业务,承保业务的成本相对低廉,因而,在私人财产险和汽车险方面颇具优势。法国保险市场比较开放,保险公司数量众多,不仅有本国的保险公司,还容纳了很多外国保险公司经营业务,竞争十分激烈。但法国保险市场非常稳定,政府对保险业实行了严格有效的管理。

3. 瑞士保险市场

瑞士的社会保险体系建立在国家、雇主以及个人三大支柱上,其中个人责任在该体系中占有重要地位。根据国际标准判断,瑞士的个人综合税收及纳税负担为中等程度。除以上三大社会保险基本支柱外,瑞士还有失业保险、因服役或参加社会联防产生的收入补偿体系,以及由各州法律规定的家庭津贴补助体系等。

保险的目的是防范由于各种无法预测的原因给个人或者公司、组织及集体带来的经济风险,由于瑞士人民保险意识极强,其人均收入居世界前列,因而无论是从在国民经济中所占比重还是从年人均保费支出上来看,瑞士保险业在社会中的密集程度在世界上都是名列前茅的,而且由于近年来日本保险市场不景气,瑞士已经取代日本成为人均保费支出最高的国家。

瑞士保险业提供的服务范围非常广泛,几乎覆盖了所有风险,从总体上划分可分为直接险和间接险两部分。其中,直接险又分为寿险和非寿险两大块;间接险主要是指再保险业务。在非寿险中又包含有医疗险、事故险、责任险、火险和运输险等诸多门类。此外,瑞士保险业提供服务的形式也多种多样,例如,在寿险投保时可以个人投保,也可以集体投保,保费可一次交纳,也可分期交纳。瑞士是高收入、高消费和高福利的国家,人民生活水平高,因而寿险在保险中占有极其重要的地位。

由于保险业务的多样化,瑞士的保险公司也各式各样。有的保险公司集中经营一个或者少数几个险种;有的保险公司经营业务广泛,涉及所有主要险种;有的保险公司服务对象仅局限于地区范围内,而有的保险公司将业务拓展至国际市场。除了本国保险公司外,瑞士还允许一些外国保险公司进入本国市场,为消费者提供了相当大的选择余地。经营再保险业务的瑞士再保险公司历年被世界最具权威性的资信评级公司评为最高等级,被标准普尔公司评为 AA 级,被穆迪公司评为 Aa1 级,被 A.M.Best 公司授予 A+级(优级)。瑞士再保险公司是世界领先的再保险公司之一,也是世界上最大的人寿与健康险再保险公司。该公司成立于 1863 年总部设在苏黎世,其核心业务是为全球客户提供风险转移、风险融资及资产管理等金融服务。

4. 美国保险市场

美国是世界上最大的经济强国,同时也是世界上最大的保险市场,无论是公司数量、业务种类,还是业务量,在世界上都是首屈一指的。庞大的保险体系,众多的保险人,通过保险服务对美国经济发展起了极大的推动作用。

美国的保险市场竞争激烈表现在银行和一些金融机构,以及国外公司都纷纷进入美国市场。激烈的竞争使从业者努力通过信息技术的应用、降低成本、提供特色服务等手段来保持市场份额。

未来美国保险业的增长主要来自海外市场。美国的保险公司不断增加对保险市场增长较快的国家和地区的投资。国际市场的不断开发,为美国的保险公司提供了本国高度成熟市场所不能提供的发展机遇。同样,欧洲等地的保险公司也正通过很多的渠道打入美国的保险市场,与美国的同行展开激战。

复习思考题

1. 保险市场的特点是什么?
2. 什么是保险需求?影响保险需求的因素有哪些?
3. 什么是保险供给?影响保险供给的因素有哪些?
4. 保险中介有哪些方式?业务范围有哪些?

模块五

保险公司业务经营环节

保险企业经营的是风险,因此其自身经营具有服务的特殊性,经营的负债性、分散性和广泛性等经营特征,其经营理念也不同于一般企业。保险公司的经营通常包括保险销售、保险承保、核保、理赔和保险客户服务等环节。

单元 5.1 保险销售

5.1.1 保险销售的定义与意义

1. 保险销售的定义

保险销售是将保险产品卖出的一种行为,是保险营销过程中的一个环节。这一环节可能是通过保险销售员推荐并指导消费者购买保险产品完成的,也可能是消费者通过获取相关信息后主动购买保险产品而完成的。

2. 保险销售的意义

保险销售是保险经营中至关重要的一个环节。首先,保险公司"生产"保险产品的目的不是为了自己消费,只有通过销售环节才能达到保险公司的"生产"目的。其次,保险产品只有转移到消费者手中才能使其产生效用,达到保险公司的"生产"目的。最后,保险销售是实现保险经营目标的重要条件。只有做好保险销售,才能不断扩大承保数量,扩宽承保面,实现保险业务的规模经营,满足大数法则的要求,保持偿付能力,实现保险公司的利润目标。

5.1.2 保险销售的主要环节

保险销售流程包括四个环节:准客户的开发、调查并确认准客户的保险需求、设计并介绍保险方案、疑问解答与促成签约。

1. 准客户的开发

准客户是具备投保的条件,将来可能购买保险的人。准客户的开发是识别、接触并选择准客户的过程。要成为一名成功的保险销售人员,必须不断地接近一些以后可能购买保险的人或群体,这就是准客户的开发。开拓准客户是保险销售的基础。

(1) 准客户的鉴定

对保险销售人员来说,合格的准客户有三个基本标准:有保险需求、有支付能力、有购买意愿。

(2) 准客户开发的步骤

准客户开发工作可以分五步进行:①获取尽可能多的人员资料;②从这些资料中确认出有可能购买保险的对象;③建立准客户信息库,将准客户的资料储存起来;④拜访准客户;⑤淘汰不合格的准客户。

(3) 准客户开发的方法

保险销售人员一般依据自己的个性和资源形成自己的销售风格进行开拓。准客户开发的主要方法有以下五种。

① 缘故法。缘故法是选择自己的亲戚朋友作为准客户,这些人包括亲戚、同学、老乡、同事、邻居、校友、战友、朋友等。缘故法是所有业务员开展自己业务最初使用、成功率最高的一种方法。缘故法开发客户具有明显的优势,接触客户比较容易。由于准客户认识甚至是熟悉销售员,对销售员比较了解,对销售员的事情比较理解和支持,在销售员提出要求时不容易遭到拒绝。

② 转介绍法。转介绍法是指由现有客户或其他人再介绍客户。亲戚朋友总的说来都是有限的,关系总有一天要用完。很多销售人员在缘故法使用完以后,业务就步履艰难,主要原因就是对转介绍法没有融会贯通。作为销售人员,要充分利用现有的客户及其周边的人群,要想方设法从别人那里得到更多的转介绍,也就是说要不断有朋友介绍朋友给你,扩大你的圈子,增强自己的影响力。转介绍法做得成功的前提是销售人员本身必须具备诚实、可信,并善于替别人考虑的品德。

转介绍需选择合适的时机,以下这些情况是获取转介绍客户的较好时机:一是客户完成保险合同的签字、缴纳保费之后。此时客户对保险最为认同,提出转介绍客户比较容易接受。二是进行售后服务时。销售成功后,销售人员找个机会提出转介绍的请求。三是客户确实不准备投保时。经过销售人员的多次讲解,客户还是不打算投保,这时可在适当时机提出转介绍。

③ 影响力中心法。影响力中心法是指销售人员在某一特定范围内,首先寻找并争取有较大影响力的中心人物为客户,然后利用中心人物的影响力把周围可能的潜在客户发展成为客户的方法。销售人员如果结识处于影响力中心的人,会显著提高自己的销售业绩。在一个团体中,具有影响力的个人,可能是公司的老板、经理或者是社团的负责人,也有可能是非领导人,成为有影响力中心的人除了具有领导才能外,更具有一般人没有的品质——热心、豪爽、乐于助人、易于接受新观念、敢于尝试新鲜事物等。营销人员要善于识别有影响力的个人,进行准客户的开拓。

④ 陌拜法。陌生拜访法简称陌拜法,是指销售人员在特定的区域(办公楼、住宅小区、闹市区)通过上门探访、调查问卷等形式,对可能成为准客户的家庭或个人进行访问并确定销售对象的方法。陌拜法较为简单、直接,选择范围广,但费时费力,效率不高。为了提高陌拜的成功率,使用这个方法时应该注意如下几个环节:第一,销售人员在拜访之前,应根据产品的特点、自身的长处选择比较适当的行业范围或地区范围;第二,设计好第

一句话的说法,利用名片等工具吸引客户的注意力;第三,可以设计好客户调查问卷,直接请客户填写,这样可以得到客户的基本资料和对保险的需求及态度等,便于以后联系。

⑤ 名册筛选法。名册筛选法是营销人员通过各种资料寻找客户的方法。可供查阅的名册有黄页、工商企业名录、电话号码簿、各种组织、团体的成员名单,如某高尔夫球场的会员名单、某高档小区的业主名单等。名册筛选法可以以较小的代价获得准确而全面的资料,是一种聪明的准客户开发方法。运用此方法,营销人员获得了准客户的姓名、电话等资料,但最好不要贸然登门,最好事先约好,此外,应根据名册成员的特性寻找出适合的准客户开发方法。

2. 调查并确认准客户的保险需求

为了确认准客户的保险需求,必须对其进行实况调查。即通过对准客户的风险状况、经济状况的分析,来确定准客户的保险需求,从而设计出适合的保险购买方案。准客户调查与分析的内容主要包括以下几个方面。

(1) 分析准客户所面临的风险

不同的风险需要对应不同的保险计划。每个人的工作状况、健康状况不同,每个企业的生产情况不同,决定了其面临的风险也各不相同。保险销售人员要通过调查获得相关信息,分析准客户所面临的风险。

(2) 分析准客户的经济状况

一个家庭或一个企业究竟能安排多少资金购买保险,取决于其资金的充裕程度。

(3) 确认准客户的保险需求

在对准客户面临的风险和经济状况进行分析后,需要进一步确认其保险需求。就准客户面临的风险而言,可以将其分为必保风险和非必保风险。对于必保风险,应让准客户通过购买保险的方式解决,而且有些风险只能通过购买保险才能有效抵御。例如,汽车第三者责任险就是必保风险,因为购买汽车第三者责任险是强制性的。而对于非必保风险,则需要由准客户自由选择决定是否购买保险。例如,对于那些虽然会给家庭或企业带来一定损失和负担但尚可承受的财产风险,如果家庭或企业具有购买保险的支付能力,就可以投保;如果没有购买保险的支付能力,也可以不投保。

3. 设计并介绍保险方案

(1) 保险方案设计

保险方案的设计既要全面,又要突出重点。保险销售人员根据调查得到的信息,可以提前设计几种保险方案,并说明每一种方案的成本和可以得到的保障,以适应准客户的保险需求。一般来说,设计保险方案时应遵循的首要原则是"高额损失优先原则",即某一风险事故发生的频率虽然不高,但造成的损失严重,应优先投保。一个完整的保险方案至少应该包括保险标的的情况、投保风险责任的范围、保险金额的大小、保险费率的高低、保险期限的长短等。

(2) 保险方案说明

保险方案说明是指对拟订的保险方案向准客户作出简明、易懂、准确的解释。一般而言,保险方案说明主要是对所推荐的产品作用的介绍,包括书面的、口头的解释,或书面与口头兼而有之的解释。在向准客户表述保险方案时,应尽量使用通俗易懂的语言和图表解释,避免使用专业性太强的术语和复杂的计算。对于重要的信息,一定要解释准确,尤其是涉及有关保险责任、责任免除、未来收益等方面的重要事项,一定要确认准客户确切了解了方案中的相关内容,避免产生纠纷。

4. 疑问解答与促成签约

(1) 有针对性地解答准客户的疑问

准客户对保险方案完全满意以至于毫无异议地购买的情况是极为少见的,有异议是销售过程中的正常情况。如果准客户提出反对意见,保险销售人员要分析其反对的原因,并有针对性地解答准客户的疑问。销售人员在遇到某些难以回答或处理的问题时,可以先暂缓答复,发挥保险团队的优势,请出一些比较有经验的同事或上司一起与客户面谈,消除客户心中的疑虑。

(2) 促成签约

促成签约是指保险销售人员在准客户对于投保建议书基本认同的前提下,促成准客户达成购买承诺的过程。

(3) 指导准客户填写投保单

投保人购买保险,首先要提出申请,即填写投保单。虽然投保单在保险公司同意承保并签章之前并不具有法律效力,投保人不能基于自己填写的内容提出任何主张,但投保单是投保人向保险人提出要约的证明,也是保险人承诺的对象和确定保险合同内容的依据。投保单是构成完整保险合同的重要组成部分,一旦投保单存在问题就可能导致合同无效,或者是部分内容无效。为了体现客户的真实投保意愿,维护客户的利益,避免理赔纠纷,如实、准确、完整地填写投保单是非常重要的,保险销售人员有责任、有义务指导和帮助客户填写好投保单。

投保人在填写投保单时,应当遵守《保险法》所规定的基本原则,如实填写各项内容,确保所填写的资料完整、内容真实。需要特别约定时,要特别说明或注明。填写完毕并仔细核对后,投保人应当在投保单上亲自签名或盖章。切忌投保人代被保险人签字,保险代理从业人员代投保人签字,否则保险合同无效。

5.1.3 保险销售渠道

对于保险公司来说,如果不能使准客户在想购买保险的时间和地点得到自己销售的产品,就不能达到最终的营销目标。因此,保险公司必须考虑在何时、何地、由谁来提供保险产品,即研究产品从保险公司向客户转移的途径。这一途径就是保险销售渠道。保险销售渠道又称保险分销渠道、保险分销体系,是指由那些为实现保险产品交换而从事一系列营销活动的组织和个人构成的体系。

保险公司的销售体系有两大类,即间接销售体系和直接销售体系。

1. 间接销售体系

间接销售体系是指依靠销售中介推销产品的销售体系。保险产品通过保险销售中介得以分销,保险中介参与代办、推销或提供专门技术服务等各种活动,从而辅助或促成保险经济关系的发生。间接销售体系主要有自销体系,即依靠保险公司按销售业绩领取薪水的雇员推销保险产品;定点营销体系,即通过在一些吸引客户的场所(如储蓄所、零售店、证券营业部等)设立办公室推销保险产品;上门服务营销体系,即依靠上门服务代表推销保险产品或提供服务;代理人营销体系,即依靠代理人推销保险产品;经纪人营销体系,即依靠经纪人推销保险产品。在间接营销体系中,保险代理人和保险经纪人占有重要地位。

(1) 保险代理人

保险代理人是指根据保险人的委托,在保险人授权的范围内代为办理保险业务,并依法向保险人收取代理手续费的单位或者个人。自保险业问世以来,保险代理人便应运而生,并成为保险业务经营不可或缺的部分。世界各国,凡是保险业发达的国家,保险代理也十分发达。目前,保险代理从业人员在数量上已经远远超过了保险公司人员。多年来,我国在广大城乡已形成了由保险代理处、代理人和保险服务员构成的保险代理体系。自1992年后,国内各保险公司大多推广了美国友邦上海分公司率先采用的个人寿险代理人营销制度。个人营销制度的迅速发展,为寿险市场的开拓和保险观念的普及发挥了积极的作用。现阶段我国采用专业保险代理人、兼业保险代理人和个人保险代理人三种形式。

① 专业保险代理人。专业保险代理人是指专门从事保险代理业务的保险代理公司。保险代理公司的业务范围是:代理推销保险产品,代理收取保费,协助保险公司进行损失的勘查和理赔等。其应具备的条件是:a.组织形式为有限责任公司;b.最低实收资本为人民币50万元;c.具有符合规定的公司章程;d.拥有至少30名持有《保险代理人展业证书》的代理人员;e.具有符合任职资格的高级管理人员;f.具有符合要求的营业场所。

② 兼业保险代理人。兼业保险代理人是指受保险人委托,在从事自身业务的同时,指定专用设备及专人为保险人代办保险业务的单位,主要有行业兼业代理、企业兼业代理和金融机构兼业代理、群众团体兼业代理等形式。兼业保险代理人的业务范围是代理推销保险产品,代理收取保费。从事兼业代理业务的单位必须具备4个条件:a.具有法人资格或经法定代表人授权;b.具有《保险代理人展业证书》的专人从事保险代理业务;c.具有符合规定的营业场所;d.必须持有《经营保险代理业务许可证(兼业)》。

③ 个人保险代理人。个人保险代理人是指根据保险人的委托,在保险人授权的范围内代办保险业务并向保险人收取代理手续费的个人。个人保险代理人又分为保险代理从业人员和保险营销员。个人保险代理人只能为一家保险公司代理保险业务。从事个人保险代理业务必须符合三个条件:a.持有《保险代理人资格证书》;b.与保险公司签订《保险代理合同书》,并经监管部门备案;c.不得兼职从事个人保险代理业务。个人保险代理人的业务范围是:财产保险公司的个人代理人只能代理家庭财产保险和个人所有的经营用运输工具保险及第三者责任保险等。人寿保险公司的个人代理人能代理个人人身保险、个人

人寿保险、个人人身意外伤害保险和个人健康保险等业务。

个人保险代理人的工作内容有：①负责代理推销保险产品，协助保险公司进行损失的勘察和理赔；②向消费者宣传保险知识、解释保险条款、点评产品、分析个人财务需要；③为消费者设计保险方案，制订保险计划；④协助客户挑选保险公司的优势产品；⑤协助客户办理相关投保手续（签订投保单、保单送达、保单保全、保费收取）；⑥根据客户的需要，为其提供优质的售后服务；⑦定期回访老客户，发展潜在客户；⑧被保险人出险后，协助其向保险公司进行理赔等。

(2) 保险经纪人

保险经纪人是基于投保人的利益，为投保人与保险人订立保险合同提供中介服务，并依法收取佣金的单位或个人。一般来说，保险经纪人具有三种组织方式，即个人制、合伙制和公司制。

大多数国家，如美、英、日、韩等都允许个人保险经纪人从事保险经纪业务活动。为了保护投保人的利益，维护保险市场的秩序，各国都对个人保险经纪人进行了严格管理。各国保险监督机构都规定个人保险经纪人需参加职业责任保险或者交纳营业保险金。在英国，保险经纪人注册委员会作为监管机构规定了个人保险经纪人的最低营运资本金额和职业责任保险的金额，劳合社对其个人保险经纪人要求的职业责任保险金额更高；日本则要求个人保险经纪人缴存保证金或者参加保险经纪人赔偿责任保险。韩国规定，如果保险经纪人参加企划财政部指定的保险经纪人赔偿责任保险，可以减少其应缴存的营业保证金，但最低不得少于1亿韩元的限额。英国等一些国家允许以合伙方式设立合伙保险经纪组织，但要求所有的合伙人必须是经过注册的保险经纪人。公司制保险经纪人一般采取有限责任公司形式，这是所有国家都认可的保险经纪组织形式。此外，各国对保险经纪公司的清偿能力都做了具体要求，要求最低资本金、缴存营业保证金、参加职业责任保险等。

保险经纪人的作用有：通过向投保人提供保险方案、办理投保手续、代投保人索赔并提供防灾、防损或风险评估、风险管理等咨询服务，使投保人充分认识到自身存在的风险，并参考保险经纪人提供的全面的、专业化的保险建议，使投保人所存在的风险得到有效的控制和转移，达到以最合理的保险支出获得最大的风险保障，降低和稳固了风险管理成本。另外，因为保险经纪人的最终业务还是要到保险公司进行投保，所以保险经纪公司业务量的增加会引起保险公司整体业务量的增加，从而降低保险公司的展业费用；在保险市场上，保险经纪人把保险公司的再保份额顺利的推销出去，消除了保险公司分保难的忧虑，大幅降低了保险公司的经营风险；而且保险经纪人代为办理保险事务，减少了被保险人因不了解保险知识而在索赔时给保险人带来的不必要的索赔纠纷，提高了保险公司的经营效率。因此，保险经纪人的产生不管是对投保人还是对保险公司都是有利的，其产生是保险市场不断完善的结果。

2. 直接销售体系

直接销售体系是指保险公司利用支付薪金的直属员工或利用网络、电话等媒介向顾客直接提供保险产品和服务。直接销售渠道依据所利用的手段不同，可分为自销和直接推销。

(1) 自销

自销是指依靠保险公司的雇员推销保险产品和提供服务,雇员从保险公司领取薪金,并根据销售业绩获取一定的奖励和报酬。自销方式主要有以下几种。

① 内部营销。内部营销是指在保险公司内部全面贯彻市场营销观念,使每一个与顾客接触的部门和个人均从事营销活动,而不仅是由营销部门和外勤人员承担营销任务。

② 保险超市。保险超市是指同一地区的各家保险公司在同一场所设立保险门点,从事保险咨询、保险商品推销等活动。

③ 金融超级市场。金融超级市场是指在一个固定的金融服务场所,人们可以同时接受银行、保险、证券和投资基金等多项服务。区别于我们日常生活起居所认识的超级市场,这种金融超市通常提供一家金融集团所开办的各种金融业务,范围涵盖一个金融产品消费者所需要的包括银行储蓄、银行结算、人身保险、财产保险、股票、基金等多种金融业务。

④ 银行保险。保险公司针对银行特定顾客群体设计专门的保险产品,并通过银行进行销售。在这种合作关系中,银行是主办人,保险公司只是利用银行的客户源推销保险,并在推销的险种上由某保险公司承保。

⑤ 摊位推销。保险公司在吸引客户的场所设立摊位,推销保险产品。在大多数情况下,保险公司与销售点有某种形式的关系或已达成销售协议,销售摊位按规定时间营业,并配备佣金制代理人或付薪销售人员。

(2) 直接推销

① 直接推销及其产品设计。直接推销是指供应商和消费者直接交易的方式。在这种推销中,保险信息往往通过电子邮件、报纸、杂志、电视和电台的广告直接传递给顾客。直接推销包括三个步骤:一是利用一个或多个媒体,诱导客户做出反应,咨询或购买;二是记录、跟踪分析这些反应;三是将信息储存在信息库内以备检索。

保险公司的所有产品都可用于直接推销,但许多公司还是要为直接推销单独设计产品,目的是使推销效果更好一些。直接推销的产品设计可以概括为四个简便:一是申请简便;二是核保简便;三是管理简便;四是缴费简便。

② 直接推销方式。采用直接推销方式的保险公司,可利用多种不同的方法接近顾客,比如互联网、电话、直接邮件、印刷及媒体活动、传真推销、交互式电视等。在这些推销方式中,前三种推销方式发展得比较快。

单元 5.2 保 险 承 保

5.2.1 保险承保的定义

保险承保是保险人对愿意购买保险的单位或个人(即投保人)所提出的投保申请进行审核,做出是否同意接受和如何接受的决定的过程。可以说,保险业务的邀约、承诺、核查、订费等签订保险合同的全过程,都属于承保业务环节。实际上,进入承保环节,就进入了保险合同双方就保险条款进行实质性谈判的阶段。

5.2.2 保险承保的主要环节

1. 核保

核保是指保险人对投保申请进行审核,决定是否接受承保这一风险,并在接受承保风险的情况下,确定承保条件的过程。在核保过程中,核保人员会按标的物的不同风险类别给予不同的承保条件,保证业务质量,保证保险经营的稳定性。核保是保险公司承保环节的核心,通过核保可以防止带入不具有可保性的风险,排除不合格的保险标的。核保的主要目的在于辨别保险标的的危险程度,并据此对保险标的进行分类,按不同标准进行承保、制定费率,从而保证承保业务的质量。

2. 做出承保决策

保险承保人员对通过一定途径收集的核保信息资料加以整理,并对这些信息经过承保选择和承保控制以后,做出以下承保决策。

(1) 正常承保

属于标准风险类别的保险标的,保险公司按标准费率予以承保。

(2) 优惠承保

属于优质风险类别的保险标的,保险公司按低于标准费率的优惠费率予以承保。

(3) 有条件地承保

低于正常承保标准但又不构成拒保条件的保险标的,保险公司通过增加限制性条件或加收附加保费的方式予以承保。

(4) 拒保

如果投保人投保条件明显低于承保标准,保险人就会拒保。

3. 缮制单证

承保人做出承保决策后,对于同意承保的投保申请,由签单人员缮制保险单或保险凭证,并及时送达投保人手中。缮制单证是保险承保工作的重要环节,其质量的好坏直接关系到保险合同双方当事人的权利能否实现和义务能否顺利履行。单证的缮制要及时,采用计算机统一打印,做到内容完整、数字准确、不错不漏无涂改。保单上要注明缮制日期、保单号码,并在保单的正副本上加盖公、私章。如有附加条款,应将其黏贴在保单的正本背面,加盖骑缝章。同时,要开具"交纳保费通知书",并将其与保单的正副本一起送复核员复核。

4. 复核签章

任何保险单均应按承保权限规定由有关负责人复核签章。这是承保工作的一道重要程序,也是确保承保质量的关键环节。复核时要注意审查投保单、验险报告、保险单、批单以及其他各种单证是否齐全,内容是否完整、符合要求,字迹是否清楚,保险费计算是否准确等,力求准确无误。保单经过复核无误后必须加盖公章,并由负责人及复核员签章,然后再交由内勤人员分发。

5. 收取保费

交付保险费是投保人的基本义务,向投保人及时、足额收取保险费是保险承保的一个重要环节。为了防止保险事故发生后的纠纷,在保险合同中要对保险费交纳的相关事宜予以明确,包括保险费交纳的金额、交付时间以及未按时交费的责任。尤其对于非寿险合同,要在合同中特别约定并明确告知投保人,如不能按时交纳保险费,保险合同将不能生效,发生事故后保险人不会承担赔偿责任;如不足额交纳保险费,保险人将有限地承担保险责任。

5.2.3 财产保险的核保

1. 财产保险的核保要素

在财产保险核保过程中,需要对有些因素进行重点风险分析和评估,并实地查勘。

① 保险标的物所处的环境。保险标的物所处的环境不同,会直接影响其出险概率的高低以及损失程度。例如,对所投保的房屋,要检验其所处的环境是工业区、商业区还是居民区;附近有无易燃、易爆等危险源。

② 保险财产的占用性质。查明保险财产的占用性质,可以了解其可能存在的风险。若是建筑物,还要查明主体结构及所使用的材料,以确定其危险等级。

③ 投保标的物的主要风险隐患和关键防护部位及防护措施状况。

④ 有无处于危险状态中的财产。正处于危险状态中的财产意味着该项财产必然或即将发生风险损失,这样的财产保险人不予承保。

⑤ 检查各种安全管理制度的制定和实施情况。

⑥ 查验被保险人以往的事故记录。这一核保要素主要包括被保险人发生事故的次数、时间、原因、损失及赔偿情况。一般从被保险人过去3～5年的事故记录中可以看出被保险人对保险财产的管理情况,通过分析以往损失原因找出风险所在,督促被保险人采取有效措施,改善管理,避免损失。

⑦ 调查被保险人的道德情况。一般可以通过政府有关部门或金融单位了解客户的资信情况,必要时可以建立客户资信档案,以备承保时使用。

2. 划分风险单位

风险单位是指一次风险事故可能造成保险标的损失的范围。一般来说,风险单位有四项构成条件:一是面临损失的价值;二是引发损失的风险事故;三是财务损失的影响程度;四是遭受损失的法律权益主体。在保险经营中,合理划分风险单位不仅是必要的,而且对于保险公司评估风险、做出承保决策具有重要意义。在保险实践中,风险单位的划分一般有以下三种形式。

（1）按地段划分风险单位

由于保险标的之间在地理位置上相毗连,具有不可分割性,当风险事故发生时,承受损失的机会是相同的,那么这片地区就算成一个风险单位。

(2) 按标的划分风险单位

与其他标的无毗连关系,风险集中于一体的保险标的,可算成一个风险单位,如一艘货轮。

(3) 按投保单位划分风险单位

为了简化手续,对于一个投保单位,不需区分险别,只要投保单位将其全部财产足额投保,该单位就为一个风险单位。

5.2.4 人寿保险的核保

1. 人寿保险的核保要素

人寿保险的核保要素一般分为影响死亡率的要素和非影响死亡率的要素。非影响死亡率的要素包括保额、险种、交费方式、投保人财务状况、投保人与被保险人及受益人之间的关系。影响死亡率的要素包括年龄、性别、职业、健康状况、体格、习惯、嗜好、居住环境、种族、家族和病史等。相比之下,在寿险核保中需要重点考虑的是影响死亡率的要素。

(1) 年龄和性别

年龄是人身保险核保所需考虑的最重要的因素之一。因为死亡率一般随年龄的增加而增加,各种死亡原因在不同年龄段的分布是不一样的,而且不同年龄段各种疾病的发病率也不相同。因此,保险金给付的频数与程度有很大的差异。另外,性别对死亡率和疾病种类也有很大影响。有关统计资料显示,女性平均寿命要长于男性4～6年,各国生命表中的死亡率也充分反映了这一点。因此,性别因素也关系着保险人承担给付义务的不同。

(2) 体格及身体情况

体格是遗传所致的先天性体质与后天各种因素的综合表现,包括身高、体重等。经验表明,超重会引起生理失调,导致各种疾病的发生。所以,超重会增加各年龄段的人的死亡率,对中年人和老年人尤甚。为此,保险公司可编制一张按身高、年龄、性别计算的平均体重分布表。体重偏轻一般关系不大,但核保人员应注意要对近期体重骤减者进行调查,以确定体重变化是否由疾病引起。体格以外的身体情况也是核保的重要因素,如神经、消化、心血管、呼吸、泌尿、内分泌系统失常,也会引起较高的死亡率。保险人应搜集各种疾病引发死亡的统计资料,了解不同时期引起死亡的疾病的排列顺序。目前,癌症和心血管疾病是引起死亡的最主要原因。

(3) 个人病史和家族病史

如果被保险人曾患有某种急性或慢性疾病,往往会影响其寿命,所以,在核保过程中除了要求提供自述的病史外,有时还需要医院出具相关的病情报告。了解家族病史主要是了解家庭成员中有无可能影响后代的遗传性或传染性疾病,如糖尿病、高血压、精神病、血液病、结核和癌症等。

(4) 职业、习惯嗜好和生存环境

首先,疾病、意外伤害和丧失工作能力的概率在很大程度上受所从事职业的影响。一些职业具有特殊风险,虽不会影响被保险人死亡概率的变化,但却会严重损害被保险人的健康,导致大量医疗费用的支出,如某些职业病。另外,有些职业会增加死亡率或意外伤害的概率,如对抗性很强的职业运动员、警察、高空作业工人、井下作业的矿工以及接触有毒物质的工作人员等。

其次,如果被保险人有吸烟、酗酒等不良嗜好或有赛车、跳伞、登山、冲浪等业务爱好,核保人可以提高费率承保或列为除外责任,甚至拒保。

最后,被保险人的生活环境和工作环境的好坏对其身体健康和寿命长短也有重要影响。如果被保险人居住在某种传染病高发的地区,那么他感染这种疾病的机会就比其他人大很多;如果被保险人的工作地点与居住地点距离很远,那么他遭受交通事故伤害的可能性也会大很多。

2. 风险类别划分

核保人员在审核完投保方所有相关资料并要求被保险人进行体检后,还需要根据被保险人的身体状况进行分类。在人寿保险中,应由专门人员或指定的医疗机构对被保险人进行体检,实际测定被保险人的身体健康状况。体检后医生提供的体检报告就是一种核保查勘结果。被保险人是否需要体检,一般是由其年龄和投保金额决定的,投保年龄越大、投保金额越高,体检的必要性就越大。根据体检结果,保险人决定是否承保以及按照什么条件和费率承保。

(1) 标准风险

属于标准风险类别的人有正常的预期寿命,对他们可以使用标准费率承保。大多数被保险人面临的风险属于这类风险。

(2) 优质风险

属于这一类风险的人,不仅身体健康,而且有良好的家族健康史,无吸烟、酗酒等不良嗜好。对该类被保险人,在基本条件与标准相同的情况下,保险人在承保时可以适当给予费率优惠,即可以按照低于标准的费率予以承保。

(3) 弱体风险

属于弱体风险类别的人,在健康和其他方面存在缺陷,致使他们的预期寿命低于正常的人。对他们应按照高于标准的费率予以承保。

(4) 不可保风险

属于该类风险的人有极高的死亡概率,以致承保人无法按照正常的大数法则分散风险,所以只能拒保。

单元 5.3 保险理赔

5.3.1 保险理赔的定义

保险理赔是指在保险标的发生保险事故致使被保险人财产受到损失或人身生命受到损害时,或保单约定的其他保险事故出现而需要给付保险金时,保险公司根据合同规定,履行赔偿或给付责任的行为。保险理赔是直接体现保险职能和履行保险责任的环节。

我国《保险法》第二十二条和第二十三条规定,保险事故发生后,按照保险合同请求保险人赔偿或者给付保险金时,投保人、被保险人或者受益人应当向保险人提供其所能提供的与确认保险事故的性质、原因、损失程度等有关的证明和资料。保险人按照合同的约定,认为有关的证明和资料不完整的,应当及时一次性通知投保人、被保险人或者受益人补充提供。保险人收到被保险人或者受益人的赔偿或者给付保险金的请求后,应当及时作出核定;对属于保险责任的,在与被保险人或者受益人达成有关赔偿或者给付保险金的协议后十日内,履行赔偿或者给付保险金义务。保险合同对赔偿或者给付保险金的期限有约定的,保险人应当按照约定履行赔偿或者给付保险金义务。

5.3.2 保险理赔的基本原则

对被保险人而言,参加保险的目的是在保险事故发生时及时获得保险补偿,解除自己的后顾之忧。对保险人而言,理赔功能的切实发挥足以体现保险制度存在的价值。因此,作为保险经营过程的关键环节,保险理赔必须坚持以下三项原则。

1. 重合同,守信用

保险合同对保险责任、赔偿处理及被保险人的义务等做了原则性的规定,保险人应按照条款,恪守信用,既不要扩大保险责任范围,也不要惜赔。保险合同所规定的权利和义务关系,受法律保护,因此,保险公司必须重合同、守信用,正确维护保户的权益。

2. 坚持实事求是

在处理赔案的过程中,要实事求是地进行处理,根据具体情况,正确确定保险责任、给付标准及给付金额。被保险人提出的索赔案件千差万别,案发原因也是错综复杂。对于某些损失发生原因交织在一起的赔案,有时根据合同条款很难作出是否属于保险责任的明确判断,加之合同双方对条款的认识和理解有差异,会出现赔与不赔、赔多与赔少的纠纷。在这种情况下,保险人既要严格按照合同条款办事,又不得违背条款规定,还应合情合理、实事求是地对不同案情的具体情况进行具体分析,灵活处理赔案。

3. 主动、迅速、准确、合理

所谓"主动、迅速",是指保险公司在处理赔案时要积极主动,及时深入现场查勘,对属于保险责任范围内的灾害损失,要迅速估算损失金额,及时赔付。所谓"准确、合理",是指保险公司应当正确找出致损原因,合理估计损失,科学确定是否赔付以及赔付额度。任何拖延赔案处理的行为都会影响保险公司在被保险方心目中的声誉,从而影响、抑制其今后的投保行为,甚至造成不良的社会影响和后果。因此,保险人在理赔时,应主动了解受灾损失情况,及时赶赴现场查勘,分清责任,准确定损,迅速、合理地赔偿损失。

5.3.3 保险理赔的方式

保险公司在出险后依据保险合同约定向保户理赔有两种方式:赔偿和给付。

赔偿与财产保险对应,是指保险公司根据保险财产出险时的受损情况,在保险额的基础上对被保险人的损失进行的赔偿。保险赔偿是补偿性质的,即它只对实际损失的部分进行赔偿,最多与受损财产的价值相当,而永远不会多于其价值。

人身保险是以人的生命或身体作为保险标的,因为人的生命和身体是不能用金钱衡量的,所以,因人身保险出险而使生命或身体所受到的损害,是不能用金钱衡量的。在人身保险出险时,保险公司只能在保单约定的额度内对被保险人或受益人给付保险金。

5.3.4 保险理赔的程序

1. 立案查验

保险人在接到出险报案后,应当立即派人进行现场查验,了解损失情况及原因,查对保险单,登记立案。

2. 审核证明和资料

保险人对投保人、被保险人或者受益人提供的有关证明和资料进行审核,以确定保险合同是否有效,保险期限是否届满,受损失的是否是保险财产,索赔人是否有权主张赔付,事故发生的地点是否在承保范围内等。

索赔时应提供的单证主要包括:保险单或保险凭证的正本、已缴纳保险费的凭证、有关能证明保险标的或当事人身份的原始文本、索赔清单、出险检验证明、其他根据保险合同规定应当提供的文件。

其中,出险检验证明经常涉及的有:因发生火灾而索赔的,应提供公安消防部门出具的证明文件。保险范围内的火灾具有特定性质,只有失去控制的异常性燃烧造成经济损失的才为火灾。短时间的明火,不救自灭,因烘、烤、烫、烙而造成焦煳变质损失的,电机、电器设备因使用过度、超电压、碰线、漏电、自身发热造成其本身损毁的,均不属火灾。所以,公安消防部门的证明文件应当说明此灾害是否为火灾。

因发生暴风、暴雨、雷击、雪灾、雹灾而索赔的,应由气象部门出具证明。在保险领域内,构成保险人承担保险责任的这些灾害,应当达到一定的严重程度。例如,暴风要达到 17.2m/s 以上的风速,暴雨则应当是降水量在每小时 16mm 以上,12 小时 30mm 以上,24 小时 50mm 以上。

因发生爆炸事故而索赔的,一般应由劳动部门出具证明文件。因发生盗窃案件而索赔的,应由公安机关出具证明文件。该证明文件应当证明盗窃发生的时间、地点、失窃财产的种类和数额等。

因陆路交通事故而索赔的,应当由陆路公安交通管理部门出具证明材料,证明陆路交通事故发生的地点、时间及其损害后果。如果涉及第三者伤亡的,还要提供医药费发票、伤残证明和补贴费用收据等。如果涉及第三者的财产损失或本车所载货物损失的,则应当提供财产损失清单、发票及支出其他费用的发票或单据等。

因被保险人的人身伤残、死亡而索赔的,应由医院出具死亡证明或伤残证明。若死亡,还须提供户籍所在地派出所出具的销户证明。如果被保险人依保险合同要求保险人给付医疗、医药费用时,还须向保险人提供有关部门的事故证明,医院的治疗诊断证明及医疗、医药费用原始凭证。

3. 核定保险责任

保险人收到被保险人或者受益人的赔偿或者给付保险金的请求,经过对事实的查验和对各项单证的审核后,应当及时做出自己应否承担保险责任及承担多大责任的核定,并将核定结果通知被保险人或者受益人。

4. 履行赔付义务

保险人在核定责任的基础上,对属于保险责任的,在与被保险人或者受益人达成有关赔偿或者给付保险金额的协议后十日内,履行赔偿或者给付保险金义务。保险合同对保险金额及赔偿或者给付期限有约定的,保险人应当依照保险合同的约定,履行赔偿或者给付保险金义务。

保险人按照法定程序履行赔偿或者给付保险金的义务后,保险理赔就告结束。如果保险人未及时履行赔偿或者给付保险金义务的,就构成了违约行为,按照规定应当承担相应的责任,即除支付保险金外,还应当赔偿被保险人或者受益人因此受到的损失,这里的赔偿损失,是指保险人应当支付的保险金的利息损失。为了保证保险人依法履行赔付义务,同时保护被保险人或者受益人的合法权益,法律明确规定,任何单位或者个人都不得非法干预保险人履行赔偿或者给付保险金的义务,也不得限制被保险人或者受益人取得保险金的权利。

5.3.5 保险理赔的时效

保险索赔必须在索赔时效内提出,超过时效,被保险人或受益人不向保险人提出索赔,不提供必要单证和不领取保险金,视为放弃权利。险种不同,时效也不同。人寿保险的索赔时效一般为 5 年;其他保险的索赔时效一般为 2 年。

索赔时效应当从被保险人或受益人知道保险事故发生之日算起。保险事故发生后,投保人、被保险人或受益人首先要立即止险报案,然后提出索赔请求。

保户提出索赔后,保险公司如果认为需补交有关的证明和资料,应当及时一次性通知对方;材料齐全后,保险公司应当及时进行核定,情形复杂的,应当在 30 日内核定完,并将核定结果书面通知对方;对属于保险责任的,保险公司在赔付协议达成后 10 日内支付赔款;对不属于保险责任的,应当自做出核定之日起 3 日内发出拒赔通知书并说明理由。保险人理赔审核时间不应超过 30 日,除非合同另有约定。在达成赔偿或给付保险金协议后 10 日内,保险公司要履行赔偿或给付保险金义务。

单元 5.4　保险客户服务

5.4.1　保险客户服务的定义

保险客户是保险公司产品的消费者,包括保单持有人、被保险人和受益人等。

保险客户服务是指保险人在与现有客户及潜在客户接触的阶段,通过畅通有效的服务渠道,为客户提供产品信息、品质保证、合同义务履行、客户保全、纠纷处理等项目的服务,以及基于客户的特殊需求和对客户的特别关注而提供的附加服务内容。

5.4.2　保险客户服务的主要内容

保险客户服务是保险公司经营活动最重要的内容之一。保险公司提供优质客户服务的能力对建立和保持积极、持久、紧密有力的保险客户关系是十分重要的。保险客户服务以实现客户满意最大化、维系和培养忠诚客户、实现客户价值与保险公司价值的共同增长为目标。

保险客户服务包括保险产品的售前、售中和售后三个环节。售前服务是指保险人在销售保险产品之前为消费者提供各种有关保险行业、保险产品的信息、资讯、咨询,免费举办讲座,风险规划与管理等服务。售中服务是指保险产品买卖过程中保险人为客户提供的各种服务。如在寿险客户服务中,包括协助投保人填写投保单、对保险条款进行准确解释、提供免费体检、包装与送达保单、为客户办理自动交费手续等。售后服务是指在客户签单后保险人为客户提供的一系列服务。

保险客户服务的主要内容有以下五个方面。

1. 咨询服务

顾客在购买保险之前需要了解有关的保险信息,如保险行业的情况、保险市场的情况、保险公司的情况、现有保险产品、保单条款内容等。保险人可以通过各种渠道将有关保险信息传递给消费者。在咨询服务中,保险销售人员充当着非常重要的角色,当顾客有购买保险的意愿时,保险销售人员一定要提醒顾客阅读保险条款,同时要对保险合同的条款、术语等向顾客进行说明。特别是对于责任免除、投保人及被保险人义务条款的含义、适用情况及将会产生的法律后果,保险销售人员要进行非常明确的解释与说明。

2. 风险规划与管理服务

首先,帮助顾客识别风险,包括家庭风险与企业风险。其次,在风险识别的基础上,帮助顾客选择风险防范措施,既要帮助他们做好家庭或企业的财务规划,又要帮助他们进行风险防范。特别是对于保险标的金额较大或承保风险较为特殊的大中型标的,应向投保人提供保险建议书。保险建议书要为顾客提供超值的风险评估服务,并从顾客的利益出发,设计专业的风险防范与化解方案,且方案要充分考虑市场因素和投保人可以接受的限度。

3. 接报案、查勘与定损服务

保险公司应坚持"主动、迅速、准确、合理"的原则,严格按照岗位职责和业务操作流程的规定,做好接受客户报案、派员查勘、定损等各项工作,全力协助客户尽快恢复正常的生产经营和生活秩序。在定损过程中,要坚持协商的原则,与客户进行充分协商,尽量取得共识,达成一致意见。

4. 核赔服务

核赔人员要全力支持查勘定损人员的工作,并在规定时间内完成核赔。核赔岗位和人员要对核赔结果是否符合保险条款及国家法律规定负责。核赔部门在与查勘定损部门有意见分歧时,应共同协商解决;赔款额度确定后,要及时通知客户,如发生争议,应告知客户解决争议的方法和途径。对拒赔的案件,经批复后要向客户合理解释拒赔的原因,并发出正式的书面通知,同时要告知客户维护自身权益的方法和途径。

5. 客户投诉处理服务

保险公司各级机构应高度重视客户的抱怨、投诉。通过对客户投诉的处理,发现合同条款和配套服务上的不足,提出改进方案和措施,并切实加以贯彻执行。

① 建立简便的客户投诉处理程序,确保让客户知道投诉渠道、投诉程序。

② 加强培训,努力提高一线员工认真听取客户意见和与客户交流、化解客户不满的技巧,最大限度地减少客户投诉现象的发生。

③ 了解客户投诉的真实需求。对于上门投诉的客户,公司各级机构职能部门的负责人要亲自接待,能即时解决的即时解决,不能即时解决的,应告知客户答复时限。对于通过信函、电话、网络等形式投诉的客户,承办部门要限期答复。

④ 建立客户投诉回复制度,使客户的投诉能得到及时、迅速的反馈。

⑤ 在赔款及其他问题上,如果客户和公司有分歧,应本着平等、协商的原则解决,尽量争取不走或少走诉讼程序。

⑥ 在诉讼或仲裁中,应遵循当事人地位平等原则,尊重客户、礼遇客户。

5.4.3 财产保险客户服务的特别内容

对承保标的的防灾防损是财产保险客户服务的重要内容。

1. 制订方案

防灾防损要以切实可行的防灾防损方案、周密翔实的实施计划和具备技术特长的专业人员为保障,并根据时间的推移和现实情况的变化,定期或不定期地调整防灾防损对策。

2. 重点落实

① 定期对保险标的的安全状况进行检查,及时向客户提出消除不安全因素和隐患的

书面建议。

② 对重要客户和大中型保险标的,根据实际需要开展专业化的风险评估活动。

3. 特殊服务

财产保险公司可以主动或应客户要求提供一些特殊的服务。例如,收集中长期气象、灾害预报及实时的天气预报信息,协助客户做好灾害防御工作。

5.4.4 人寿保险客户服务的特别内容

1. 寿险契约保全服务

保全服务是寿险公司业务量最大的服务项目,寿险公司一般都设有处理保全业务的职能部门。保全服务的具体内容如下。

(1) 合同内容变更

合同内容变更是对已成立合同的维护。保险合同生效后,为适应内外部环境的变化,客户和保险公司经过协商,在不改变保险合同效力和主要保险责任的前提下,可以对合同的部分内容进行更正和修改,以最大限度地满足客户的保障需求。合同变更的内容包括:通信方式、姓名、性别、年龄、证件、职业、交费方式、交费日期、领取方式、领取年龄等项目的变更以及变更投保人、受益人、增减保额、增加或取消附加险,对合同内容进行补偿告知等。

(2) 行使合同权益

寿险公司除了提供基本的保险保障外,为了帮助客户更加顺利地维持合同的效力,增加产品的吸引力,更好地为客户服务,一般还会提供涉及保单权益的信息供客户在必要时行使。常见的合同权益包括保单借款、现金价值利益、自动垫交保费和险别转换等。

(3) 续期收费

续期收费服务包括续期保费收取过程中的续期交费通知、续期保费催交、续期保费划款、保费预交转实收、保费豁免、保费抵交和保险合同效力恢复等。对绝大多数客户而言,最关心的保全服务就是续期收费的服务。对寿险公司而言,续期收费是一项最基本的服务。对客户的续期交费提醒应该是多种方式并用,既要有公司的信函通知,也要有客户服务人员的电话及上门联络。其中有两个问题对提高续期收费服务的质量尤其重要:一是确实掌握信函投递情况;二是经常主动地联络客户。

(4) 保险关系转移

客户因住所变动或其他原因,可将保险合同转移到原签单公司以外的其他机构并继续享受保险合同的权益、履行合同的义务。一些机构网络齐全、业务管理和计算机数据高度集中统一的寿险公司,已将保险关系转移的方便快捷作为一项竞争优势。即使是一些网点较少的新兴公司,随着信息和网络技术的不断发展,也会通过委托第三方代为服务的方式来解决保险关系转移的问题。

(5) 生存给付

在保险合同有效期内,被保险人生存至保险期满或约定领取年龄、约定领取时间的,寿险公司根据合同约定向受益人给付满期保险金或年金。这类保险金的受益人一般是被保险人本人或其法定监护人。生存给付是客户再保险有效期内能看到的实实在在的保险利益。因此，及时、准确、方便地为客户提供生存给付服务是留住客户、体现公司服务水平的重要手段之一。

2. "孤儿"保单服务

"孤儿"保单是指因为原营销人员离职而需要重新安排人员跟进服务的保单。"孤儿"保单服务具体包括保全服务、保单收展服务和全面收展服务三种。

（1）"孤儿"保单保全服务

寿险公司成立专门的"孤儿"保单保全部，集中办理"孤儿"保单续期收费和其他保全工作。"孤儿"保单采取按应收件数均衡分配的方式，落实到每一个保全员名下。公司对保全员进行单独管理、单独考核。

（2）"孤儿"保单收展服务

寿险公司安排专门的收展员或成立专门的收展部，并按行政区域开展"孤儿"保单的客户服务工作。

（3）全面收展服务

寿险公司内设专门的收展部门，并按照行政区划开展"孤儿"保单及全部保单若干年的客户服务工作。

复习思考题

1. 保险销售是指什么？它有哪些环节？
2. 保险承保是指什么？它有哪些环节？
3. 试述保险理赔有哪些程序。
4. 保险客户服务是指什么？它有哪些内容？

模块六

人身保险

单元 6.1 人身保险概述

6.1.1 人身保险的定义

人身保险是以人的寿命和身体为保险标的的保险,是当被保险人在保险期内发生死亡、伤残或疾病等事故,或生存至规定时点时,保险人给付被保险人或受益人保险金的保险。

2020年,我国原保费收入4.53万亿元,其中,人身险原保费收入3.33万亿元,占原保费收入的73.5%,由此可见人身保险的重要性及其发展前景。

6.1.2 人身保险的特点

与财产保险相比较,人身保险具有以下几方面的特征。

1. 定额给付性质的保险合同

大多数财产保险都是签订补偿性合同,即当财产遭受损失时,保险人在保险金额内按财产实际损失进行补偿。大多数人身保险都不是签订补偿性合同,而是定额给付性质的合同,只能按事先约定金额给付保险金。健康保险中有一部分是补偿性质,如医疗保险。在财产保险方面,大多数财产可参考其当时市价或重置价、折旧来确定保险金额,而在人身保险方面,生命价值很难有客观标准。保险公司在审核人身保险的保险金额时,大致上是根据投保人自报的金额,并参照投保人的经济情况、工作地位、生活标准、缴付保险费的能力和需要等因素来进行确定。

2. 长期性保险合同

大部分人身保险的保险期限都很长。不过,也有个别人身保险险种期限较短,如旅客意外伤害保险和高空滑车保险等。投保人身保险的人不愿将保险期限定得过短的一个原因是,人们对人身保险保障的需求具有长期性;另一个原因是,人身保险所需要的保险金额较高,一般要在长期内以分期交付保险费的方式才能完成。

3. 储蓄性保险

人身保险不仅能提供经济保障,而且大多数人身保险还兼有储蓄性质。作为长期的人身保险,其纯保险费中大部分是用于提存准备金,这种准备金是保险人的负债,可用于投资取得利息收入,以及用于将来的保险金给付。正因为大多数人身保险含有储蓄性质,所以投保人或被保险人享有保单质押贷款、退保和选择保险金给付方式等权利。与之不同的是,财产保险的被保险人没有这些权利。

4. 人身保险的被保险人都是自然人

财产保险的被保险人可以是法人,也可以是自然人,因为法人与自然人都可能是财产的权利主体。人身保险以被保险人的生老伤病死为保险标的,法人则不存在此类标的物。所以,人身保险的被保险人都是自然人,法人不可能成为人身保险的被保险人。

5. 不存在超额投保、重复保险和代位求偿权问题

由于人身保险的保险利益难以用货币衡量,所以人身保险一般不存在超额投保和重复保险问题。但保险公司可以根据被保险人的需要和收入水平加以控制,使保险金额适中。同样,代位求偿权原则也不适用于人身保险。如果被保险人的伤害是由第三者造成的,那么被保险人或其受益人既能从保险公司取得保险金,又能向肇事方提出损害赔偿要求,而保险公司不能行使代位求偿权。

6.1.3 人身保险的分类

人身保险险种可以从不同的角度、按不同的标准进行分类。

1. 按照保险责任划分

按照保险责任划分,人身保险可分为人寿保险、健康保险和人身意外伤害保险。这是一种最常见的人身保险的分类方法。

(1) 人寿保险

人寿保险简称寿险,是一种以人的生死为保险对象的保险,是被保险人在保险责任期内生存或死亡,由保险人根据契约规定给付保险金的一种保险。人寿保险的业务范围包括生存保险、死亡保险、两全保险。其中,生存保险是以约定的保险期限满时被保险人仍然生存为保险条件,由保险人给付保险金的保险,如养老年金保险;死亡保险是以保险期限内被保险人死亡为保险条件,由保险人给付保险金的保险;两全保险是以保险期限内被保险人死亡和保险期满时被保险人仍然生存为共同保险条件,由保险人给付保险金的保险,如简易人身险。

(2) 健康保险

健康保险是以非意外伤害而由被保险人自身疾病导致的伤残、死亡为保险条件的保险。健康保险包括重大疾病保险、住院医疗保险、手术保险、意外伤害医疗保险、失能收入损失保险等。

(3) 人身意外伤害保险

人身意外伤害保险简称意外险,是以人的身体遭受意外伤害为保险条件的保险。其主要业务种类包括普通意外伤害保险和特定意外伤害保险。

案例分析

(1) 刘小姐乘坐高铁出差途中,因高铁急刹车,刘小姐受到惊吓,血压升高,突发脑溢血造成中风。刘小姐投保了健康保险。问:保险公司是否应给付保险金?

(2) 罗先生2018年投保了某重大疾病险,保险期限为20年。2021年,罗先生被查出患上了肺癌。问:保险公司是否应给付保险金?

(3) 王先生投保了健康保险,在一次意外事故中被毁容,伤愈后去某美容机构做美容手术。

问:王先生的美容手术费用是否可以向保险公司申请赔付?

2. 按照实施方式划分

按照实施方式划分,人身保险可分为强制保险和自愿保险。商业险人身保险的绝大部分业务都是自愿保险,只有非商业性的一些人身保险或者将保险费计入旅程车船票费中一并出售的类似于旅客意外伤害保险等的极少数险种才具有强制性质。

3. 按照保险期限划分

按照保险期限划分,人身保险可分为长期业务、一年期业务和短期业务。人寿保险一般是长期业务,人身意外伤害保险一般是一年期业务,旅行意外伤害保险的期限则因旅程长短而异。

4. 按照投保方式划分

按照投保方式划分,人身保险可分为个人保险和团体保险。个人保险是一张保险单只为一个人提供保险保障的保险。团体保险是一张保险单为某一单位所有或绝大多数职工提供保险保障的保险。人寿保险、人身意外伤害保险和健康保险都有个人和团体保险之分。

5. 按照有无分红划分

按照有无分红划分,人身保险可分为分红保险和不分红保险。分红保险是投保人在实现风险转移的同时又参与寿险公司利润分红的一种投资型保险。只为转移风险而投保,不附带投资目的,不参与寿险公司的利润分红的人身保险是不分红保险。

6.1.4 人身保险的相关条款

1. 不可争条款

不可争条款又称不可抗辩条款,是指自人身保险合同订立时起,超过法定时限(一般是2年)后,保险人将不得以投保人在投保时违反如实告知义务,误告、漏告、隐瞒某些事实为理由,主张合同无效或拒绝给付保险金。

2. 年龄误告条款

年龄误告条款主要是针对投保人申报的被保险人的年龄不真实,而真实年龄又符合合同约定限制的情况下而设立的。法律与保险合同中一般都会规定年龄误告条款,要求保险人按被保险人的真实年龄进行调整。

3. 宽限期条款

宽限期条款是指如果保险合同约定分期支付保险费,但投保人支付首期保险费后未按时交付分期保险费的,法律或合同规定给予投保人一定的宽限时间,在此期间,即使未交纳保险费,仍能保持保险合同效力。

4. 保险合同效力中止和复效条款

保险合同效力中止是指保险合同在有效期间内,由于缺乏某些必要条件而使合同暂时失去效力,称为合同中止;一旦在法定或约定的时间内所需条件得到满足,合同可以恢复原来的效力,称为合同复效。

5. 自杀条款

为了更好地保障投保人、被保险人、受益人的合法权益,同时也为了维护保险人的利益,很多人寿保险合同中都会将自杀列入保险条款,规定只有在保险合同生效较长的期限后(通常是2年),如果被保险人自杀,保险人才承担给付保险金责任。自杀条款的规定是为了防止被保险人为预谋保险金而签订保险合同。

6. 不丧失现金价值条款

该条款是指现金价值不因保险合同效力的变化而丧失。

7. 保单贷款条款

长期性人身保险合同,在积累一定的保险费产生现金价值后,投保人可以在保险单的现金价值数额内,以具有现金价值的保险单作为质押,向其投保的保险人或第三者申请贷款。习惯上将这种做法称为保单贷款或保单质押贷款。

8. 自动垫缴保费条款

该条款规定,投保人未能在宽限期内交付保险费,而此时保单已具有现金价值,同时该现金价值足够缴付所欠缴的保费时,除非投保人有反对声明,保险人应自动垫交其所欠的保费,使保单继续有效。

9. 受益人条款

该条款是在人身保险合同中关于受益人的指定、资格、顺序、变更及受益人权利等内容的具体规定。

单元 6.2 人 寿 保 险

6.2.1 人寿保险的定义

人寿保险简称寿险,是以人的生命为保险标的,以生死为保险事件的一种人身保险。和所有保险业务一样,人寿保险也是被保险人将风险转嫁给保险人,接受保险人的条款并支付保险费。与其他保险不同的是,人寿保险转嫁的是被保险人的生存或者死亡的风险。当被保险人在保险期内死亡,或者达到合同约定的年龄、期限仍生存时,保险人按合同的约定给付保险金。

人寿保险是人身保险的主要形式,以人的生存或死亡为给付保险金的条件。人寿保险是定额保险,由投保人在投保时依据其需求和缴费能力,与保险人协商决定保险金额,作为保险人承担给付责任的最高限额。

投保人身保险,可以以自己的生命为保险标的,也可以以他人的生命为保险标的,如父母为子女投保或子女为父母投保。人们可以为自己投保任何类型的寿险,但为他人投保以死亡为给付保险金条件的人寿保险时,有两方面限制:一是被保险人必须具有完全行为能力(父母为未成年子女投保不受此限,但是死亡给付保险金额总和不得超过保险监督管理机构规定的限额);二是必须征得被保险人的书面同意并认可所保的金额。否则,合同无效。

投保人寿保险,可以为自己的利益投保,也可以为他人的利益投保。为自己投保生存保险,或者为他人投保死亡保险而指定自己为受益人,这是为自己的利益投保;为自己投保死亡保险而指定他人为受益人,或者为他人投保生存保险,这是为他人的利益投保。无论是为谁的利益投保,都应在合同中指定受益人。

6.2.2 人寿保险的特征

人寿保险是人身保险业务中的重要组成部分,它具备人身保险的一般特征,如保险标的的风险不可估价、保险金额的定额给付、保险利益是合同订立的前提等。除此之外,它还具有许多自身的特点,反映在业务经营上也有独到之处。

1. 长期性

人寿保险的保险期限一般较长。从国际人身保险业的情况看,保险期限在 5 年以下的人寿保险险种较少,大多数险种的保险期限为十几年甚至几十年。

人寿保险期限较长的原因在于:一是"均衡保险费"方法的采用;二是大多数生存保险是被保险人用于年老时养老之用的,因此很多是年金保险,而年金保险的保险期限大多都是很长的,有的还是从投保之日直至终身。

因为人寿保险单大多是长期保险合同,所以无论对被保险人还是对保险人而言,利率、通货膨胀率等经济因素的影响都是十分明显的。因而一国经济状况对于人寿保险业的发展十分重要,没有稳定的政治、经济环境,寿险业就会出现这样或那样的问题,并会失去健康发展的可能。

2. 定额给付性

在财产保险中,保险标的在投保时具有确定的价值,但人寿保险标的是人的生命或身体,其价值是无法用货币来衡量的,因此,人寿保险金额的确定不能以人的生命或身体价值为标准。在实际中,一般是根据被保险人的需要和缴费能力来确定保险金额。

当保险事故发生时,人寿保险不能像财产保险那样按实际损失来支付赔偿金,而只能按照保险合同事先约定的保险金额进行给付,不能有所增减。因此,人寿保险不适用损失赔偿原则、损失分摊原则、代位求偿原则等。

3. 储蓄性

这是人寿保险突出的特点之一,其他类型保险的主要作用是保障,而人寿保险除了保障外,储蓄也是其重要功能之一。保户每年将少数的钱存入保险公司的账户,保险公司按照一定的利率计算,到若干年后,保单期满,被保险人可按照复利连本带利领回一笔现款。

人寿保险的储蓄功能还体现在人寿保险单可以抵押贷款和退保。正常的储蓄是把钱存入银行,一旦到了需要钱的时候可以到银行把钱取出来使用。人寿保险也具有这样的功能。投保人每年或定期把保险费打入保险公司账户,一段时间后,就有了一定的积累。当投保人紧急需要用钱的时候,既可以拿寿险保单到银行去贷款,也可以退保拿到现金。

6.2.3 普通型人寿保险

1. 死亡保险

死亡保险是以被保险人在保险期间内死亡为给付保险金条件的保险。根据保险期限的不同,死亡保险可以分为定期人寿保险(即定期死亡保险)和终身人寿保险(即不定期死亡保险)。

(1) 定期人寿保险

定期人寿保险简称定期寿险,是以死亡为给付保险金条件,且保险期限为固定年限的人寿保险。如果在保险期间内被保险人未死亡,保险人无须支付保险金也不返还保险费,该保险大多是为在短期内从事较危险工作的被保险人提供保障。定期寿险最大的优点是可以用极为低廉的保险费获得一定期限内较大的保险保障。其不足之处在于,若被保险人在保险期限届满仍然生存,则不能得到保险金的给付,而且已交纳的保险费不再退还。

定期寿险的保险期间通常有1年期、5年期、10年期、15年期、20年期或30年期。一般地,定期寿险的被保险人在合同期满时不超过65周岁。保险人也可应投保人的要求,为特定的被保险人提供保险期间短于1年的定期寿险,如保险期间为几个月或几个星期的定期寿险。

定期寿险的保险条款大多规定,保险人承担的保险责任自保险人同意承保、收取首期保费并签发保单的次日零时开始,至合同约定的终止时间为止。

由于定期寿险的保费主要是依据被保险人的死亡概率计算出来的,储蓄因素极少,且保险人承担死亡风险责任的期限是确定的,在保险金额相等的条件下,定期寿险的保险费低于其他任何一种人寿保险,从而投保定期寿险可以以较低廉的保险费获得较大的保障。正因如此,定期寿险的逆选择风险也较大。当被保险人在感到或已存在身体不适或有较大风险存在时,往往会投保较大金额的定期寿险。为控制风险责任,保证经营的稳定,保险公司往往要对被保险人进行严格的核保,例如对高额保险的被保险人进行严格的体检,对从事危险工作或身体状况略差的被保险人适用较高费率。

(2) 终身人寿保险

终身人寿保险是一种不定期的死亡保险,简称终身寿险。其保险责任从保险合同生效后一直到被保险人死亡之时为止。由于人的死亡是必然的,因而终身寿险的保险金最终必然要支付给被保险人。由于终身寿险保险期长,故其费率高于定期寿险,并有储蓄的功能。终身寿险最大优点是被保险人可以得到永久保障。如果投保人中途退保,可以得到一定数额的现金。终身寿险按照交费方式不同,分为普通终身寿险、限期交费终身寿险和趸交终身寿险。

① 普通终身寿险也称终身交费终身寿险,是指投保人按照合同规定定期交纳保险费(通常为按年交纳,也可按每半年或每季、每月交纳),直至被保险人身故的一种终身寿险。

② 限期交费终身寿险是指投保人按照保险合同约定的交费期间按期交纳保险费的一种终身寿险。限期交费终身寿险一般有两种情形:一是交费期间约定为 10 年、15 年或 20 年,由投保人自行选择;二是交纳时限定为被保险人年满 60 周岁或 65 周岁时为止。在同一保险金额下,交费期越长,投保人每次交纳的保费越少;反之亦然。在终身寿险中,投保限期交费终身寿险的人较多。

③ 趸交终身寿险是指投保人在投保时一次性交清全部保费。趸交终身寿险可以避免因停交保费而导致保单失效的情况发生,但由于保费需一次交清,因此金额较大。

无论是定期寿险,还是终身寿险,保险人并非对所有原因造成的被保险人的死亡都承担给付。保单中对不承担给付责任的除外责任做了明确说明,如投保人、受益人故意伤害、杀害被保险人;被保险人故意犯罪或拒捕、故意自伤;被保险人服用、吸食或注射毒品;被保险人在合同生效或复效之日起两年内自杀;战争、军事行动或武装叛乱;核爆炸、核辐射或核污染等。

2. 生存保险

生存保险是以被保险人必须生存为给付保险金条件的人寿保险,即当被保险人于保险期满或达到合同约定的年龄时仍生存,保险人负责给付保险金。若被保险人在保险期间死亡,则不能主张收回保险金,也不能收回已交保险费。生存保险的目的主要是为老年人提供养老保障或者为子女提供教育金等。年金保险就是一种有规则地、定期地向被保险人给付保险金的生存保险。

3. 生死两全保险

生死两全保险是定期人寿保险与生存保险两类保险的结合。生死两全保险是指被保险人在保险合同约定的期间里假设身故,身故受益人领取保险合同约定的身故保险金,如果被保险人继续生存至保险合同约定的保险期期满,则投保人领取保险合同约定的保险期满金的人寿保险。这类保险是目前市场上最常见的商业人寿保险。生死两全保险的储蓄性极强,其纯保费由危险保费和储蓄保费组成。危险保费用于保险期限内死亡给付;储蓄保费则逐年积累形成责任准备金,既可用于中途退保时支付退保金,也可用于生存给付。由于生死两全保险既有死亡保障,又有生存保障,因此,它不仅能使受益人得到保障,同时也能使被保险人本身享受利益。也正因如此,生死两全保险的保费一般都比较高。

6.2.4 年金保险

1. 年金保险的定义和特征

(1) 年金保险的定义

年金保险是指在被保险人生存期间,保险人按照合同约定的金额、方式,在约定的期限内,有规则地、定期地向被保险人给付保险金的保险。年金保险同样是以被保险人的生存为给付条件的人寿保险,但生存保险金的给付通常采取的是按年度周期给付一定金额的方式,因此称为年金保险。

(2) 年金保险的特征

年金保险具有以下4点特征。

① 投保人要在开始领取年金之前交清所有保费,不能边交保费边领年金。

② 年金保险可以有确定的期限,也可以没有确定的期限,但均以被保险人的生存为支付条件。在年金受领者死亡时,保险人立即终止支付。

③ 投保年金保险可以使被保险人晚年生活得到经济保障。人们在年轻时节约闲散资金交纳保费,年老之后就可以按期领取固定数额的保险金。

④ 投保年金保险对于年金购买者来说是非常安全、可靠的,因为保险公司必须按照法律规定提取责任准备金,而且保险公司之间的责任准备金储备制度保证,即使投保客户所购买年金的保险公司停业或破产,其余保险公司仍会自动为购买者分担年金给付。

2. 年金保险的种类

(1) 按交费方法不同划分

按交费方法不同,年金保险可分为趸交年金与分期交费年金。趸交年金又称为一次交清保费年金,投保人一次性地交清全部保险费,然后从约定的年金给付开始日起,受领人按期领取年金。分期交费年金的投保人,在保险金给付开始日之前分期交纳保险费,在约定的年金给付开始日起按期由受领人领取年金。

(2) 按年金给付开始时间不同划分

按年金给付开始时间不同,年金保险可分为即期年金和延期年金。

① 即期年金是指在投保人交纳所有保费且保险合同成立生效后,保险人立即按期给付保险年金的年金保险。通常即期年金采用趸交方式交纳保费,因此,趸交即现年金是即

期年金的主要形式。

② 延期年金是指保险合同成立生效后,且被保险人到达一定年龄或经过一定时期后,保险人在被保险人仍然生存的条件下开始给付年金的年金保险。

(3) 按被保险人不同划分

按被保险人不同,年金保险可分为个人年金、联合及生存者年金和联合年金。

① 个人年金又称单生年金,被保险人为独立的一人,是以个人生存为给付条件的年金。

② 联合及生存者年金是指两个或两个以上的被保险人中,在约定的给付开始日,至少有一个生存即给付年金,直至最后一个生存者死亡为止的年金。因此,该年金又称为联合及最后生存者年金。但通常此种年金的给付规定,若一人死亡则年金按约定比例减少金额。此种年金的投保人多为夫妻。

③ 联合年金是指两个或两个以上的被保险人中,只要其中一个死亡则保险金给付终止的年金。该年金是以两个或两个以上的被保险人同时生存为给付条件的。

(4) 按给付期限不同划分

按给付期限不同,年金保险可分为定期年金、终身年金和最低保证年金。

① 定期年金是指保险人与被保险人有约定的保险年金给付期限的年金。定期年金又可以分为两种:一种是确定年金,只要在约定的期限内,无论被保险人是否生存,保险人的年金给付直至保险年金给付期限结束;另一种是定期生存年金,在约定给付期限内,只要被保险人生存就给付年金,直至被保险人死亡。

② 终身年金是指保险人以被保险人死亡为终止给付保险年金的时间的年金。也就是说,只要被保险人生存,被保险人将一直领取年金。对于长寿的被保险人,该险种最为有利,但一旦被保险人死亡,给付即终止。

③ 最低保证年金是为了防止被保险人过早死亡而丧失领取年金的权利而产生的防范形式年金。它具有两种给付方式:一种是按给付年度数来保证被保险人及其受益人利益,该种最低保证年金形式确定了给付的最少年数,若在规定期内被保险人死亡,被保险人指定的受益人将继续领取年金到期限结束;另一种是按给付的回返来保证被保险人及其受益人的利益,该种最低保证年金形式确定有给付的最少回返金额,当被保险人领取的年金总额低于最低保证金额时,保险人以现金方式自动分期退还其差额。第一种方式为确定给付年金,第二种方式为退还年金。

(5) 按保险年金给付额是否变动划分

按保险年金给付额是否变动,年金保险可分为定额年金与变额年金。

① 定额年金的保险年金给付额是固定的,不因为市场通货膨胀的存在而变化。因此,定额年金与银行储蓄性质相类似。

② 变额年金属于创新型寿险产品,通常变额年金也具有投资分立账户,变额年金的保险年金给付额随投资分立账户的资产收益变化而不同。通过投资,此类年金保险可以有效地解决通货膨胀对年金领取者生活的不利影响。变额年金因与投资收益相连接而具有投资性质。

6.2.5 团体人寿保险

1. 团体人寿保险的定义

团体人寿保险是以团体为保险对象，由保险公司签发一张总的保险单，为该团体的成员提供保障的保险。具体来说，就是以公司作为投保人，由保险公司和公司签订一张总的保险单，保障对象包括公司的集体成员。团体人寿保险通常不要求团体成员进行体检。

在团体人寿保险中，投保人是团体组织，被保险人是团体中的在职人员。一般来讲，团体组织作为投保人，组织在职人员集体投保，团体应为社会团体、企事业单位等独立核算的单位组织；在职人员是指在投保单位领取工资的正常工作人员，已退休、退职的人员不应参加团体保险；临时工、合同工虽然不是投保单位的正式职工，若单位要求投保，保险人也可以接受。

2. 团体人寿保险的特征

（1）风险选择的对象是团体，而非个人

在保险实务中，投保团体人寿保险一般不需要体检或提供其他可保证明。这并不是说团体人寿保险承保可以不进行任何风险选择与控制，只是其方法与个人投保的风险选择与控制不同。为了保证团体人寿保险的承保质量以及保险公司的财务稳定性，团体人寿保险对风险选择与控制采用的主要手段有以下几种。

① 投保团体必须是合格的团体，有其特定的业务活动，独立核算。

② 投保团体的被保险人员必须是能够正常参加工作的在职人员，退休人员、长期因病全休及半休人员不能成为团体保险的被保险人。在坚持正常工作的在职人员中，采用团体保险的方法承保可以消除逆选择因素的影响，保证承保对象总体上达到平均的健康水平。由于新老职工的自然更替，使得大多数团体的员工平均年龄趋于稳定，从而也保证了死亡率、疾病率等的稳定。

③ 对投保人数的限制。团体人寿保险对团体投保人数的规定有两方面的要求：一是投保团体人数不得少于保险监督管理机构规定的最低人数。早期经营团体保险时，对人数的要求较高，但近年来对投保人数的要求逐渐降低，对10人甚至少于10人的团体也可承保，但通常需要这些人数较少的团体中的被保险人提供某些可以承保的证明。二是对投保团体人寿保险参保比例的要求。例如，某保险公司为了排除逆选择做出如下规定：若保费是由双方承担的，则全部合格职工中至少要有75%的人参加；若保费全部由雇主负担，则全部职工都必须参加保险。

④ 保额的限制。一般来说，团体人寿保险对每个被保险人的保险金额按照统一的规定确定，其具体做法有两种：一是整个团体的所有被保险人的保险金额相同；二是按照被保险人的工资水平、职位高低、服务年限等标准，分别制定每类被保险人的保险金额。这种做法是依据统一的标准制定每个人的保险金额，雇主或雇员均无权自己增减保险金额，其目的主要是消除逆选择行为。

(2) 使用团体保险单

团体人寿保险用一张总的保险单为成百上千甚至更多的雇员提供保险保障。在这份保单中,详细规定了保险条款的内容,包括每一名被保险人的姓名、年龄、性别、保险金额、受益人的姓名等。投保团体是保单的持有人,而每个被保险人则仅仅持有一张保险证。保险证上并不包括全部保险条款,仅包括被保险人姓名、受益人姓名、保险费、保险金额、生日、领取保险金的开始日期等内容。

(3) 成本低

团体人寿保险由于采取集体投保的方式,具有规模经营效益的特点,使团体可以以较低的保费获得较高的保险保障。团体保险费率低的原因主要有:团体保险用一张总的保险单承保成百上千的人,简化了承保、收费、会计等手续;减少了代理人的佣金支出,节省了保险公司的业务管理费用;团体保险免体检,节约了体检费。

(4) 保险计划灵活

与普通个人保险的保单相比,团体人寿保险单并非必须是事先印好且一字不可更改的。较大规模的团体投保团体人寿保险,投保单位可以就保单条款的设计和保险条款内容与保险公司协商。当然,团体人寿保险单也应遵循一定的格式和包括一些特定的标准条款。团体人寿保险计划作为整个雇员福利项目的一部分,在绝大多数情况下,保险合同能充分体现投保团体的要求。对于这些要求,只要不会导致管理手续复杂化,不引起严重的逆选择,不违反法律,保险人都会给予充分的考虑并在合同中加以体现。

(5) 采用经验费率的方法

在普通个人人寿保险中,由于不同年龄、性别的被保险人的死亡率不同,所以保险费率的制定是以死亡率表为依据的。团体人寿保险的投保人是一个团体,同个人投保一样,每个投保团体的风险程度也是不同的。因此,团体人寿保险也应按风险程度的不同分别制定费率。

团体保险费率的制定,重点要考虑投保团体的业务性质、职业特点、以往的理赔记录等,其中理赔记录是决定费率的主要因素。在团体人寿保险中,一般是参考上年度的团体理赔记录来决定下年度的保险费率,这就是所谓的采用经验费率的方法,这是一种非确定性的计算保费的方法,每隔一定时期,由保险双方参考实际的理赔情况,对费率加以修订,以使之更好地与实际情况相符。

6.2.6 新型人寿保险

1. 分红保险

(1) 分红保险的定义

分红保险是指在获得人寿保险的同时,保险公司将实际经营产生的盈余按一定比例向保险单持有人进行红利分配的人寿保险。

(2) 分红保险的主要特征

① 保单持有人享受经营成果。分红保险不仅提供合同规定的各种保障,而且保险公司每年要将经营分红险种所得的部分盈余以红利的形式分配给保单持有人。我国法律规

定,保险公司应至少将分红保险业务当年度可分配盈余的70%分配给客户。这样一来,投保人就可以与保险公司共享经营成果。与不分红保险相比,分红保险增加了投保人的获利机会。

② 客户承担一定的投资风险。由于每年保险公司的经营状况不一样,客户所能分到的红利也会不一样。在保险公司经营状况良好的年份,客户会分到较多的红利;如果保险公司经营状况不佳,客户能分到的红利就会较少,甚至没有。因此,分红保险是保险公司和客户在一定程度上共同承担投资风险的险种。

③ 定价的精算假设比较保守。寿险产品在定价时主要以预定死亡率、预定利率和预订费用率三个因素为依据,这三个预定因素与实际情况的差距直接影响到寿险公司的经营成果。对于分红保险,由于寿险公司要将部分盈余以红利形式分配给客户,因而在定价时对精算假设的估计较为保守。换言之,分红保险的保单价格会比较高,以便保险公司能在实际经营过程中产生更多的可分配盈余。

④ 保险给付、退保金中含有红利。分红保险的被保险人身故后,受益人在获得投保时约定保额的保险金的同时,还可以得到未领取的累积红利和利息。在满期给付时,被保险人在获得保险金额的同时,也可以得到未领取的累积红利和利息。分红保险的保单持有人在退保时得到的退保金也包含保单红利及其利息。

(3) 分红保险的红利分配方式

分红保险的红利来源于寿险公司的"三差收益",即死差异、利差异和费差异,红利分配方法主要有现金红利法和增额红利法。两种分配方法代表了不同的分配政策和红利理念,所反映的透明度以及内涵的公平性各不相同,对保单资产份额、责任准备金以及寿险公司现金流量的影响也不同。从维护保单持有人利益的原则出发,寿险公司内部应当对红利分配方法的制定及改变持十分审慎的态度,既要重视保单持有人的合理预期,贯彻诚信经营和红利分配的公平原则,又要充分考虑红利分配对公司未来红利水平、投资策略以及偿付能力的影响。

① 现金红利法。采用现金红利法,每个会计年度结束后,寿险公司首先根据当年度的业务盈余,由公司董事会考虑指定精算师的意见后决定当年度的可分配盈余,根据各保单对总盈余的贡献大小决定保单红利。保单之间的红利分配随保险产品、投保年龄、性别和保单年限的不同而不同,反映了保单持有人对分红账户的贡献比率。一般情况下,寿险公司不会把分红账户每年产生的盈余全部作为可分配盈余,而是会根据经营状况,在保证未来红利基本平稳的条件下进行分配。未被分配的盈余留存保险公司,用于平滑未来红利、支付末期红利或作为股东的权益。在现金红利法下,盈余分配的贡献原则体现了红利分配在不同保单持有人之间的公平性原则。

在现金红利法下,保单持有人一般可以选择将红利留存公司累计生息、以现金支取红利、抵扣下一期保费等方法支配现金红利。对保单持有人来说,现金红利的选择比较灵活,满足了客户对红利的多种需求。对保险公司来说,现金红利在增加公司的现金流支出的同时减少了负债,减轻了寿险公司的偿付压力。但是,现金红利法这种分配政策较为透明,公司在市场压力下不得不将大部分盈余分配出去,以保持较高的红利率,从而吸引保单持有人。而且,这部分资产不能被有效地利用,会使寿险公司可投资资产减少。此外,每年支付的红利会对寿险公司的现金流量产生较大压力。为保证资产的流动性,寿险公司会相应降低投资于长期资产的比例,这从一定程度上影响了总投资收益,保单持有人最终获得的红利也较低。现金红利法是北美地区寿险公司通常采用的一种红利分配方法。

② 增额红利法。增额红利法以增加保单现有保额的形式分配红利,保单持有人只有在发生保险事故、期满或退保时才能真正拿到所分配的红利。增额红利由定期增额红利、特殊增额红利和末期红利三部分组成。定期增额红利每年采用单利法、复利法或双利率法将红利以一定的比例增加保险金额;特殊增额红利只在一些特殊情况下(如政府税收政策变动)将红利一次性地增加保险金额;末期红利一般为已分配红利或总保险金额的一定比例,将部分保单期间内产生的盈余递延至保单期末进行分配,减少了保单期间内红利来源的不确定性,使每年的红利水平趋于平稳。

增额红利法赋予寿险公司足够的灵活性对红利分配进行平滑,保持每年红利水平的平稳,并以末期红利进行最终调节。由于没有现金红利流出,加上红利分配的递延,导致寿险公司的可投资资产增加了。同时,由于不存在现金红利流出压力,寿险公司可以增加长期资产的投资比例,这在很大程度上增加了分红基金的投资收益,提升了保单持有人的红利收入。但是,在增额红利法下,保单持有人处理红利的唯一选择就是增加保单的保险余额,并且只有在保单期满或终止时才能获得红利收入,保单持有人选择红利的灵活性较低,丧失了对红利的支配权。此外,在增额红利分配政策下,红利分配基本上由寿险公司决定,很难向投保人解释现行分配政策的合理性以及对保单持有人利益产生的影响,尤其在寿险公司利用末期红利对红利进行平滑后,缺乏基本的透明度。增额红利法是英国寿险公司采用的一种红利分配方法,这种分配方法必须在保险市场比较成熟的环境下运行。

2. 投资连结保险

(1) 投资连结保险的定义

投资连结保险是一种寿险与投资基金相结合的产品。根据中国银保监会的规定,投资连结保险是指包含保险保障功能并至少在一个投资账户拥有一定的资产价值的人身保险。投资连结保险的投资账户必须是资产单独管理的资金账户。投保人可以选择其投资账户,投资风险完全由投保人承担。除有特殊规定外,保险公司投资连结保险的投资账户与其管理的其他资产或其他投资账户之间不得存在债权、债务关系,也不承担连带责任。

投资连结保险产品的保单现金价值与单独投资账户资产相匹配,现金价值直接与独立账户资产业绩相连,一般没有最低保证。大体而言,投资账户的资产免受保险公司其余负债的影响,资本利得或损失一旦发生,无论其是否实现,都会直接反映到保单的现金价值上。不同的投资账户可以投资在不同的投资工具上,如股票、债券等。投资账户可以是外部现有的,也可以是公司自己设立的。除了各种专类基金供投保人选择外,由寿险公司确立原则,组合投资的平衡式或管理式基金也非常流行。在约定条件下,保单持有人可以在不同的基金间自由转换,无须支付额外的费用。

（2）投资连结保险的特点

投资连结保险具有以下几个特点。

① 保险的保障功能与投资功能高度统一。投保人在购买保险保障的同时，可以获得其保险基金投资的选择权，享受期望的高投资回报。因为保险公司将投保人交纳的保险费用于购买投资单位，单位价格随单位基金的资产表现不同而不同，所以保户有经常选择投资基金的选择权。

② 保单持有人的利益直接与投资回报率挂钩。保单持有人拥有获得所有投资利益的权利。当投资表现好时，保单持有人享有所有的回报；反之，当投资表现差时，保单持有人则要承担风险。因此，保单持有人的回报有很大的变动性和不确定性。

③ 投资风险的转移。投资连结保险的费用较低，且具有无担保及弹性特点，较低的准备金及资本要求将投资风险转移给保单持有人。保单持有人承担投资的风险，保险公司负责保单持有人资金的投资运用，不担保任何投资回报率，保险公司的回报是收取一定比例的管理费用。由于投资风险由投保人来承担，保险公司用同样的资本金可承担更大的保险风险，有利于扩大业务规模。

④ 投资连结保险对投保人有更高的透明度。投保人在任何时候都可以通过计算机或手机查询其保险单的保险成本、费用支出以及独立账户的资产价值，使投保人明明白白地消费，确保了投保人的利益。

⑤ 为投保人提供了更大的方便。按照国外的做法，投保人通过购买一份投资连结保险，可获得其需要的所有保险保障。

⑥ 投资连结保险弱化了对精算技能的要求，而更强调计算机系统的支持，因此该产品的投保人可随意选择或中途变更投资组合。

3. 万能保险

（1）万能保险的定义

万能保险简称万能险，是指包含保险保障功能，并至少在一个投资账户拥有一定资产价值的人身保险产品。万能保险除了同传统寿险一样给予保户生命保障外，还可以让客户直接参与由保险公司为投保人建立的投资账户内资金的投资活动，将保单的价值与保险公司独立运作的投保人投资账户资金的业绩联系起来。万能险的大部分保费用来购买由保险公司设立的投资账户单位，由投资专家负责账户内资金的调动和投资决策，将保户的资金投入到各种投资工具上。保险公司负责对投资账户中的资产价值进行核算，并确保投保人在享有账户余额的本金和一定利息保障前提下，借助专家理财进行投资运作。

万能保险具有较低的保证利率，这点与分红保险大致相同；保险合同在规定交纳保费及变更保险金额方面均比较灵活，有较大的弹性，可充分满足客户不同时期的保障需求；既有保证的最低利率，又享有高利率带来高回报的可能性，从而对客户产生较大的吸引力。万能险提供了一个人一生仅用一张寿险保单就能解决保障问题的可能性。弹性的保费交纳和可调整的保障，使得万能险十分适合进行人生终身保障的规划。

（2）万能保险的特点

万能保险具有以下几个特点。

① 万能险是一款寿险。别以为万能险有理财功能就是理财产品了,万能险的本质还是保险产品。万能险具备人寿保险的基本功能,如提供相应的人生保障,保险利益具有排他性,保险利益免交所得税等。万能险虽然不是实现暴利的工具,却能在兼顾投资收益及相关保障的同时,以法律的手段稳定资产的一种理想的"风险准备金"存储方式。

② 它是一款"万能型"寿险。说它"万能",主要表现在交费灵活,保额可调整、保单价值领取方便等方面。一是交费灵活。可以任意选择、变更交费期,可以在未来收入发生变化时缓交或停交保费,也可以过三五年或更长时间之后再继续补交保费等,还可以一次或多次追加保费。二是保额可调整,可以在一定范围内自主选择或随时变更"基本保额",从而满足人们对保障、投资的不同需求。三是保单价值领取方便,客户可以随时领取保单价值金额,作为子女的教育金、婚嫁金、创业金,也可以用作自己或家庭其他成员的医疗储备金、养老储备金等。

保险公司所公布的万能险收益(一般每月公布一次)只包括投保人所交的保费中的投资部分,而不是整体交纳的费用。除了保障费用外,要被扣除的还包括初始费用、风险保险费、保单管理费、贷款账户管理费、附加险保险费,有的公司还要收取部分领取手续费和退保手续费。因此,万能险投保初期的整体收益不会太高。

单元 6.3　健　康　保　险

传统观念认为人有生、老、病、死、残五苦,人寿保险主要解决人的生、老、死的风险,而病和残则要由健康保险来解决。随着社会经济水平的提高,人们生存条件的改善,健康保险日益受到社会的重视。在发达国家,商业性健康保险在整个保险体系中占据着重要地位,例如在美国,商业医疗保险的费用支出占全国医疗费用总支出的54%。我国商业健康保险始于20世纪80年代,21世纪以来,由于医疗体制的改革而迅速发展,成为保险公司最主要的保险产品之一。

6.3.1　健康保险的定义

健康保险是以被保险人的身体为保险标的,使被保险人在疾病或意外事故所致伤害时发生的费用或损失获得补偿的一种保险。

如同人寿保险并不是保证被保险人在保险期限内避免生命危险一样,健康保险也不是保证被保险人不受疾病困扰、不受伤害,而是以被保险人因疾病等原因需要支付医疗费、护理费,因疾病造成残疾以及因生育、疾病或意外伤害暂时或永久不能工作而减少劳动收入为保险事故的一种人身保险。根据人寿保险业界的习惯,往往把不属于人寿保险、意外伤害保险的人身保险业务全部归入健康保险。

一般说来,构成健康保险所指的疾病必须有以下3个条件。

第一,必须是由于明显非外来原因造成的。健康保险承保的疾病应当是由人体内在的生理原因所致的精神或肉体的痛苦或不健全。而由于外在原因对身体健康的损害,如骑自行车摔伤、被汽车撞伤等,不属于健康保险的承保范围。

第二,必须是非先天性的原因造成的。健康保险中所说的疾病状态,是身体由健康状态转为不健康状态的生病过程。因此,先天性疾病和遗传性疾病由于一出生就具有,所以都不是健康保险承保的范围。

第三,必须是由于非长存的原因(偶然性的原因)造成的。人的一生要经历出生、成长、衰老的过程,每个人的衰老是必然的,伴随衰老会出现视力下降、记忆力减退等,这些都不属于健康保险的范围,而是人寿保险的责任。但是,如果在衰老过程中诱发了其他疾病,如高血压、心力衰竭等,却是偶然的,属于健康保险的承保范围。

健康保险的保障项目包括两个方面:一是被保险人因疾病或意外事故引起的医疗费用支出。就这一方面所提供的保险保障来看,它是转移医疗费用风险的一种保险。二是因为疾病或意外事故导致被保险人收入的损失,这类保险被称为收入损失补偿保险。

健康保险与人身意外伤害保险同属于短期保险,二者有许多共同之处,因此国外一般将二者合二为一,统称为健康保险。不过,人身意外伤害保险与健康保险在保险责任上是有区别的,在保险合同实务处理上也存在显著差别:第一,二者虽然都要对被保险人的意外伤害提供保障,但意外伤害保险的保险责任仅限于意外伤害造成的死亡和残疾,其他原因如疾病、生育等引起的死亡和残疾不属于其保险责任范围,而属于健康保险的保险责任范围。第二,意外伤害保险是向被保险人或受益人给付死亡或残疾保险金,有些意外伤害保险品种可能还会给付医疗保险金,但对因意外伤害造成的其他损失(如劳动收入减少损失),则不属于意外伤害保险的保险责任,而属于健康保险的保险责任范围。

6.3.2 健康保险的特征

与人寿保险相比,健康保险有许多不同点。

1. 保险期限不同

除少数承保特定危险的健康保险(如重大疾病保险、长期护理保险等)外,绝大多数健康保险尤其是医疗费用保险常为一年期的短期合同。因此,在保险条款中会注明什么条件下失效,什么条件下又可自动续保。寿险保费计算有生命表和利息理论等科学的计算方法,可以比较准确地对被保险人未来多年甚至终身的生死概率作出预测,因此可以承保长期险。而健康保险的保费计算,以发病率、残疾率、替换死亡率为基础,没有类似生命表的"发病率表""残疾率表"等用来估计人们因疾病、分娩发生疾病和死亡的概率等。而且,发病率、残疾率受职业环境等因素的影响较大,从长期来看更不稳定,所以一般的健康保险都是一年期。初次投保无论对保险人还是投保人而言都意味着复杂的手续和各项杂费,对于长期投保健康保险的客户,反复投保一年期保单明显是不方便的,也是不现实的。因此,保险人往往通过保单条款中的说明,使健康保险单变成连续有效的保单,而且更新时还可以更改费率。

2. 影响费率制定的因素不同

健康保险产品的定价主要考虑疾病率、伤残率和疾病(伤残)持续时间。健康保险费率的计算以保险金额损失率为基础,年末未到期责任准备金一般按当年保费收入的一定比例提存。此外,等待期、免责期、免赔额、给付比例和给付方式、给付限额也会影响最终的费率。

3. 健康保险的给付不同

关于"健康保险是否适用补偿原则"的问题,不能一概而论,费用型健康保险适用该原则,是补偿性的给付;而定额给付型健康险则不适用,保险金的给付与实际损失无关。

4. 合同条款的不同

健康保险无须指定受益人,且被保险人和受益人常为同一人。在健康保险合同中,除适用一般寿险的不可抗辩条款、宽限期条款、不丧失价值条款等外,还会采用一些特有的条款,如既存状况条款、转换条款、协调给付条款、体检条款、免赔额条款、等待期条款等。例如,在健康保险中,一般都规定有一定的免赔额,免赔额以下的医疗费用由被保险人自己承担,只有实际支付的医疗费用超过免赔额部分,保险人才负责。确定免赔额的方式有三种:一是每次医疗费用的免赔额;二是全年免赔额;三是集体免赔额。

5. 成本分摊不同

由于健康保险有风险大、不易控制和难以预测的特性,因此,在健康保险中,保险人对所承担的疾病医疗保险金的给付责任往往带有很多限制性或制约性条款。

6. 健康保险的除外责任不同

健康保险的除外责任一般包括战争或军事行动,故意自杀或企图自杀造成的疾病、死亡和残废,堕胎导致的疾病、残废、流产和死亡等。

6.3.3 健康保险的基本类型

1. 医疗保险

医疗保险又称医疗费用保险,是指以保险合同约定的医疗行为的发生为给付保险金条件,为被保险人接受诊疗期间的医疗费用支出提供保障的保险。它是健康保险的主要内容之一。

医疗费用是病人为了治病而发生的各种费用,不仅包括医生的医疗费和手术费用,还包括住院、护理、医院设备等的费用。

(1) 医疗保险的主要类型

① 普通医疗保险;

② 住院保险;

③ 手术保险;

④ 综合医疗保险。

(2) 医疗保险的常用条款

① 免赔额条款。免赔额的计算一般有三种:一是单一赔款免赔额,针对每次赔款的数额;二是全年免赔额,按全年赔款总计,超过一定数额后才赔付;三是集体免赔额,针对

团体投保而言。

② 比例给付条款。比例给付条款又称共保比例条款。在大多数健康保险合同中,对于保险人医疗保险金的支出均有比例给付的规定,即对超过免赔额以上的医疗费用部分采用保险人和被保险人共同分摊的比例给付办法。比例给付既可以按某一固定比例给付,也可以按累进比例给付。

③ 给付限额条款。一般对保险人医疗保险金的最高给付均有限额规定,以控制总支出水平。

2. 疾病保险

疾病保险是指以保险合同约定的疾病的发生为给付保险金条件的保险。通常这种保单的保险金额比较大,给付方式一般是在被保险人被确诊为特种疾病后,立即一次性支付保险金额。

(1) 疾病保险的基本特点

① 个人可以任意选择投保疾病保险,作为一种独立的险种,它不必附加于其他某个险种之上。

② 疾病保险条款一般都规定了一个等待期或观察期,观察期结束后保险单才正式生效。

③ 为被保险人提供切实的疾病保障,且程度较高。

④ 保险期限较长。

⑤ 保险费可以分期交付,也可以一次交清。

(2) 重大疾病保险

重大疾病保险保障的疾病一般有心肌梗死、冠状动脉绕道手术、癌症、脑中风、尿毒症、严重烧伤、暴发性肝炎、瘫痪和重要器官移植手术、主动脉手术等。

① 按保险期间划分,重大疾病保险可分为定期重大疾病保险和终身重大疾病保险。

② 按给付形态划分,重大疾病保险有提前给付型、附加给付型、独立主险型、按比例给付型、回购式选择型五种。

3. 收入保障保险

收入保障保险是指以因意外伤害、疾病导致收入中断或减少为给付保险金条件的保险,具体是指当被保险人由于疾病或意外伤害导致残疾,丧失劳动能力不能工作以致失去收入或减少收入时,由保险人在一定期限内分期给付保险金的一种健康保险。

(1) 收入保障保险的含义

提供被保险人在残废、疾病或意外受伤后不能继续工作时所发生的收入损失补偿的保险,即是收入保障保险。

收入保障保险一般可分为两种:一种是补偿因伤害而致残废的收入损失;另一种是补偿因疾病造成的残废而致的收入损失。

① 给付方式。收入保障保险的给付一般是按月或按周进行补偿,每月或每周可提供金额一致的收入补偿。

残疾收入保险金应与被保险人伤残前的收入水平有一定的联系。在确定最高限额时,保险公司需要考虑投保人的下述收入:税前的正常劳动收入;非劳动收入;残疾期间的其他收入来源;目前适用的所得税率。

收入保障保险除了在被保险人全残时给付保险金外,还可以提供其他利益,包括残余或部分伤残保险金给付、未来增加保额给付、生活费用调整给付、残疾免交保费条款,以及移植手术保险给付、非失能性伤害给付、意外死亡给付。这些补充利益作为特殊条款,投保人可以通过交纳附加保费的方式获得。

② 给付期限。给付期限是指失能收入损失保单支付保险金最长的时间,可以是短期或长期的,因此有短期失能和长期失能两种形态。短期补偿是为了补偿在身体恢复前不能工作的收入损失;而长期补偿则规定有较长的给付期限,一般用来补偿因全部残废而不能恢复工作的被保险人的收入。

③ 免责期间。免责期间又称等待期间或推迟期,是指在残疾失能开始后无保险金可领取的一段时间,即残废后的前一段时间,类似于医疗费用保险中的免责期或自负额,在这期间不给付任何补偿。

(2) 残疾的定义

残疾指由于伤病等原因在人体上遗留的固定症状,并影响正常生活和工作能力。通常导致残疾的原因有先天性的残障、后天疾病遗留、意外伤害遗留。收入保障保险对先天性的残疾不给付保险金,并规定只有满足保单载明的全残定义时,才可以给付保险金。

① 完全残废。完全残废一般是指永久丧失全部劳动能力,不能参加工作(原来的工作或任何新工作)以获得工资收入。

全部残废的给付金额一般比残废前的收入少一些,经常是原收入的75%~80%。

② 部分残废。部分残废是与全部残废的定义相对而言,是指部分丧失劳动能力。如果我们把全部残废认为是全部的收入损失,部分残废则意味着被保险人还能进行一些有收入的其他职业,保险人给付的将是全部残废给付的一部分。具体计算公式为

$$部分残废给付 = 全部残废给付 \times \frac{残废前的收入 - 残废后收入}{残废前的收入}$$

4. 长期护理保险

长期护理保险是为因年老、疾病或伤残而需要长期照顾的被保险人提供护理服务费用补偿的健康保险。

长期护理保险的保险范围分为医护人员看护、中级看护、照顾式看护和家中看护四个等级,但早期的长期护理保险产品不包括家中看护。

典型的长期看护保单要求被保险人不能完成下述五项活动中的两项即可:①吃;②沐浴;③穿衣;④如厕;⑤移动。除此之外,患有老年痴呆等认知能力障碍的人通常需要长期护理,但他们却能执行某些日常活动。为解决这一矛盾,目前所有长期护理保险已将老年痴呆和阿基米得病及其他精神疾患包括在内。

长期护理保险保险金的给付期限有一年、数年和终身等几种,同时也规定有20天、

30 天、60 天、80 天、90 天、100 天等多种免责期。免责期越长,保费越低。

长期护理保险的保费通常为平准式,也有每年或每一期间固定上调保费者,其年交保费因投保年龄、等待期间、保险金额和其他条件的不同而有很大区别。一般都有豁免保费保障,即保险人开始履行保险金给付责任的 60 天、90 天或 180 天起免交保费。

此外,所有长期护理保险保单都是保证续保的。最后,长期护理保险还有不没收价值条款规定。

单元 6.4 意外伤害保险

6.4.1 意外伤害保险的定义

1. 意外伤害的含义

意外伤害包括意外和伤害两层含义。

(1) 伤害

伤害又称损伤,是指被保险人的身体受到侵害的客观事实,由致害物、侵害对象、侵害事实三个要素构成。

① 致害物。致害物是直接造成伤害的物体或物质。没有致害物,就不可能构成伤害。在意外伤害保险中,只有致害物是外力时,才被认为是伤害。

② 侵害对象。侵害对象是致害物侵害的客体。在意外伤害保险中,只有致害物侵害的对象是被保险人的身体时,才能构成伤害。

③ 侵害事实。侵害事实是致害物以一定的方式破坏性地接触、作用于被保险人身体的客观事实。如果致害物没有接触或作用于被保险人的身体,就不能构成伤害。

(2) 意外

意外是就被保险人的主观状态而言的,是指伤害的发生是被保险人事先没有预见到的,或伤害发生违背了被保险人的主观意愿。

① 被保险人事先没有预见到伤害的发生。这可以理解为伤害的发生是被保险人事先所不能预见或无法预见的;或者伤害的发生是被保险人事先能够预见到的,但由于被保险人的疏忽而没有预见到。

② 伤害的发生违背被保险人的主观意愿。主要表现为:被保险人未预见到伤害即将发生时,在技术上已经不能采取措施避免;或者被保险人已预见伤害即将发生,在技术上也可以采取措施避免,但由于法律或职责上的规定,不能躲避。应该指出的是,凡是被保险人的故意行为使自己身体所受的伤害,均不属于意外伤害。

(3) 意外伤害的构成

意外伤害的构成包括意外和伤害两个必要条件。

2. 意外伤害保险的含义

意外伤害保险是指以意外伤害而致身故或残疾为给付保险金条件的人身保险。意外伤害保险中所称的意外伤害是指,在被保险人没有预见到或违背被保险人意愿的情况下,突然发生的外来致害物对被保险人的身体明显、剧烈地侵害的客观事实。

意外伤害保险有3层含义。

① 必须有客观的意外事故发生,且事故原因是意外的、偶然的、不可预见的。

② 被保险人必须因客观事故造成人身死亡或残废的结果。

③ 意外事故的发生和被保险人遭受人身伤亡的结果,两者之间有着内在的、必然的联系。

(1) 意外伤害保险的基本内容

投保人向保险人交纳一定量的保险费,如果被保险人在保险期限内遭受意外伤害并以此为直接原因或近因,在自遭受意外伤害之日起的一定时期内造成死亡、残废、支出医疗费或暂时丧失劳动能力,则保险人给付被保险人或其受益人一定量的保险金。

(2) 意外伤害保险的保障项目

意外伤害保险的保障项目包括死亡给付和残废给付。

意外死亡给付和意外伤残给付是意外伤害保险的基本责任,其派生责任包括医疗给付、误工给付、丧葬费给付和遗属生活费给付等责任。

6.4.2 意外伤害保险的特征

1. 可保风险与人寿保险不同

人寿保险承保的是人的生死,因而无论是正常衰老、疾病还是意外致亡,都属于人身保险的保障内容。影响死亡的最主要风险因素是被保险人的年龄。而意外伤害保险保障的是外来的、剧烈的、突然的事故造成的伤害。对每个被保险人而言,意外风险的发生与年龄关系不大,而与被保险人从事的职业与生活环境密切相关。相比较而言,意外伤害事故的承保条件一般较宽,高龄者也可投保意外伤害保险,对被保险人也不进行严格的体格检查。保险事故发生时,死亡保险金按约定保险金额给付,残废保险金则多按保险金额的一定比例给付。

2. 根据保险金额损失率计算保费

意外伤害保险的纯保险费是根据保险金额损失率计算的。这种方法认为,被保险人遭受意外伤害的概率取决于其职业、工种或从事的活动,在其他条件都相同时,被保险人的职业、工种、所从事活动的危险程度越高,应交的保险费就越多。

3. 保险期较短

意外伤害保险的保险期较短,一般都不超过一年,特殊的也有三年或五年。但是,有些意外伤害造成的后果却需要在一定时期以后才能确定。因此,人身意外伤害保险有一个关于责任期限的规定,即只要被保险人遭受意外伤害的事件发生在保险期限内,自遭受意外伤害之日起的一定时期内即责任期内(通常为90天、180天或一年)造成死亡或残疾的后果,保险人就要承担给付保险金的责任。即使在死亡或者被确定为残疾时保险期限已经结束,只要未超过责任期限,保险人就要承担给付保险金的责任。

4. 责任准备金

人身意外伤害保险在责任准备金的提存和核算方面与寿险业务有着很大的不同,往往采取非寿险责任准备金的计提原理,即按当年保险费收入的一定百分比(如40%、50%)计算,与财产保险相同。

6.4.3 意外伤害保险的可保风险

意外伤害保险承保的风险是意外伤害,但是并非一切意外伤害都是意外伤害保险所能承保的。按照是否可保划分,意外伤害可分为不可保意外伤害、特约意外伤害和一般可保意外伤害三种。

1. 不可保意外伤害

不可保意外伤害也可理解为意外伤害保险的除外责任,即从保险原理上讲,保险人不应该承保的意外伤害,如果承保则违反法律的规定或违反社会公共利益。

不可保意外伤害一般包括:①被保险人在犯罪活动中所受的意外伤害;②被保险人在寻衅殴斗中所受的意外伤害;③被保险人在酒醉、吸食(或注射)毒品(如海洛因、鸦片、大麻、吗啡等麻醉剂,兴奋剂,致幻剂)后发生的意外伤害;④由于被保险人的自杀行为造成的伤害。

对于不可保意外伤害,在意外伤害保险条款中应明确列为除外责任。

2. 特约保意外伤害

特约保意外伤害即从保险原理上讲虽非不能承保,但保险人考虑到保险责任不易区分或限于承保能力,一般不予承保,只有经过投保人与保险人特别约定,有时还要另外加收保险费后才予承保的意外伤害。

特约保意外伤害包括:①战争使被保险人遭受的意外伤害;②被保险人在从事登山、跳伞、滑雪、赛车、拳击、江河漂流、摔跤等剧烈的体育活动或比赛中遭受意外伤害;③核辐射造成的意外伤害;④医疗事故造成的意外伤害(如医生误诊、药剂师发错药品、检查时造成的损伤、手术切错部位等)。

3. 一般可保意外伤害

一般可保意外伤害即在一般情况下可承保的意外伤害。除不可保意外伤害、特约保意外伤害以外,均属一般可保意外伤害。

6.4.4 意外伤害保险的主要种类

1. 按投保动因分类

个人意外伤害保险可分为自愿意外伤害保险和强制意外伤害保险。

2. 按保险危险分类

个人意外伤害保险可分为普通意外伤害保险和特定意外伤害保险。

3. 按保险期限分类

个人意外伤害保险可分为一年期意外伤害保险、极短期意外伤害保险和多年期意外伤害保险。

4. 按险种结构分类

个人意外伤害保险可分为单纯意外伤害保险和附加意外伤害保险。

6.4.5 意外伤害保险的给付方式

意外伤害保险属于定额给付性保险,当保险责任构成时,保险人按保险合同中约定的保险金额给付死亡保险金或残废保险金。死亡保险金的数额是保险合同中已经规定的,当被保险人死亡时会如数支付。

残废保险金的数额由保险金额和残废程度两个因素确定。残废程度一般以百分率表示,残废保险金数额的计算公式为

$$残废保险金 = 保险金额 \times 残废程度百分率$$

在意外伤害保险中,保险金额同时也保险人给付保险金的最高限额,即保险人给付每一被保险人死亡保险金、残废保险金累计以不超过该被保险人的保险金额为限。

复习思考题

1. 什么是人身保险?与财产保险相比较,人身保险有哪些特征?
2. 人身保险有哪些种类?
3. 健康保险及其特征是什么?
4. 被保险人在保险有效期内自杀,保险人在保险给付上应如何掌握?

模块七

财产保险

单元 7.1 财产保险概述

7.1.1 财产保险的定义与特征

1. 财产保险的定义

财产保险是指投保人根据合同约定,向保险人交付保险费,保险人按合同约定对所承保的财产及其有关利益因自然灾害或意外事故造成的损失承担赔偿责任的保险。财产保险,包括财产损失保险、责任保险、保证保险、信用保险等以财产或利益为保险标的的各种保险。

财产保险有狭义和广义之分。狭义的财产保险也称财产损失保险,是指以物质财产作为保险标的的保险业务。这也是早期财产保险的全部内容。随着社会的发展和科学的进步,财产保险的范围日益扩大,所有的物质财产及其相关的利益和责任,如第三者责任、公众责任、产品责任、雇主责任、职业责任等无形财产,都成为财产保险的标的。在我国,财产保险指的是广义的财产保险。我国《保险法》规定:"财产保险业务,包括财产损失保险、责任保险、信用保险、保证保险等保险业务。"财产保险的可保财产,包括物质形态和非物质形态的财产及其有关利益。以物质形态的财产及其相关利益作为保险标的的,通常称为财产损失保险。例如,飞机、卫星、电厂、大型工程、汽车、船舶、厂房、设备以及家庭财产保险等。以非物质形态的财产及其相关利益作为保险标的的,通常是指各种责任保险、信用保险等。例如,公众责任、产品责任、雇主责任、职业责任、出口信用保险、投资风险保险等。但是,并非所有的财产及其相关利益都可以作为财产保险的保险标的。只有根据法律规定,符合财产保险合同要求的财产及其相关利益,才能成为财产保险的保险标的。

2. 财产保险的特征

(1) 财产风险的特殊性

财产保险需要处理的风险有很多,和人寿保险相比更为复杂,不仅包括各种自然灾害、意外事故,还包括法律责任以及信用行为。风险事故所造成的损失,既包括直接的物质损失,又包括间接的费用损失、利润损失等。

(2) 保险标的的特殊性

财产保险以财产或有关经济利益和损害赔偿责任为保险标的。保险标的按具体存在形式分为有形财产、无形财产或有关利益。财产保险的保险标的必须是可以用货币衡量价值的财产或利益,如汽车、物业、商品等。而无法用货币衡量价值的财产或利益,则不能作为财产保险的保险标的,如空气、江河等。此外,股票、票据等虽具有实物形态,但本身不具有内在价值,只具有面值,并非物质资产,所以除有特殊约定外,一般不作为可保财产。

(3) 保险利益的特殊性

与人身保险相比,财产保险在保险利益的特殊性上体现为以下3个方面。

① 财产保险的保险利益产生于人与物的关系。该保险利益是由投保人对保险标的具有某种利害关系而产生的,这种利害关系一般指的是因法律或契约上的权利或责任而产生的利害关系。即凡因财产产生风险事故而蒙受经济损失者,或因财产安全而得到利益或预期利益者,均具有财产保险的保险利益。

② 保险利益有量的限定,以投保财产的实际价值为限。投保人对保险标的的保险利益仅限于保险标的的实际价值,因此保险金额须以财产的实际价值为限,超过部分无效。

③ 保险利益一般要求在合同订立到损失发生时的全部过程都存在。在财产保险中,保险利益不仅是订立保险合同的前提条件,也是维护保险合同效力、保险人支付赔款的条件。一旦投保人对保险标的丧失保险利益,即使发生保险事故,保险人也不承担赔偿责任。

(4) 保险金额确定的特殊性

财产保险的保险金额确定一般参照保险标的的实际价值,或者根据投保人的实际需要参照最大可能损失、最大可预期损失确定其所购买的财产保险的保险金额。确定保险金额的依据即为保险价值,保险人和投保人在保险价值限度以内,按照投保人对该保险标的的存在的保险利益程度来确定保险金额,作为保险人承担赔偿责任的最高限额。由于各种财产都可依据客观存在的质量和数量来计算和估计其实际价值,因此,在理论上,财产保险的保险金额的确定具有客观依据。

(5) 保险期限的特殊性

通常,普通财产保险的保险期限为一年或小于一年,并且保险期限就是保险人实际承担保险责任的期限。与人身保险相比,财产保险的期限较短,多属于短期保险。工程保险往往以整个工期作为保险期限,货物运输保险则以货物出发至指定地点为保险期限。在远洋船舶航程保险中,以保险期限保单上载明的航程为准,即自起运港到目的港的日期为保险责任的起讫期限。

(6) 保险合同的特殊性

区别于人寿保险合同的定额给付性,财产保险合同属于损失补偿合同,补偿的金额要以保险标的的实际损失为限,不允许被保险人获得额外利益。在保险人支付赔偿的过程中,按照损失补偿原则执行。因此,在财产保险中,尽管可能出现超额保险、不足额保险,也可能出现重复保险的现象,但是保险人在赔付的过程中都会按照损失补偿原则进行处理。

7.1.2 财产保险的分类

按照保险标的划分,财产保险可分为以下4大类。

1. 财产损失保险

财产损失保险是指以补偿各种有形财产的损失为目的的保险。财产损失指某一财产的损坏、灭失所导致的财产价值的减少或丧失,包括直接物质损失以及因采取施救措施而引起的必要、合理的费用支出。财产损失保险合同的保险标的须是以特定的物质形式存在并能以一定的价值尺度予以衡量的财产。财产损失保险可以分为企业财产保险、家庭财产保险、利润损失保险、货物运输保险、运输工具保险、农业保险和工程保险。

(1) 企业财产保险

企业财产保险是保险公司为一切工商、建筑、交通运输、饮食服务企业,国家机关,社会团体等因火灾及保险单中列明的各种自然灾害和意外事故引起的保险标的的直接损失、从属或后果损失和与之相关联的费用损失提供经济补偿的财产保险。

(2) 家庭财产保险

家庭财产保险简称家财险,是个人和家庭投保的最主要险种。凡存放、坐落在保险单列明的地址,属于被保险人自有的家庭财产,都可以向保险人投保家庭财产保险。

(3) 利润损失保险

利润损失保险是对传统财产保险不予承保的间接损失提供补偿。利润损失保险承保由于火灾和自然灾害或意外事故,被保险人在保险财产从受损到恢复至营业前状况一段时期内,因停产、停业或营业受到影响所造成的利润损失和受灾的营业中断期间所需开支的必要费用。

(4) 货物运输保险

货物运输保险是指保险人承保货物运输过程中因自然灾害和意外事故引起的财产损失的财产保险。险种主要有国内货物运输保险、国内航空运输保险、涉外(海、陆、空)货物运输保险、邮包保险、各种附加险和特约保险。

(5) 运输工具保险

运输工具保险是指保险人承保运输工具因遭受自然灾害和意外事故造成运输工具本身的损失和第三者责任的财产保险。险种主要有汽车、机动车辆保险、船舶保险、飞机保险、其他运输工具保险。

(6) 农业保险

农业保险是指保险人承保种植业、养殖业、饲养业、捕捞业在生产过程中因自然灾害或意外事故而造成的损失的财产保险。

(7) 工程保险

工程保险是指保险人承保中外合资企业、引进技术项目及与外贸有关的各专业工程的综合性危险所致损失,以及国内建筑和安装工程项目的财产保险险种主要有建筑工程一切险、安装工程一切险、机器损害保险、国内建筑、安装工程保险、船舶建造险以及保险公司承保的其他工业险。

2. 责任保险

责任保险是指保险人承保被保险人的民事损害赔偿责任的险种,主要有公众责任保险、第三者责任险、产品责任保险、雇主责任保险、职业责任保险等。

3. 信用保险

信用保险是指权利人向保险人投保债务人的信用风险的财产保险,分为商业信用保险、出口信用保险和投资保险三种。

4. 保证保险

保证保险是指在约定的保险事故发生时,被保险人须在约定的条件和程序成熟时方能获得赔偿的一种保险方式,其主体包括投保人、被保险人和保险人。保证保险主要有合同保证保险、忠实保证保险和商业信用保证保险。被保证人根据权利人的要求投保自己信用的保险是保证保险;权利人要求被保证人信用的保险是信用保险。

单元 7.2 财产损失保险

7.2.1 企业财产保险

1. 企业财产保险的承保范围

企业财产保险按是否可保的标准可以分为三类,即可保财产、特约可保财产和不保财产。

(1) 可保财产

可保财产按企业财产项目类别划分,包括房屋、建筑物及附属装修设备,机器及设备,工具、仪器及生产用具,交通运输工具及设备,管理用具及低值易耗品,原材料、半成品、在产品、产成品或库存商品、特种储备商品、建造中的房屋、建筑物和建筑材料,账外或已摊销的财产,代保管财产等。

(2) 特约可保财产

特约可保财产(以下简称特保财产)是指经保险双方特别约定后,在保险单中载明的保险财产。特保财产又分为不提高费率的特保财产和需要提高费率的特保财产。不提高费率的特保财产是指市场价格变化较大或无固定价格的财产,如金银、珠宝、玉器、首饰、古玩、古画、邮票、艺术品、稀有金属和其他珍贵财物,堤堰、水闸、铁路、涵洞、桥梁、码头等。需提高费率或需附贴保险特约条款的财产一般包括矿井、矿坑的地下建筑物、设备和矿下物资等。

(3) 不保财产

不保财产包括土地、矿藏、矿井、矿坑、森林、水产资源以及未经收割或收割后尚未入库的农作物,货币、票证、有价证券、文件、账册、图表、技术资料以及无法鉴定价值的财产,违章建筑、危险建筑、非法占用的财产,在运输过程中的物资等。

2. 企业财产保险的保险责任与责任免除

企业财产保险主要有财产基本险和综合险两大类,以及若干附加险,主要承保那些可用会计科目来反映,又可用企业财产项目类别来反映的财产,如固定资产、流动资产、账外资产、房屋、建筑物、机器设备、材料和商品物资等。财产基本险和综合险的主要区别在于综合险的保险责任比基本险的范围要广一些。

(1) 基本险的保险责任

① 因火灾、爆炸、雷击、飞行物体及其他空中运行物体坠落所致的损失。

② 被保险人拥有财产所有权的自用供电、供水、供气设备因保险事故遭受损坏,引起停电、停水、停气以致造成保险标的的直接损失。

③ 在发生保险事故时,为了抢救保险标的或防止灾害蔓延,采取合理必要的措施而造成保险财产的损失。

④ 在发生保险事故时,为了抢救、减少保险财产的损失,被保险人对保险财产采取施救、保护措施而支出的必要、合理费用。

(2) 基本险的责任免除项目

① 因战争、敌对行动、武装冲突、罢工、暴动等风险所致的损失,这类风险的破坏范围和损失程度难以估计,并且往往带有人为的因素,因此,保险人一般无法承担。

② 被保险人及其代表的故意或纵然行为所致的损失。

③ 核反应、核辐射和放射性污染。

④ 下列原因造成的损失:地震、洪水、暴雨、暴风、雹灾、冰凌、泥石流、崖崩、滑坡、水暖管爆裂、抢劫、盗窃。

⑤ 保险标的遭受保险事故引起的各种间接损失。间接损失包括停工、停业期间支出的工资、费用、利润损失等,比如,商店停业期间的销售收入和管理费用。

⑥ 保险标的本身的缺陷,保管不善导致的损毁,保险标的的变质、霉烂、受潮、虫咬、自然磨损、自然毁损、自燃、烘烤所造成的损失。

⑦ 由于行政行为或执法行为所致的损失,比如政府对保险标的的没收、征用等。

(3) 综合险的保险责任

① 因火灾、爆炸、雷击、暴雨、洪水、台风、暴风、龙卷风、雪灾、雹灾、冰凌、泥石流、崖崩、突发性滑坡、地面下陷下沉造成的损失。

② 飞行物体及其他空中运行物体坠落造成的损失。

③ 被保险人拥有财产所有权的自用供电、供水、供气设备因保险事故遭受损坏,引起停电、停水、停气以致造成保险标的的直接损失。

④ 在发生保险事故时,为了抢救财产或防止灾害蔓延,采取合理必要的措施而造成保险财产的损失。

⑤ 在发生保险事故时,为了抢救、减少保险财产损失,被保险人对保险财产采取施救、保护措施而支出的必要、合理费用。

(4) 综合险的责任免除项目

① 地震造成的一切损失。

② 堆放在露天或罩棚下的保险标的,以及罩棚本身由于暴风、暴雨造成的损失。这类财产在没有必要的防护措施时,比较容易遭受暴风、暴雨的损害而引发的损失。对于这类损失,除非被保险人和保险人有特别的约定,否则保险人不予负责。

3. 企业财产保险保险金额的确定

(1) 固定资产保险金额的确定方法

固定资产保险金额的确定方法主要有三种:按账面原值确定保险金额;按账面原值加成数确定保险金额;按重置重建价值确定保险金额。

(2) 流动资产保险金额的确定方法

流动资产保险金额的确定方法有两种:按最近账面余额确定保险金额;按最近 1 年账面平均余额确定保险金额。专项资产可以按照最近账面余额确定保险金额,也可以按计划数确定保险金额。代保管财产由于保管人对其负有经济安全责任,可以投保。如有代保管账登记的财产,可以根据账面反映的价值来确定保险金额;如有账上不反映的财产,可由投保人估价投保。

(3) 账外财产和代管财产保险金额的确定方法

账外财产和代管财产的保险价值通常按出险时的重置价值或账面余额确定,保险金额一般可以由被保险人自行估价或按照重置价值确定。在企业财产保险经营中,保险人必须对同类财产在总的平均费率基础上,按照被保险财产的种类,分别制定级差费率。一般而言,影响企业财产保险级差费率的主要因素有房屋的建筑结构、占用性质、危险种类、安全设施、防火设备等。企业财产保险的现行费率就是在考虑上述因素的条件下制定的,并分为基本保险费率和附加险费率两部分。基本保险费率又分为工业险、仓储险和普通险三类,每类均按占用性质来确定不同的级差费率。附加险费率一般由各地根据调查资料统计的损失率进行厘定。此外,还有企业财产保险的短期费率,适用于保险期不满 1 年的业务。对统保单位或防灾设施良好的投保人,保险人还可以采用优惠费率。

4. 财产保险的赔偿

(1) 固定资产的赔款计算

固定资产可以按照账面原值投保,也可以由被保险人与保险公司协商按账面原值加成数投保,还可以按重置重建价值投保。

上述保险财产发生保险责任范围内的损失,按以下方式计算赔偿金额。

① 全部损失。按保险金额赔偿,如果受损财产的保险金额高于重置重建价值时,其赔偿金额以不超过重置重建价值为限。

② 部分损失。按账面原值投保的财产,如果受损财产的保险金额低于重置重建价值,应根据保险金额按财产损失程度或修复费用与重置重建价值的比例计算赔偿金额;如果受损保险财产的保险金额相当于或高于重置重建价值,则按实际损失计算赔偿金额。按账面原值加成数或按重置重建价值投保的财产,按实际损失来计算赔偿金额。

以上固定资产赔款应根据明细账、卡分项计算,其中每项固定资产的最高赔偿金额分别不得超过其投保时确定的保险金额。

(2) 流动资产的赔款计算

流动资产可以按最近12个月的平均账面余额投保,也可以按最近账面余额进行投保。

上述保险财产发生保险责任范围内的损失,按以下方式计算赔偿金额。

① 按最近12个月的平均账面余额投保的财产发生全部损失,按出险当时的账面余额计算赔偿金额;发生部分损失,按实际损失计算赔偿金额。

以上流动资产选择部分科目投保的,其最高赔偿金额分别不得超过出险时该项科目的账面余额。

② 按最近账面余额投保的财产发生全部损失,按保险金额赔偿。如果受损财产的实际损失金额低于保险金额,以不超过实际损失为限;发生部分损失,在保险金额额度内按实际损失计算赔偿金额,如果受损财产的保险金额低于出险当时的账面余额时,应当按比例计算赔偿金额。

(3) 保险财产损失发生后的施救、保护、整理费用支出的计算

保险事故发生后,为了减少保险财产损失,被保险人对保险财产采取施救、保护、整理措施而支出合理费用时,保险公司按以下方式计算赔偿金额。

① 在足额保险或超额保险情况下,固定资产按账面原值加成数或按重置重建价值投保的,流动资产按最近12个月的平均账面余额投保的,已经摊销或不列入账面的财产经被保险人与本公司协商按实际价值投保的,根据被保险人实际支出的费用计算赔偿金额。

② 在不足额保险情况下,根据保险金额与重置重建价值或出险当时的账面余额的比例计算赔偿金额。

以上费用的最高赔偿金额,以不超过保险金额为限。

(4) 保险财产损失发生后残值的处理

保险财产遭受损失以后的残余部分,应当充分利用,协议作价折归被保险人,并且在保险人计算赔款中扣除,必要时,也可由保险公司处理。如果残值归被保险人,保险人必须在计算赔款时予以扣除;如果残值由保险人回收处理,则保险人不应该在计算赔款时扣减残值。

7.2.2 家庭财产保险

1. 家庭财产保险的分类

① 家庭财产保险按照险种是否独立,可分为基本险和附加险。其中,基本险又分为综合险与专项险。基本险承保家庭财产火灾保险责任范围;附加险一般为附加盗窃险。

② 家庭财产保险按照保险标的,可分为室内财产保险和房屋保险。

③ 家庭财产保险按照保险费的支付方式,可分为普通家庭财产保险、储蓄式家庭财产保险和投资理财型家庭财产保险。普通家庭财产保险的投保人所交付的保险费直接作为保险人的保险费收入来源,只要投保人不退保,保险标的又未发生保险事故,保险费就

不退还给投保人;储蓄式家庭财产保险的投保人向保险公司交付保险储金,保险储金的利息作为保险公司的保险费收入来源,在保险期间,无论被保险人在保险期间有无获得赔偿,保险公司都要将原收取的保险储金全部如数退还给被保险人;投资理财家庭财产保险是一种新型的保险品种,是人寿保险中投资理财思想在财产保险中的创新,其特点是投保人除了获得保险保障以外,还能获得投资收益。

2. 普通家庭财产保险的承保范围

(1) 可保财产

① 自有居住房屋;
② 室内装修、装饰及附属设施;
③ 室内家庭财产。

(2) 特保财产

① 农村家庭存放在院内的非动力农机具、农用工具和已收获的农副产品;
② 个体劳动者存放在室内的营业器具、工具、原材料和商品;
③ 代他人保管的财产或与他人共有的财产;
④ 须与保险人特别约定才能投保的财产。

(3) 不保财产

① 金银、珠宝、首饰、古玩、货币、古书、字画等珍贵财物(价值太大或无固定价值);
② 货币、储蓄存折、有价证券、票证、文件、账册、图表、技术资料等(不是实际物资);
③ 违章建筑、危险房屋,以及其他处于危险状态的财产;
④ 摩托车、拖拉机或汽车等机动车辆,手机等无线通信设备和家禽、家畜(其他财产保险范围);
⑤ 食品、烟酒、药品、化妆品,以及花、鸟、鱼、虫、树、盆景等(无法鉴定价值)。

3. 普通家庭财产保险的保险责任

① 火灾、爆炸;
② 雷击、冰雹、雪灾、洪水、崖崩、龙卷风、冰凌、泥石流和自然灾害引起地陷或下沉;
③ 空中运行物体坠落、外界物体倒塌;
④ 暴风或暴雨使房屋主要结构(外墙、屋顶、屋架)倒塌;
⑤ 存放于室内的保险财产,因遭受外来的、有明显痕迹的盗窃、抢劫;
⑥ 施救所致的损失和费用。

4. 普通家庭财产保险的除外责任

保险财产由于下列原因造成的损失,普通家庭财产保险不负赔偿责任。

① 地震、海啸;
② 战争、军事行动、暴动、罢工、没收、征用;
③ 核反应、核辐射或放射性污染;
④ 被保险人或其家庭成员的故意行为或重大过失;

⑤ 保险财产本身缺陷、保管不善、变质、霉烂、受潮、虫咬、自然磨损;

⑥ 家用电器因使用过度或超电压、碰线、漏电、自身发热等原因所造成的自身损毁;

⑦ 堆放于阳台或露天的财产,或用芦席、稻草、油毛毡、麦秆、芦苇、竹竿、帆布等材料为外墙、棚顶的简陋罩棚下的财产及罩棚,由于暴风、暴雨、盗窃或抢劫所造成的损失;

⑧ 未按要求施工导致建筑物地基下陷下沉,建筑物出现裂缝、倒塌的损失;

⑨ 被保险人的家属或雇佣人员或同住人或寄宿人盗窃或纵容他人盗窃保险财产而造成的损失;

⑩ 保险财产在存放处所无人居住或无人看管超过7天的情况下遭受的盗窃损失;

⑪ 因门、窗未关致使保险财产遭受的盗窃损失。

5. 普通家庭财产保险的保险金额及赔偿处理

普通家庭财产保险的保险金额由被保险人根据保险财产的实际价值确定,并且按照保险单上规定的保险财产项目分别列明。普通家庭财产保险保险费依照保险人规定的家庭财产保险费率计算。被保险人应当在起保当天一次交清保险费。

普通家庭财产保险的赔偿应遵循以下几点原则。

① 被保险人索赔时,应当向保险公司提供保险单、损失清单和其他必要的单证。

② 保险财产遭受保险责任范围内的损失时,保险公司按照出险当时保险财产的实际价值计算赔偿,但最高不超过保险单分项列明的保险金额。

③ 保险财产遭受部分损失经保险公司赔偿后,保险合同继续有效,但其保险金额相应减少。减少金额由保险公司出具批单批注。

④ 发生保险责任范围内的损失后,应由第三者赔偿的,被保险人可以向保险公司或第三者索赔。被保险人如向保险公司索赔,应自收到赔款之日起,向保险公司转移向第三者代位索赔的权利。在保险公司行使代位索赔权利时,被保险人应积极协助,并向保险公司提供必要的文件及相关情况。

⑤ 保险事故发生时,如另有其他保险对同一保险财产承保同一责任,无论该保险是否由被保险人或他人投保,保险公司仅按比例负责赔偿。

⑥ 被保险人的索赔期限,自其知道保险事故发生之日起,不得超过2年。

7.2.3 海洋货物运输保险

在国际货物买卖业务中,海上保险是一个不可缺少的条件和环节。其中,业务量最大、涉及面最广的海上保险是海洋运输货物保险。海洋运输货物保险主要承保因自然灾害和意外事故以及外来原因所造成的货物的灭失与损坏。海洋运输货物保险条款所承保的险别,分为基本险和附加险。基本险包括平安险、水渍险和一切险三种,附加险有一般附加险、特别附加险和特殊附加险。

1. 基本险

(1) 平安险

平安险承保责任包括:① 被保货物在运输过程中,由于自然灾害造成整批货物的全部损失或推定全损。被保货物用驳船运往或远离海轮的,每一驳船所装货物可视为一整批。②由于运输工具遭受意外事故造成货物全部或部分损失。③在运输工具已经发生意外事故下,货物在此前后又在海上遭受自然灾害落海造成的全部或部分损失。④在装卸或转运时,由于一件或数件货物落海造成的全部或部分损失。⑤被保人对遭受承保范围内的货物采取抢救、防止或减少货损的措施而支付的合理费用,但以不超过该批被救货物的保险金额为限。⑥运输工具遭难后,在避难港由于卸货所引起的损失以及在中途港、避难港由于卸货、存仓以及运送货物所产生的特别费用。⑦共同海员的牺牲、分摊和救助费用。⑧运输合同订有"船舶互撞责任条款",根据该条款规定应由货方偿还船方的损失。

（2）水渍险

水渍险除承保平安险的各项责任外,还负责被保货物由于恶劣气候、雷电、海啸、地震、洪水等自然灾害造成的部分损失。

（3）一切险

一切险除承保平安险和水渍险的各项责任外,还负责被保货物在运输途中由于一般外来原因所造成的全部或部分损失。

2. 附加险

（1）一般附加险

一般附加险承保一般外来原因造成的货物损失,我国海上货物运输承保的一般附加险共有11种:偷窃、提货不着险,淡水雨淋险,短量险,渗漏险,混杂、玷污险,碰损、破碎险,串味险,受潮受热险,钩损险,包装破裂险,锈损险。一般附加险包括在一切险的责任范围内,如果投保一切险,则这11种一般附加险别就都包括在内。

（2）特别附加险

特别附加险与一般附加险的区别在于:它不包括在一切险责任范围之内;导致货物损失的原因往往同政治、国家行政管理以及一些特殊风险相关联。我国现行的特别附加险有6种:交货不到、进口关税险、舱面险、拒收险、黄曲霉素险、出口货物到香港（包括九龙在内）或澳门存仓火险责任扩展条款。

（3）特殊附加险

特殊附加险包括海运战争险和罢工险两种。

3. 海洋货物运输保险的除外责任

中国人民保险公司《海洋运输货物保险条款》中对海运基本险别的除外责任有以下五项:①被保险人的故意行为或过失所造成的损失;②属于发货人责任所造成的损失;③在保险责任开始前,被保险货物已存在的品质不良或数量短差所造成的损失;④被保险货物的自然损耗、本质缺陷、特性以及市场跌落、运输延迟所引起的损失和费用;⑤本公司海洋运输货物战争险条款和货物运输罢工险条款规定的责任范围和除外责任。空运、陆运、邮运保险的除外责任与海运基本险别的险外责任基本相同。

7.2.4 机动车辆保险

1. 机动车辆保险的定义

机动车辆保险是以机动车辆本身及其第三者责任等为保险标的的一种运输工具保险。其保险客户主要是拥有各种机动交通工具的法人团体和个人；其保险标的主要是各种类型的汽车，但也包括电车、电瓶车等专用车辆及摩托车等。机动车辆是指汽车、电车、电瓶车、摩托车、拖拉机、各种专用机械车、特种车。

机动车辆保险一般分为基本险和附加险两大类。其中，基本险主要是指车辆损失险、第三者责任险和交通事故责任强制险，保险人按照其承保险别分别承担保险责任。在投保基本险的前提下，客户还可以选择投保各种附加险。附加险是机动车辆保险的重要组成部分。从中国现行的机动车辆保险条款看，附加险主要有盗窃险、自燃损失险、新增加设备损失险、不计免赔特约险、驾驶员意外伤害险、乘客意外责任保险等，保险客户可根据自己的需要选择加保。

下面重点介绍基本险中的车辆损失险、第三者责任险和交通事故责任强制险。

2. 车辆损失险

在机动车辆保险中，车辆损失险与第三者责任保险构成了其主干险种，并在若干附加险的配合下，共同为保险客户提供多方面的危险保障服务。车辆损失险的保险标的是各种机动车辆的车身及其零部件和设备等。

（1）适用范围

在我国境内(不含港、澳、台地区)行驶的党政机关、企事业单位、社会团体、使领馆等机构从事公务或在生产经营活动中不以直接或间接方式收取运费或租金的自用汽车，包括客车、货车、客货两用车。

（2）保险责任

车辆损失保险的保险责任包括碰撞责任与非碰撞责任。其中，碰撞是指被保险车辆与外界物体的意外接触，如车辆与车辆、车辆与建筑物、车辆与电线杆或树木、车辆与行人、车辆与动物等碰撞，均属于碰撞责任范围之列。非碰撞责任则可以分为以下几类：①保险单上列明的各种自然灾害，如洪水、暴风、雷击、泥石流等；②保险单上列明的各种意外事故，如火灾、爆炸、空中运行物体的坠落等；③其他意外事故，如倾覆、冰陷、载运被保险车辆的渡船发生意外等。

（3）责任免除

在下列情况下，无论何种原因造成被保险机动车损失，保险人均不负责任。

① 地震。
② 战争、军事冲突、恐怖活动、暴乱、扣押、罚没、查封、政府征用。
③ 核反应、核污染、核辐射。
④ 受害人与被保险人或驾驶人恶意串通。
⑤ 竞赛、测试，在营业性维修、养护场所修理、养护期间。

⑥ 被保险人、驾驶人或受害人故意导致事故发生。

⑦ 利用被保险机动车从事违法活动。

⑧ 驾驶人饮酒、吸食或注射毒品、被药物麻醉后使用被保险机动车。

⑨ 事故发生后,被保险人或其允许的驾驶人在未依法采取措施的情况下驾驶被保险机动车或遗弃被保险机动车逃离事故现场,或故意破坏、伪造现场、毁灭证据。

⑩ 非被保险人允许的驾驶人使用被保险机动车。

⑪ 被保险机动车转让他人,未向保险人办理批改手续。

⑫ 除另有约定外,发生保险事故时被保险机动车无公安机关交通管理部门核发的行驶证和号牌,或未按规定检验或检验不合格。

⑬ 驾驶人员有下列情形之一者:无驾驶证或驾驶车辆与驾驶证准驾车型不相符;公安交通管理部门规定的其他属于无有效驾驶证的情况下驾车;使用各种专用机械车、特种车的人员无国家有关部门核发的有效操作证,驾驶营业性客车的驾驶人员无国家有关部门核发的有效资格证书。

⑭ 保险车辆的下列损失和费用,保险人不负责赔偿:自然磨损、朽蚀、故障、轮胎单独损坏;玻璃单独破碎、无明显碰撞痕迹的车身划痕;人工直接供油、高温烘烤造成的损失;自燃以及不明原因引起火灾造成的损失,自燃是指因本车电器、线路、供油系统发生故障或所载货物自身原因起火燃烧;遭受保险责任范围内的损失后,未经必要修理继续使用,致使损失扩大的部分;因污染(含放射性污染)造成的损失;因市场价格变动造成的贬值、修理后因价值降低造成的损失;车辆标准配置以外,未投保的新增设备的损失;在淹及排气筒或进气管的水中启动,或被水淹后未经必要处理而启动车辆,致使发动机损坏;保险车辆所载货物坠落、倒塌、撞击、泄漏造成的损失;摩托车停放期间因翻倒造成的损失;被盗窃、抢劫、抢夺,以及因被盗窃、抢劫、抢夺受到损坏或车上零部件、附属设备丢失;被保险人或驾驶人员的故意行为造成的损失。

(4) 保险金额

车辆损失险的保险金额由投保人和保险人从下列三种方式中选择确定。

① 按投保时被保险车辆的新车购置价确定。新车购置价是指在保险合同签订地购置与被保险车辆同类型新车的价格(含车辆购置税)。无同类型新车市场销售价格的,由投保人与保险人协商确定。

② 按投保时被保险车辆的实际价值确定。实际价值根据投保时的新车购置价减去折旧金额后的价格确定。折旧按月计算,不足一个月的部分不计折旧;最高折旧金额不超过投保时被保险车辆新车购置价的80%。折旧金额的计算公式为

折旧金额=投保时的新车购置价×被保险机动车已使用月数×月折旧率

③ 在投保时被保险车辆的新车购置价内协商确定。对投保车辆标准配置以外的新增设备,应在保险合同中列明设备名称与价格清单,并按设备的实际价值相应增加保险金额。新增设备随被保险车辆一并折旧。

(5) 赔偿处理

车辆损失险为不定值保险合同,即双方当事人在订立合同时不预先确定保险标的的保险价值,而是按照保险事故发生时保险标的的实际价值确定保险价值。车辆损失险的

保险人根据保险价值和确定保险金额的不同方式,损失程度以及被保险车辆驾驶人员在事故中所负责比例等因素,承担相应的赔偿责任。

① 按投保时被保险机动车辆的新车购置价确定保险金额的,当发生全部损失时,在保险金额内计算赔偿,保险金额高于保险事故发生时被保险机动车辆的实际价值的,按保险事故发生时被保险机动车辆的实际价值赔偿;当发生部分损失时,按核定修理费用计算赔偿,但不得超过保险事故发生时被保险机动车辆的实际价值。

② 按投保时被保险机动车辆的实际价值确定保险金额或协商确定保险金额的,当发生全部损失时,保险金额高于保险事故发生时被保险机动车辆实际价值的,以保险事故发生时被保险机动车辆的实际价值计算赔偿,保险金额等于或低于保险事故发生时被保险机动车辆实际价值的,按保险金额计算赔偿;当发生部分损失时,按保险金额与投保时被保险机动车辆的新车购置价的比例计算赔偿,但不得超过保险事故发生时被保险机动车辆的实际价值。

③ 施救费用的赔偿方式同上,在被保险机动车辆损失赔偿金额以外另行计算,最高不超过保险金额的数额。被施救的财产中,含有车辆损失险未承保财产的,按保险车辆与被施救财产价值的比例分摊施救费用。

④ 被保险机动车辆遭受损失后的残余部分由保险人或被保险人协商处理。

⑤ 根据被保险车辆驾驶人员在事故中所负责任,保险人在依据条款约定计算赔款的基础上,按下列免赔率免赔:负次要责任事故的免赔率为 5%,负同等事故责任的免赔率为 8%,负主要事故责任的免赔率为 10%,负全部事故责任的免赔率为 15%;被保险机动车的损失应当由第三方负责赔偿的,无法找到第三方时,免赔率为 30%;被保险人根据有关法律法规规定选择自行协商方式处理交通事故,不能证明事故原因的,免赔率为 20%;投保时约定过被保险车辆的行驶区域的,保险事故发生在约定行驶区域以外的,增加免赔率 10%。

⑥ 被保险机动车辆重复保险的,保险人按照本保险合同的保险金额与各保险合同金额的总和的比例来承担赔偿责任。

(6) 保险费及其调整

保险人按照保险监管部门批准的机动车保险费费率方案计算保险费。保险费调整的比例和方式以保险监管部门批准的机动车保险费率方案的规定为准。机动车辆损失保险及其附加险根据上一保险期间发生保险赔偿的次数,在续保时实行保险费浮动。

3. 第三者责任险(商业三者险)

(1) 第三者责任险的定义

在保险合同中,保险人是第一方,也叫第一者;被保险人或使用保险车辆的致害人是第二方,也叫第二者;除保险人与被保险人之外的,因保险车辆的意外事故致使保险车辆下的人员遭受人身伤亡或财产损失,在车下的受害人是第三方,也叫第三者。同一被保险人的车辆之间发生意外事故,相对方均不构成第三者。

第三者责任险简称三责险,是指被保险人或其允许的驾驶人员在使用保险车辆过程中发生意外事故,致使第三者遭受人身伤亡或财产直接损毁,依法应当由被保险人承担的经济责任,保险公司负责赔偿的保险。

机动车辆第三者责任险的保险责任,即被保险人或其允许的合格驾驶员在使用被保险车辆过程中发生意外事故而致使第三者人身或财产受到直接损毁时,被保险人依法应当支付的赔偿金额。关于第三者责任险的责任核定,应当注意以下两点。

① 直接损毁实际上是指现场财产损失和人身伤害,各种间接损失不在保险人负责的范围内。

② 对于被保险人依法应当支付的赔偿金额,保险人依照保险合同的规定进行补偿。被保险人的补偿金额并不一定等于保险人的赔偿金额,因为保险人的赔偿必须扣除除外不保的责任或除外不保的损失。例如,被保险人所有或代管的财产,私有车辆的被保险人及其家庭成员以及他们所有或代管的财产,本车的驾驶人员及本车上的一切人员和财产在交通事故中的损失,不在第三者责任险的负责赔偿之列;被保险人的故意行为,驾驶员酒后或无有效驾驶证开车等行为导致的第三者责任损失,保险人也不负责赔偿。

(2) 适用范围

第三者责任险适用的机动车辆是在中华人民共和国境内(不含港、澳、台地区)行驶,以动力驱动或者牵引,上道路行驶的供人员乘用或者用于运送物品以及进行专项作业的轮式车辆(含挂车)、履带式车辆和其他运载工具。

(3) 保险责任

① 被保险人或其允许的驾驶人员在使用保险车辆过程中发生意外事故,致使第三者遭受人身伤亡或财产直接损毁,依法应当由被保险人承担的经济赔偿责任,保险人负责赔偿。

② 经保险人事先书面同意,被保险人因《机动车第三者责任保险条款》第四条所列原因给第三者造成损害而被提起仲裁或者诉讼的,对应由被保险人支付的仲裁或者诉讼费用以及其他费用,保险人负责赔偿;赔偿的数额在保险单载明的责任限额以外另行计算,最高不超过责任限额的30%。

(4) 责任免除

被保险机动车造成下列人身伤亡或财产损失,不论在法律上是否应当由被保险人承担赔偿责任,保险人均不负责赔偿。

① 被保险人及其家庭成员的人身伤亡、所有或代管的财产的损失。

② 本车驾驶人员及其家庭成员的人身伤亡、所有或代管的财产的损失。

③ 本车上其他人员的人身伤亡或财产损失。

下列情况下,不论任何原因造成的对第三者的经济赔偿责任,保险人均不负责赔偿。

① 地震、战争、军事冲突、恐怖活动、暴乱、扣押、罚没、政府征用。

② 竞赛、测试,在营业性维修场所修理、养护期间。

③ 利用保险车辆从事违法活动。

④ 驾驶人员饮酒、吸食或注射毒品、被药物麻醉后使用保险车辆。

⑤ 保险车辆肇事逃逸。

⑥ 驾驶人员有下列情形之一者:无驾驶证或驾驶车辆与驾驶证准驾车型不相符;公安交通管理部门规定的其他属于无有效驾驶证的情况下驾车;使用各种专用机械车、特种车的人员无国家有关部门核发的有效操作证,驾驶营业性客车的驾驶人员无国家有关部门核发的有效资格证书。

⑦ 非被保险人允许的驾驶人员使用保险车辆；
⑧ 保险车辆不具备有效行驶证件；
⑨ 保险车辆拖带未投保第三者责任保险的车辆（含挂车）或被未投保第三者责任保险的其他车辆拖带。

下列损失和费用，保险人不负责赔偿。
① 保险车辆发生意外事故，致使第三者停业、停驶、停电、停水、停气、停产、通信中断的损失以及其他各种间接损失。
② 精神损害赔偿。
③ 因污染（含放射性污染）造成的损失。
④ 第三者财产因市场价格变动造成的贬值、修理后因价值降低引起的损失。
⑤ 保险车辆被盗窃、抢劫、抢夺造成第三者人身伤亡或财产损失。
⑥ 因被保险人或驾驶人员的故意行为造成的损失。

（5）责任限额

每次事故的责任限额，由投保人和保险人在签订保险合同时按5万元、10万元、20万元、50万元、100万元、100万元以上不超过1 000万元的档次协商确定。主车与挂车连接时发生保险事故，保险人在主车的责任限额内承担赔偿责任。

（6）赔偿处理

被保险人索赔时，应当向保险人提供与确认保险事故的性质、原因、损失程度等有关的证明和资料。因保险事故损坏的第三者财产，应当尽量修复。修理前，被保险人应当会同保险人检验，协商确定修理项目、方式和费用。否则，保险人有权重新核定或拒绝赔偿。保险事故发生后，保险人按照国家有关法律、法规规定的赔偿范围、项目和标准以及保险合同的约定，在保险单载明的责任限额内核定赔偿金额。未经保险人书面同意，被保险人自行承诺或支付的赔偿金额，保险人有权重新核定。不属于保险人赔偿范围或超出保险人应赔偿金额的，保险人不承担赔偿责任。保险人受理报案、现场查勘、参与诉讼、进行抗辩、向被保险人提供专业建议等行为，均不构成保险人对赔偿责任的承诺。

保险人支付赔款后，对被保险人追加的索赔请求，保险人不承担赔偿责任。被保险人获得赔偿后，保险合同继续有效，直至保险期满。

4. 机动车交通事故责任强制险（交强险）

（1）机动车交通事故责任强制险的定义

机动车交通事故责任强制险简称交强险，是由保险公司对被保险机动车发生道路交通事故造成受害人（不包括本车人员和被保险人）的人身伤亡、财产损失，在责任限额内予以赔偿的强制性责任保险。

交强险是因我国《道路交通安全法》的实行而推出的针对机动车的车辆险种，于2006年7月1日正式施行，根据配套措施的最终确立，于2007年7月1日正式推行。根据《机动车交通事故责任强制保险条》（简称《交强险条例》）的规定，在中华人民共和国境内道路上行驶的机动车的所有人或者管理人都应当投保交强险，机动车所有人、管理人未按照规定投保交强险的，公安机关交通管理部门有权扣留机动车，通知机动车所有人、管理人依照规定投保,并处应交纳的保险费的2倍罚款。

实行交强险制度是通过国家法规强制机动车所有人或管理人购买相应的责任保险,以提高第三者责任险的投保面,在最大限度上为交通事故受害人提供及时和基本的保障。交强险负有更多的社会管理职能。建立机动车交通事故责任强制保险制度,不仅有利于道路交通事故受害人获得及时有效的经济保障和医疗救治,而且有助于减轻交通事故肇事方的经济负担。

(2) 交强险与第三者责任险的区别

交强险与消费者熟悉的机动车第三者责任险在保险种类上同属于一个险种,都是保障道路交通事故中第三方受害人获得及时有效赔偿的险种。但交强险是法定强制性保险,而第三者责任险是商业性的保险。两者存在以下差别。

① 赔偿原则不同。在第三者责任险中,保险公司根据投保人或被保险人在交通事故中应负的责任来确定赔偿责任。而交强险采用"无过错责任原则",即无论被保险人是否在交通事故中负有责任,保险公司均将在20万元责任限额范围内予以赔偿。

② 保障范围不同。除了《交强险条例》规定的个别事项外,交强险的赔偿范围几乎涵盖了所有道路交通责任风险,且不设免赔率、免赔额。而在第三者责任险中,保险公司不同程度地都规定有免赔额、免赔率或责任免除事项。交强险的保障范围远远大于第三者责任险。

③ 是否具有强制性。根据《交强险条例》的规定,机动车的所有人或管理人都应当投保交强险,同时,保险公司不能拒绝承保、不得拖延承保和不得随意解除合同。而第三者责任险属于自愿购买。

④ 是否以盈利为目的。交强险实行全国统一的保险条款和基础费率,交强险业务总体上奉行"不盈利不亏损"的经营原则。第三者责任险以盈利为目的,属于商业保险业务。

⑤ 责任限额规定不同。第三者责任险的条款费率本身存在差异,并设有5万元、10万元、20万元至100万元以上等不同档次的责任限额。交强险的责任限额全国统一为20万元,并在全国范围执行统一保险条款和费率。

(3) 交强险的保险责任

在中华人民共和国境内(不含港、澳、台地区),被保险人在使用被保险机动车过程中发生交通事故,致使受害人遭受人身伤亡或者财产损失,依法应当由被保险人承担的损害赔偿责任,保险人按照交强险合同的约定对每次事故在赔偿限额内负责赔偿。

(4) 交强险的责任免除

下列损失和费用,交强险不负责赔偿和垫付。

① 因受害人故意造成的交通事故的损失;

② 被保险人所有的财产及被保险机动车上的财产遭受的损失;

③ 被保险机动车发生交通事故,致使受害人停业、停驶、停电、停水、停气、停产、通信或者网络中断、数据丢失、电压变化等造成的损失以及受害人财产因市场价格变动造成的贬值、修理后因价值降低造成的损失等其他各种间接损失;

④ 因交通事故产生的仲裁或者诉讼费用以及其他相关费用。

(5) 交强险的责任限额

交强险合同中的责任限额是指被保险机动车发生交通事故,保险人对每次保险事故所有受害人的人身伤亡和财产损失所承担的最高赔偿金额。责任限额分为死亡伤残赔偿限额、医疗费用赔偿限额、财产损失赔偿限额以及被保险人在道路交通事故中无责任的赔偿限额。其中,无责任的赔偿限额分为无责任死亡伤残赔偿限额、无责任医疗费用赔偿限额以及无责任财产损失赔偿限额。

交强险的责任限额:死亡伤残赔偿限额为 180 000 元;医疗费用赔偿限额为 18 000 元;财产损失赔偿限额为 2 000 元;被保险人无责任时,无责任死亡伤残赔偿限额为 10 000 元;无责任医疗费用赔偿限额为 1 800 元;无责任财产损失赔偿限额为 100 元。

死亡伤残赔偿限额和无责任死亡伤残赔偿限额项下负责赔偿丧葬费、死亡补偿费、受害人亲属办理丧葬事宜支出的交通费用、残疾赔偿金、残疾辅助器具费、护理费、康复费、交通费、被扶养人生活费、住宿费、误工费,被保险人依照法院判决或者调解承担的精神损害抚慰金。医疗费用赔偿限额和无责任医疗费用赔偿限额项下负责赔偿医药费、诊疗费、住院费、住院伙食补助费,必要的、合理的后续治疗费、整容费、营养费。

(6) 交强险的赔偿处理

被保险机动车发生道路交通事故造成本车人员、被保险人以外的受害人人身伤亡、财产损失的,由保险公司依法在机动车交通事故责任强制险责任限额范围内予以赔偿。当机动车辆发生第三者责任事故后,被保险人提出索赔时,应当向保险人提供与确认保险事故的性质、原因、损失程度等有关的证明和资料。

另外,在交强险的赔偿处理中还需要注意以下几个方面:保险人对被保险人自行承诺或支付的赔偿金额有权重新核定;因保险事故损坏的受害人财产需要修理的,被保险人应当在修理前会同保险人检验,协商确定修理或者更换项目、方式和费用,否则,保险人在交强险责任限额内有权重新核定;因抢救受害人需要保险人支付抢救费用的,对于符合规定的抢救费用,保险人在医疗费用赔偿限额内支付,被保险人在交通事故中无责任的,保险人在无责任医疗费用赔偿限额内支付。交强险实行的是连续责任制,所以在第三者责任险赔偿后,保险责任继续有效,直至保险期满。

单元 7.3 责 任 保 险

7.3.1 责任保险概述

1. 责任保险及其特征

责任保险是指以被保险人对第三者依法应负的民事赔偿责任为保险标的的保险。按业务内容,责任保险可分为公众责任保险、产品责任保险、雇主责任保险、职业责任保险和第三者责任保险五类。

责任保险属于广义财产保险的范畴,适用于广义财产的一般经营理论,但又具有鲜明的特征。

（1）健全的法制是责任保险产生与发展的基础

如果说风险是保险产生、存在和发展的基础，那么，民事法律风险就是责任保险产生和发展的基础。责任保险产生与发展的基础，不仅是各种民事法律风险的客观存在和社会生产力的发展，而且是由于人类社会的进步带来的法律制度的不断完善。其中，法制的健全与完善是责任保险产生与发展的最为直接的基础。

（2）保险人代替被保险人赔偿受害人经济损失

尽管责任保险中承保人的赔款是支付给被保险人的，但这种赔款实质上是对被保险人之外的受害方即第三者的补偿。因此，责任保险是直接保障被保险人利益、间接保障受害人利益的一种双重保障机制。

（3）只有赔偿限额而无保险金额

责任保险承保的是各种民事法律风险，没有实体的标的。保险人在承保责任保险时，通常要对每一种责任保险业务规定若干等级的赔偿限额，由被保险人自己选择。被保险人选定的赔偿限额便是保险人承担赔偿责任的最高限额，超过限额的经济赔偿责任只能由被保险人自行承担。

（4）责任保险的承保方式多样

在独立承保方式下，保险人签发专门的责任保险单，它与特定的物没有保险意义上的直接联系，而是完全独立操作的保险业务。在附加承保方式下，保险人签发责任保险单的前提是被保险人参加了一般的财产保险，即一般财产保险是主险，责任保险是没有独立地位的附加险。在组合承保方式下，责任保险的内容既不必签订单独的责任保险合同，也无须签发附加或特约条款，只需要参加该财产保险便使相应的责任风险得到了保险保障。

（5）责任保险赔偿处理中的特征

责任保险的赔案均以被保险人对第三方的损害和依法应承担经济赔偿责任为前提条件，必然要涉及受害的第三者，而一般财产保险或人身保险赔案只是保险双方的事情；责任保险赔案的处理也以法院的判决或执法部门的裁决为依据，从而需要更全面地运用法律制度；因为责任保险是保险人代替致害人承担对受害人的赔偿责任，所以被保险人对各种责任事故处理的态度往往关系到保险人的利益，这使得保险人也具有了参与处理责任事故的权利；责任保险赔款最后并非归被保险人所有，而是实质上付给了受害方。

2. 责任保险的主要内容

（1）责任范围

责任保险的保险责任一般包括两项内容。

① 被保险人依法对因过失或意外事故造成第三者人身伤亡或财产损失应承担的经济赔偿责任。这是责任保险的基本责任，保险人以受害人的损害程度以及保险单上的赔偿限额为依据进行赔偿。

② 因赔偿纠纷引起的由被保险人支付的诉讼、律师费用及其他事先经过保险人同意支付的费用，保险人可在赔偿限额之外支付这项费用。

（2）赔偿限额

赔偿限额作为保险人承担赔偿责任的最高限额，通常有以下几种类型。

① 每次责任事故或同一原因引起的一系列责任事故的赔偿限额,可以分为财产损失赔偿限额和人身伤亡赔偿限额两项。

② 保险期内累计的赔偿限额,可以分为累计的财产损失赔偿限额和累计的人身伤害赔偿限额。

③ 在某些情况下,保险人也将财产损失和人身伤亡两者合成一个限额,或者只规定每次事故和同一原因引起的一系列责任事故的赔偿限额而不规定累计赔偿限额。

在责任保险经营实践中,保险人除通过确定赔偿限额来明确自己的承保责任外,还通常有免赔额的规定,以此达到促使被保险人小心谨慎、防止发生事故和减少小额、零星赔款支出的目的。

(3) 保险费率

责任保险费率是根据各种责任保险的风险大小及损失率的高低来确定的。从总体上看,保险人在制订责任保险费率时,主要考虑的影响因素应当包括:被保险人的业务性质及其产生意外损害赔偿责任可能性的大小;法律制度对损害赔偿的规定;赔偿限额的高低。此外,承担中区域的大小、每笔责任保险业务的量及同类责任保险业务的历史损失资料,也是保险人在制订责任保险费率时必须参照的依据。

7.3.2 产品责任保险

1. 产品责任保险的定义

产品责任保险是指以产品制造者、销售者、维修者等的产品责任为承保风险的一种责任保险。所谓产品责任,是指产品在使用过程中因其缺陷而造成用户、消费者或公众的人身伤亡或财产损失时,依法应当由产品供给方(包括制造者、销售者、修理者等)承担的民事损害赔偿责任。产品的制造者包括产品生产者、加工者、装配者;产品修理者是指被损坏产品或陈旧产品或有缺陷的产品的修理者;产品销售者包括批发商、零售商、出口商、进口商等各种商业机构,如批发站、商店、进出口公司等。此外,承运人如果在运输过程中损坏了产品并因此导致产品责任事故时,也应当承担起相应的产品责任。由此可见,产品责任保险承保的产品责任,是以产品为具体指向物,以产品可能造成的对他人的人身伤害或财产损害为具体承保风险,以制造或能够影响产品责任事故发生的有关各方为被保险人的一种责任保险。

2. 产品责任保险的承保范围

产品责任保险承保两项责任:①在保险有效期内,被保险人生产、销售的产品或商品在承保区域内发生事故,造成用户、消费者或者其他任何人的人身伤害或财产损失,依法应当由被保险人负责时,保险人在保单规定的赔偿限额内予以赔偿;②被保险人为产品责任所支付的诉讼、抗辩费用及其他经由保险人事先同意支付的费用,保险人予以赔偿。

3. 产品责任保险的除外责任

① 被保险人根据合同或协议应承担的责任,但即使没有这种协议,被保险人仍应承

担的责任不在此项。

② 被保险人根据劳工法或雇佣合同对其雇员及有关人员应承担的损害赔偿责任。这种责任应由劳工保险或雇主责任保险承保。

③ 被保险人所有或照管或控制的财产损失。这种损失应由财产保险承保。

④ 产品或商品仍在制造或销售场所，其所有权尚未转移至用户或消费者之前的责任事故损失。这种损失应由公众责任保险承保。

⑤ 被保险人故意违法生产、销售的产品发生的事故责任损失。

⑥ 被保险产品或商品本身的损失及被保险人因收回有缺陷产品造成的费用及损失。这种损失应由产品保证保险承保。

⑦ 被保险产品造成大气、土地、水污染及其他各种污染引起的责任。

⑧ 战争、罢工、核风险引起的产品责任事故造成的损害。

4. 产品责任保险的费率与赔偿

产品责任保险的费率取决于风险，影响产品责任保险费率的因素包括：① 产品的特点和可能对人体或财产造成损害的风险大小；② 产品数量和产品的价格，它与保险费成正相关关系，与保险费率成负相关关系；③ 承保的区域范围；④ 产品制造者的技术水平和质量管理情况；⑤ 赔偿限额的高低。

在产品责任保险的理赔过程中，保险人的责任通常以产品在保险期限内发生事故为基础，而不论产品是否在保险期内生产或销售。赔偿标准以保险双方在签订保险合同时确定的赔偿限额为最高额度，既可以以每次事故赔偿限额为标准，也可以以累计的赔偿限额为标准。在此，生产、销售、分配的同批产品由于同样原因造成多人的人身伤害、疾病、死亡或多人的财产损失，均被视为一次事故造成的损失，并且适用于每次事故的赔偿限额。

7.3.3 雇主责任保险

雇主责任保险是以被保险人（即雇主）的雇员在受雇期间从事业务时因遭受意外导致伤、残、死亡或患有与职业有关的职业性疾病而依法或根据雇佣合同应由被保险人承担的经济赔偿责任为承保风险的一种责任保险。

1. 雇主责任保险的保险责任

雇主责任保险的保险责任是被保险人雇用的人员在保单有效期内，在受雇过程中在保单列明的地点从事保单列明的被保险人的业务活动时，遭受意外而受伤、致残、伤亡或患有与业务有关的职业疾病所致的伤残或伤亡的赔偿责任，包括在责任事故中雇主对雇员依法应负的经济赔偿责任和有关法律费用等，导致这种赔偿的原因主要是各种意外的工伤事故和职业病。

2. 雇主责任保险的除外责任

① 战争、类似战争行为、叛乱、暴动、罢工、核风险等引起雇员的伤残、伤亡或疾病；

② 被保险人的故意行为或重大过失；
③ 被保险人对其承包人的雇员所负的经济赔偿责任；
④ 被保险人的合同项下的责任；
⑤ 由于被保险人自家伤害、自杀、犯罪行为、酗酒及无照驾驶各种机动车辆所致的伤残或死亡；
⑥ 被保险人的雇员因自己的故意行为导致的伤害；
⑦ 被保险人的雇员由于疾病、传染病、分娩、流产以及由此而施行的内、外科手术所致的伤害等。

3. 雇主责任保险的附加责任

雇主责任保险的附加责任有附加医药费保险和附加第三者责任保险。

4. 雇主责任保险的责任期限

雇主责任保险的责任期限一般为一年，以保险双方约定的时间为始终，也有的合同以承包工程期为保险期间。

5. 雇主责任保险的赔偿限额

死亡按保单规定的雇员死亡的赔偿限额赔偿；永久性完全伤残按每一雇员的最高赔偿限额赔付；永久性局部残废按赔偿金额表中规定的百分比赔偿；雇员在工作中受伤，暂时丧失工作能力超过5天，经医生证明，按雇员工资给予赔偿。

6. 雇主责任保险的费率

费率根据被保险人的工资总额、工作地址、职业性质以及被保险人选定的赔偿限额来确定。

7.3.4 职业责任保险

职业责任保险是以各种专业技术人员在从事职业技术工作时因疏忽或过失造成合同对方或他人的人身伤害或财产损失所导致的经济赔偿责任为承保风险的责任保险。职业责任保险所承保的职业责任风险，是从事各种专业技术工作的单位或个人因工作上的失误导致的损害赔偿责任风险。它是职业责任保险存在和发展的基础。实务中，主要有内科医生、外科医生、牙科医生、药剂师、会计师、律师、建筑工程技术人员的职业责任保险。

1. 职业责任保险的责任范围

保单只负责专业人员由于职业上的疏忽行为、错误或失职造成的损失；保单负责被保险人的职业疏忽行为；职业责任保险采取以期内索赔为承保基础；承担的赔偿责任包括赔偿金和法律诉讼费用。

2. 职业责任保险的除外责任

战争和罢工；核风险；被保险人的故意行为；被保险人的家属、雇员的人身伤害或财务损失；被保险人的契约责任；被保险人所有或由其照管、控制的财产损失。

3. 职业责任保险的费率

制定职业责任保险的费率时，需要着重考虑下列因素：投保人的职业种类；投保人的工作场所；投保人工作单位的性质；该笔投保业务的数量；被保险人及其雇员的专业技术水平与工作责任心；赔偿限额、免赔额和其他承保条件；被保险人职业责任事故的历史损失资料以及同类业务的职业责任事故情况。

4. 职业责任保险的赔偿

在赔偿方面，保险人承担的是赔偿金与有关费用两项。其中，保险人对赔偿金通常规定一个累计的赔偿限额；法律诉讼费用则在赔偿金之外另行计算，但如果保险人的赔偿金仅为被保险人应付给受害方的总赔偿金的一部分，则该项费用应当根据各自所占的比例进行分摊。

职业责任保险的期限通常为一年，赔偿限额为累计限额，而不规定每次事故的限额。

7.3.5 公众责任保险

公众责任保险是指对投保人在公共场合发生的意外事故进行保障的险种。例如，在营业期间的运动场所、娱乐场所，在施工期间的建筑、安装工程，在生产过程中的各种企业等，都可能因意外事故造成他人的人身伤亡或财产损失，因而产生投保空间。目前，公众责任保险已成为机关、企业、团体及各种游乐、公共场所的必须保障。公众责任保险的种类有场所责任保险、电梯责任保险、承包人责任保险和个人责任保险。

1. 公众责任保险的责任范围

① 保障被保险人在保单有效期间列明地点从事所保业务活动发生意外事故而致的赔偿责任；
② 第三者的人身伤亡或财产损失；
③ 经认可的诉讼费及其他费用。

2. 公众责任保险的除外责任

除非另行特别规定，公众责任保险的保险单所列责任，不适用也不包括下列各项。
① 被保险人根据协议应承担的责任，但即使没有该项协议，仍应承担的责任除外。
② 对正为被保险人服务的任何人所遭受的伤害的责任。
③ 对财产损失的责任：被保险人、其雇佣人员或其代理人所有的财产或由其照管或控制的财产；被保险人或其雇佣人员或其代理人正在从事或一直从事工作的任何物品、土地、房屋或建筑。

④ 由于下列事因或与下列有关而引起的损失或伤害责任：对于未载入保险单表列而属于被保险人的或其所占有的或以其名义使用的任何牲口、脚踏车、车辆、火车头、各类船只、飞机、电梯、升降机、自动梯、起重机、吊车或其他升降装置；火灾、地震、爆炸、洪水、烟熏和水污；有缺陷的卫生装置或任何类型的中毒或任何不洁或有害的食物或饮料。

⑤ 由于震动、移动或减弱支撑引起任何土地或财产或房屋的损坏责任。

⑥ 由战争、入侵、外敌行动、敌对行为（不论宣战与否）、内战、叛乱、革命、起义、军事行动或篡权行为直接或间接引起的任何后果所致的责任。

3. 公众责任保险的赔偿限额与费率

公众责任保险的赔偿限额的高低由双方根据可能发生的赔偿范围风险的大小协商确定；规定累计赔偿限额，即保单在一次有效期内能够负责的最高赔偿限额。一般按承保业务的风险大小规定免赔额。费率以每次事故累计赔偿限额和业务性质分类，以赔偿限额乘以适当费率计算保险费。

单元 7.4　信用保险与保证保险

7.4.1　信用保险与保证保险的定义

信用保险和保证保险都是以各种信用风险为保险标的的保险。

信用保险是指权利人向保险人投保债务人的信用风险的一种保险，是一种企业用于风险管理的保险。其主要功能是保障企业应收账款的安全。其原理是把债务人的保证责任转移给保险人，当债务人不能履行其义务时，由保险人承担赔偿责任。

保证保险从广义上说就是保险人为被保险人向权利人提供担保的保险。它包括两类保险：一类是狭义的保证保险；另一类是信用保险。它们的保险标的都是被保证人的信用风险，当被保证人的作为或不作为致使权利人遭受经济损失时，保险人负经济赔偿责任。因此，保证保险实际上是一种担保业务。

7.4.2　信用保险的主要特征

1. 承保风险具有特殊性

信用保险一般承保商业风险，但政府支持开办的信用保险除承担商业风险外，还承保政治风险。政治风险是指由于买方或出口人无法控制的事件而造成的债务不能履行或不能如期偿还的风险，包括外汇兑换困难、买方政府的延期支付、进口或出口许可证限制、战争阻止合同履行以及政府的其他类似行为。

2. 强调损失共担

信用风险是信用风险管理的一种形式，保险人期望控制风险，往往只能通过被保险人来实现，所以信用风险一般规定被保险人自负一定比例的损失，如政治风险在 5%～

10%,商业风险在 5%～15%。

3. 风险调查困难

一般财产保险以实物为保险标的,保险人比较容易确定危险程度,但信用保险以人或企业的信用为保险标的,资信难以调查。尤其是出口信用保险,被保险人的客户跨越国界,更会给资信调查增添不少困难。因此,信用保险要求被保险人与保险人共享其掌握的所有有关客户的资信信息。另外,保险人一般还会委托专业资信调查机构对国外的客户资信情况进行充分了解。

7.4.3 信用保险的作用

1. 有利于保证企业生产经营活动的稳定发展

银行向企业发放贷款,必然要考虑贷款的安全性,即能否按期收回贷款。企业投保了信用保险以后,就可以通过将保单作为一种保证手段抵押给贷款银行,通过向贷款银行转让保险赔款,要求保险人向贷款银行出具担保等方式,使银行得到收回贷款的可靠保证,解除银行发放贷款的后顾之忧。可见,信用保险的介入,能使企业较容易地得到银行贷款,这对于缓解企业资金短缺、促进生产经营的发展均有保障作用。

2. 有利于促进商品交易的健康发展

在商品交易中,当事人能否按时履行供货合同,销售货款能否按期收回,一般受到多种因素的影响。而商品的转移又与生产者、批发商、零售商及消费者有着连锁关系。一旦商品交易中的一道环节出现信用危机,不仅会造成债权人自身的损失,而且经常会引起连锁反应,使商品交易关系中断,最终阻碍商品经济的健康发展。有了信用保险,无论在何种交易中出现信用危机,均有保险人提供风险保障,即使其中一道环节出了问题,也能及时弥补损失。

3. 有利于促进出口创汇

外贸出口面向的是国际市场,风险大,竞争激烈,一旦出现信用危机,出口企业就会陷入困境,进而影响市场开拓和国际竞争力。如果企业投保了出口信用保险,在当被保险人因商业风险或政治风险不能从买方收回货款或合同无法执行时,就可以从保险人那里得到赔偿。因此,出口信用保险有利于出口企业的经济核算和开拓国际市场,最终促使其为国家创造更多的外汇收入。

7.4.4 信用保险的主要种类

1. 商业信用保险

商业信用保险是指在商业活动中,作为权利人的一方当事人要求保险人将另一方当事人作为被保证人,并承担由于被保证人的信用风险而使权利人遭受商业利益损失的保险。商业信用保险主要是针对企业在商品交易过程中所产生的风险。其保险金额是根据当事人之间的商业合同的标的价值来确定的。

在商品交换过程中,交易的一方以信用关系规定的将来偿还的方式获得另一方的财物或服务,但因不能履行给付承诺而给对方造成损失的可能性随时存在。例如买方拖欠卖方货款,对卖方来说就是应收款项可能面临的坏账损失。有些人认为,提取坏账准备金已经是一种自行保险了,参加这种商业保险不仅要支付保费,增加企业的成本费用,而且保险公司参与监督企业的经营活动会损害公司管理的独立性,然而情况并非如此。对于小公司来说,可用于周转的资金量较小,一笔应收款项成为坏账就可能使整个企业陷入瘫痪状态,所提取的坏账准备于事无补,发生这类情况的例子举不胜举;对于规模较大的公司来说,一般不会因少数几笔坏账就出现资金周转困难,但从我国这些年发生的"三角债"拖垮企业的众多事例中可以看出,信用保险是一项能避免信用风险、维持企业正常经营的有效措施。

商业信用保险主要有以下3种。

(1) 贷款信用保险

贷款信用保险是保险人对银行或其他金融机构与企业之间的借贷合同进行担保其信用风险的保险。在贷款信用保险中,贷款方既是投保人,又是被保险人。贷款方投保贷款信用保险后,当借款人无力归还贷款时,可以从保险人那里获得补偿。贷款信用保险是保证银行信贷资金正常周转的重要手段之一。

(2) 赊销信用保险

赊销信用保险是为国内贸易的延期付款或分期付款行为提供信用担保的一种信用保险业务。在这种业务中,投保人是制造商或供应商,保险人承保的是买方(即义务人)的信用风险,目的在于保证被保险人(即权利人)能按期收回赊销贷款,保障贸易的顺利进行。

(3) 个人贷款信用保险

个人贷款信用保险是指在金融机构对自然人进行贷款时,由于债务人不履行贷款合同致使金融机构遭受经济损失时,由保险人承担赔偿责任的信用保险。由于个人的情况千差万别,且居住分散,风险不一,保险人要开办这项业务,就必须对借款人借款的用途、经营情况、商业信誉、私有财产等进行全面的调查了解,必要时还可要求借款人提供反担保;否则,保险人不能轻率承保。

2. 出口信用保险

出口信用保险也叫出口信贷保险,是各国政府为提高本国产品的国际竞争力,推动本国的出口贸易,保障出口商的收汇安全和银行的信贷安全,促进经济发展,以国家财政为后盾,为企业在出口贸易、对外投资和对外工程承包等经济活动中提供风险保障的一项政策性支持措施,属于非营利性的保险业务,是政府对市场经济的一种间接调控手段和补充,是世界贸易组织(WTO)补贴和反补贴协议原则上允许的支持出口的政策手段。目前,全球贸易额的12%~15%是在出口信用保险的支持下实现的,有的国家的出口信用保险机构提供的各种出口信用保险保额甚至超过其本国当年出口总额的三分之一。出口信用保险主要有短期出口信用保险和中长期出口信用保险。

3. 投资保险

投资保险又称政治风险保险,承保投资者的投资和已赚取的收益因承保的政治风险而遭受的损失。投资保险的投保人和被保险人是海外投资者。开展投资保险的主要目的是鼓励资本输出。作为一种新型的保险业务,投资保险自 20 世纪 60 年代在欧美国家出现以来,已成为海外投资者进行投资活动的前提条件。

7.4.5 保证保险的主要种类

1. 合同保证保险

合同保证保险又称契约保证保险,是指因为被保证人不履行合同而造成权利人的经济损失时,由保险人代替被保证人进行赔偿的保险。合同保证保险实质上起着"金融直辖市"的作用,首先它涉及保证人、被保证人、权利人三方,而不像一般保险合同那样只有两方;其次,合同保证保险的保险费是一种服务费而不是用于支付赔款的责任准备。合同保证保险的历史不长,传统上是由银行出具信用证来担保涉外经济合同的履行。由于出立银行信用证条件较为苛刻,手续比较烦琐,就导致了对合同保证保险需求的增加,从而促进了保证保险业务的发展。

从法律意义上讲,保证人只有在被保证人无力支付时才有义务支付赔款,而保证人只对权利人有赔偿义务。在承保合同保证保险时,保证人既要考虑违约的风险,又要考虑汇率风险、政治风险,还要考虑各国政治制度、法律制度、风俗习惯的不同。在确定风险程度时,被保证人的财务状况是一个决定性因素。在承保前,保证人往往要对被保证人的财务状况、资信度进行调查,调查的主要内容包括:①有关被保证人基本情况的记录,包括被保证人的历史、在社会上的影响等;②最近财务年度的财务账册及有关材料;③合同业务的进展状况;④反担保人的财务状况;⑤与银行的往来信函;⑥企业的组织、经营状况,信贷情况,财务审计及记账方法,附属企业的情况。

2. 忠实保证保险

忠实保证保险通常承保雇主因其雇员的不诚实行为而遭受的损失。涉外忠实保证保险一般承保在中国境内的外资企业或合资企业因其雇员的不诚实行为而遭受的经济损失,也可承保中国劳务出口中因劳务人员的不诚实行为给当地企业主造成的损失。

忠实保证保险与合同保证保险的区别在于以下 3 个方面。

① 忠实保证保险涉及的是雇主与雇员之间的关系,而合同保证保险并不涉及这种关系;

② 忠实保证保险的承保危险是雇员的不诚实或欺诈,而合同保证保险承保的危险主要是被保证人的违约行为;

③ 忠实保证保险可由被保证人购买,也可由权利人购买,而合同保证保险必须由被保证人购买。

3. 商业信用保证保险

商业信用保证保险是由权利人投保他人的信用,如他人不守信用而使权利人遭受损失,则由保证人负责赔偿。在我国,商业信用保证保险主要是指出口信用保险。

出口信用保险是以鼓励该国出口商扩大出口贸易为出发点,给该国出口商提供出口贸易收汇风险保障的一项特种业务,即由国家设立专门机构对该国出口商或商业银行向外国进口商或银行提供的信贷进行担保,当外国债务人拒绝付款时,这个机构负责支付遭拒付款部分的全部或部分损失。

办理出口信用保险,一方面解除了出口企业收汇风险的后顾之忧,提高了出口企业在国际市场上的竞争能力,保证了出口企业的正常经济核算;另一方面也能帮助出口企业解决资金需要,扩大出口企业的经营能力。因此,出口信用保险受到许多出口企业的欢迎。随着外贸体制的改革,出口信用保险的需求在今后一段时间内还会有进一步的扩大。从保险人的角度来看,如何在保证基本的收支平衡基础上,提供更全面、更有效的信用保证,也是亟须解决的重大课题。

复习思考题

1. 财产保险是什么?它有哪些特征?
2. 财产损失保险有哪些主要的种类?
3. 信用保险有什么作用?
4. 公众责任保险的除外责任有哪些?
5. 交强险与第三者责任险的关系是什么?

模块八

保险代理人和保险经纪人

单元 8.1 保险代理人概述

8.1.1 保险代理人的定义

保险代理是代理行为的一种,属于民事法律行为。保险代理行为的主体是保险代理人。保险代理人是指根据保险人的委托,在保险人授权的范围内代为办理保险业务,并依法向保险人收取代理手续费的单位或者个人。

8.1.2 保险代理人的作用

纵观保险业的发展史,保险代理人在其中扮演了重要的角色,对保险市场的开拓、保险业务的发展功不可没。例如,在英、美、日等国约有80%以上的保险业务是通过保险代理人和经纪人招揽的。在我国,《保险法》专门以一章的篇幅阐述了有关保险代理人和保险经纪人的问题,并且于2019年12月出台了《保险代理人监管规定》,这些无不说明保险代理人在保险业发展中的地位和作用。实际上,保险代理制的实施和保险代理人的出现为完善保险市场、沟通保险供求、促进保险业发展发挥了重要作用。具体来说,保险代理人的作用有以下几点。

① 直接为各保险公司收取了大量的保险费,并取得了可观的经济效益。据有关资料显示,截至目前,全国保险公司共有个人保险代理人900万人左右。2020年前三季度,全国个人保险代理人渠道实现保费收入1.8万亿元,占保费总收入的48.1%。

② 各种保险代理人的展业活动渗透到各行各业,覆盖了城市乡村的各个角落,为社会各层次的保险需求提供了最方便、最快捷、最直接的保险服务,发挥了巨大的社会效益。

③ 直接、有效地宣传和普及了保险知识,对提高和增强整个社会的保险意识起到了不可替代的作用,进一步促进了我国保险事业的发展。

④ 保险代理人的运行机制,对保险公司的机制转换有着直接和间接的推动作用。另外,保险代理作为一个新兴的行业,其发展能容纳大批人员就业。日本从事保险代理的人,约占国民的1%。随着我国保险事业的不断兴旺发达,保险代理人的队伍将日益扩大,在安置就业方面将发挥一定的积极作用。

8.1.3 保险代理人的权利和义务

保险代理人的权利和义务是依据保险代理合同产生的。保险代理合同是保险代理人与保险人明确双方所享有的权利和承担的义务的协议。一般来说,保险代理人的权利和义务包括以下内容。

1. 保险代理人的权利

(1) 获取劳动报酬的权利

保险代理人有权就其开展的保险代理义务所付出的劳动向保险人收取劳务报酬。获得劳务报酬是保险代理人最基本的权利。保险代理人的劳务报酬即为佣金,保险代理合同可约定佣金的支付标准和支付方式。

(2) 独立开展业务活动的权利

保险代理人在代理合同授权范围内,具有独立进行意思表示的权利,即有权自行决定如何开展保险业务活动。

2. 保险代理人的义务

(1) 诚实和告知义务

保险代理人是基于保险人的授权从事保险代理业务,其代理行为的后果由保险人承担,所以,保险代理人必须遵循诚信原则,履行如实告知的义务。而且,保险代理人的诚信原则应反映在保险代理活动的全过程中。一方面,保险代理人应将投保人、被保险人应该知道的保险公司情况和保险条款内容及其含义,尤其是免责条款的内容告知投保人、被保险人;另一方面,保险代理人也应将投保人、被保险人所反映的有关投保人、被保险人风险的实际情况如实告知保险人。

(2) 如实转交保险费的义务

受保险人委托,保险代理人可以在业务范围内代理收取保险费,代收的保险费应按代理合同约定的期限和方式转交保险人。保险代理人无权挪用代收的保险费。此外,对于投保人欠交的保险费,保险代理人也没有垫付的义务。

(3) 维护保险人权益的义务

保险代理人不得与第三者串通或合伙隐瞒真相,损害保险人的利益。在代理过程中,保险代理人有义务维护保险人的权益。这是由保险代理关系和代理活动的特点所决定的。

单元 8.2 保险代理机构

在我国,保险代理机构包括保险专业代理机构和保险兼业代理机构。

8.2.1 保险专业代理机构

保险专业代理机构是指符合中国银行保险监督管理委员会(以下简称"中国银保监

会")规定的资格条件,经中国银保监会批准取得经营保险代理业务许可证,根据保险人的委托,向保险人收取保险代理手续费,在保险人授权的范围内专门代为办理保险业务的单位。

在我国,保险专业代理机构的组织形式有两种有限责任公司和股份有限公司。我国的保险代理机构分为全国性保险代理机构和区域性保险代理机构。全国性保险代理机构可以在我国境内从事保险代理活动;区域性保险代理机构只能在住所地所在的省、自治区或直辖市从事保险代理活动。

除我国银保监会另有规定外,我国的保险专业代理机构的经营范围包括代理销售保险产品、代理收取保险费、代理相关保险业务的损失勘查和理赔,以及我国银保监会批准的其他业务。

8.2.2 保险兼业代理机构

保险兼业代理机构是指在从事自身业务的同时,根据保险人的委托,向保险人收取保险代理手续费,在保险人授权的范围内代办保险业务的单位。

从事保险兼业代理业务,必须向中国银保监会申请保险兼业代理资格,经保监会批准后取得保险兼业代理许可证。申请保险兼业代理资格应具备下列条件。

① 具有工商行政管理机关核发的营业执照;
② 有同经营主业直接相关的一定规模的保险代理业务来源;
③ 有固定的营业场所;
④ 具有在其营业场所直接代理保险业务的便利条件。

常见的兼业代理人主要有银行代理、行业代理和单位代理三种。保险人利用银行与社会各行各业接触面广的特点,通过银行代理向企业和个人进行保险宣传,效果十分显著。行业代理的保险业务一般为专项险种,如由货物运输部门代理货物运输保险业务,由航空售票点代理航空人身意外伤害保险等。行业代理充分运用各行业的优势,对发展保险业务起到重要的推动作用。单位代理主要是由各单位、财务部门代理,办理一些与职工生活关系密切的保险业务,方便职工投保。在我国,党政机关及其职能部门、事业单位和团体不得从事保险代理业务。

除此之外,保险代理人形式还包括个人保险代理人。根据我国《保险法》的规定,个人保险代理人应当具备我国银保监会规定的资格条件,具有从事保险代理人业务的专业能力。个人保险代理人在代为办理人寿保险业务时,不得同时接受两个以上保险人的委托。

单元 8.3 保险经纪人概述

8.3.1 保险经纪人的定义

我国《保险法》规定,保险经纪人是基于投保人的利益,为投保人与保险人订立保险合同提供中介服务,并依法收取佣金的机构,包括保险经纪公司及其分支机构。保险经纪人必须具备一定的保险专业知识和技能,通晓保险市场规则、构成和行情,为投保人设计保险方案,代表投保人与保险公司商议达成保险协议。保险经纪人不保证保险公司的偿付能力,对给付赔款和退费也不负法律责任,对保险公司负有交付保费的责任。因经纪人在办理保险业务中的过错而给投保人、被保险人造成损失的,由保险经纪人承担赔偿责任,经纪人的活动客观上为保险公司招揽了业务,故其佣金由保险公司按保费的一定比例支付。

保险经纪人诞生于17世纪的英国,已经有很长的历史,现在已经成为世界性的行业。但是,保险经纪人在中国还处于起步阶段,不过这几年保险经纪人的发展也很迅速,未来前景向好。保险经纪人应当具有较高的业务素质,因此国际上对它都有严格的资格要求。在我国设立保险经纪人必须报经中国银保监会审批。

8.3.2 保险经纪人的主要经营业务

① 以订立保险合同为目的,为投保人提供防火、防损或风险评估以及风险管理咨询服务。通过保险经纪人提供以上专门服务,可以使被保险人做好防灾工作、风险管理工作,以较低的费率获得利益保障。

② 以订立保险合同为目的,为投保人拟订投保方案,办理投保手续。投保方案的选择是一项专业技术性很强的工作,被保险人自己通常不能胜任,保险经纪人可以其专业素质,根据保险标的情况和保险公司的承保情况,为投保人拟订最佳投保方案,代为办理投保手续。

③ 在保险标的或被保险人遭遇事故和损失的情况下,为被保险人或受益人代办检验、索赔。

④ 为被保险人或受益人向保险公司索赔。

⑤ 再保险经纪人凭借其特殊的中介人身份,为原保险公司和再保险公司寻找合适的买(卖)方,安排国内分入、分出业务或者安排国际分入、分出业务;

8.3.3 保险经纪人的作用

保险经纪人通过向投保人提供保险方案、办理投保手续、代投保人索赔并提供防灾、防损或风险评估、风险管理等咨询服务,使投保人充分认识到经营中自身存在的风险,并参考保险经纪人提供的全面的、专业化的保险建议,使投保人所存在的风险得到有效的控制和转移,帮助投保人以最合理的保险支出获得最大的风险保障。

另外,因为保险经纪人的业务最终还是要到保险公司进行投保,保险经纪公司业务量的增加会引起保险公司整体业务量的增加,从而降低保险公司的展业费用;在保险市场上,保险经纪人把保险公司的再保份额顺利推销出去,能够消除保险公司分保难的忧虑,大幅降低保险公司的经营风险;而且,保险经纪人代为办理保险事务,可以减少被保险人因不了解保险知识而在索赔时给保险人带来不必要的索赔纠纷,提高保险公司的经营效率。

因此,保险经纪人的产生不管是对投保人还是对保险公司都是有利的,其产生是保险市场不断完善的结果。

8.3.4 保险代理人与保险经纪人的区别

保险经纪人是基于投保人的利益,为投保人与保险人订立保险合同提供中介服务,并依法收取佣金的机构。保险经纪人和保险代理人虽然都是保险中介人,但两者之间有着根本的区别。

1. 委托人不同

保险经纪人接受客户委托,代表的是客户的利益;保险代理人受保险公司的委托,为保险公司代理业务,代表的是保险公司的利益。

2. 提供服务不同

保险经纪人为客户提供风险管理、保险安排、协助索赔与追偿等全过程服务;保险代理人一般只代理保险公司销售保险产品、代为收取保险费。

3. 服务对象不同

保险经纪人的客户主要是收入相对稳定的中高端消费人群及大中型企业和项目;保险代理人的客户主要是个人。

4. 代理权限不同

保险代理人通常是代理销售保险人授权的保险产品;保险经纪人则是基于投保人的委托,为其与保险公司协商投保条件,向投保人提供保险服务。

5. 法律地位不同

客户与保险经纪人是委托与受托关系,如果因为保险经纪人的过错造成客户的损失,保险经纪人对客户承担相应的经济赔偿责任;而保险代理人与保险公司是代理被代理关系,被代理保险公司仅对保险代理人在授权范围内的行为后果负责。

复习思考题

1. 保险代理人是什么？保险代理人有什么作用？
2. 保险代理人与保险经纪人的区别是什么？

模块九

保险监管

单元9.1 保险监管概述

9.1.1 保险监管的定义

保险监管有广义和狭义之分。广义的保险监管是指具有法定监管权的政府机构、保险行业自律组织、保险企业内部以及社会力量对保险市场及市场主体的组织和经营活动的监督和管理。狭义的保险监管是指保险监管机构根据一定的目的、目标或原则对保险经济活动中经济主体的行为所进行的约束和管制,以确保保险人的经营安全,同时维护被保险人的合法权益,以此确保保险市场的正常秩序,并促进保险业的发展。

一个国家的保险监管制度通常由两大部分构成:一是国家通过制定保险法律法规,对本国保险业进行宏观指导与管理;二是国家专门的保险监管职能机构依据法律或行政授权对保险业进行行政管理,以保证保险法规的贯彻执行。我国的保险监管机构是中国银行保险监督管理委员会(以下简称"中国银保监会")。

9.1.2 保险监管的意义

1. 保险监管有利于社会经济的稳定发展和人民生活的安定

保险业是经营风险的特殊行业,是社会经济补偿制度的一个重要组成部分,对社会经济的稳定和人民生活的安定负有很大的责任。保险经营与风险密不可分,保险事故的随机性、损失程度的不可知性、理赔的差异性使得保险经营本身存在着不确定性,加上激烈的同业竞争和保险道德风险及欺诈的存在,使得保险成了高风险行业。保险公司经营亏损或倒闭不仅会直接损害公司自身的利益,还会严重损害广大被保险人的利益,危害相关产业的发展,从而影响社会经济的稳定和人民生活的安定。所以,保险业具有极强的公众性和社会性。国家对保险业进行严格的监管,是为了有效地保护与保险活动相关的行业和公众利益。

2. 保险监管有利于培育、发展和规范保险市场

由买方、卖方和中介人三要素构成的保险市场,有一个产生、发育、走向成熟的过程,它伴随商品经济的发展而发展。国家对保险业的严格监管有利于依法规范保险活动,创造和维护平等的竞争环境,防止盲目竞争和破坏性竞争,以利保险市场的发育、成熟。

3. 保险监管有利于分散保险风险

构成保险的要件之一是必须集合为数众多的经济单位,有效地分散风险,这就要求参加保险的人数要多、覆盖面要大、涉及面要广。而且,保险经营具有很强的专业性和技术性,参加保险的一般成员往往缺乏专门知识。因此,国家对保险业进行严格监管也是由保险经营和保险业的这种技术性与专业性特点所决定的。

9.1.3 保险监管的模式

1. 英国型

英国的保险监管采用"公开性自由"原则,实行由议会立法、贸工部全面监督管理和保险同业会自我管理相结合的管理体制。英国现行保险立法是《保险经纪人法》《1982年保险公司法》和与之有关的保险条例(包括《1983年保险公司财务条例》《1981年保险公司条例》《1983年保险劳合社保险条例》以及贸工部关于收费标准的法律文件《1990年保险公司法律费用保险条例》和《保险公司修改条例》)。贸工部是英国设立的保险监管机构,保险监管的具体机构是贸工部下设的保险局。保险局与其在贸工部的其他单位如法律处、公司调查处和审计处一起,同保险业界的代表机构保持着密切联系。贸工部监管以保险人的偿付能力为监管中心,对保险费率、保单条款内容和公司所有权等一般不进行干预。

英国保险业以高度的行业自律为特色。保险业自律组织负责各自不同的管理范围。行业自律的主要机构有:劳合社理事会、英国经纪人委员会、保险推事局、保险人协会、寿险组织协会和个体保险仲裁服务公司等。英国行业自律管理是在政府宏观管理的要求下产生的,对保险宏观监管起辅助作用。

2. 美国型

美国的保险业实行联邦政府和州政府双重监管制度,联邦政府和州政府拥有各自独立的保险立法权和管理权。联保保险局辅助联邦洪水保险、联邦农作物保险、联邦犯罪保险等特定义务。美国各州有自己的保险法,各州保险局在州管辖范围内行驶保险监管权,以保险公司偿付能力和保险投保人利益为主要监管内容,但各州保险法对承保过程的各环节都有严格的规定,充分体现了美国保险监管的广泛性和严格性。虽然美国各州的保险法多达55部,但在全美保险监督管理协会的努力下,内容上已无多大差别,各州法院通过对保险法的司法审查发挥着一定的监管作用。近年来,美国联邦政府为适应监管的需要,逐渐加强了对保险业的监管。

3. 日本型

日本的保险立法主要是《保险业法》,包括对保险业的监管法规和有关经营者的组织及行为的规定。日本保险业的监管部门是大藏省。大藏省内设银行局,银行局下设保险部,保险部是保险业的具体监管部门。大藏省还内设有保险审议会和汽车损害赔偿责任审议会。日本在1996年新的《保险业法》颁布前实行行政式监管制度,表现为事前规制和市场行为监管,从开业审批、业务范围、经营品种及具体条款方面严格管制。1996年新的《保险业法》颁布后,保险监管的重心转向对保险人偿付能力的监管,更加注重维护投保人的利益。

9.1.4 保险监管的原则

1. 依法监督管理的原则

保险监督管理部门必须依照有关法律或行政法规实施保险监督管理行为。保险监督管理行为是一种行政行为,不同于民事行为。凡法律没有禁止的,民事主体就可以从事民事行为;对于行政行为,法律允许做的或要求做的,行政主体才能做或必须做。保险监督管理部门不得超越职权实施监督管理行为,同时,保险监督管理部门又必须履行其职责,否则属于失职行为。

2. 独立监督管理原则

保险监督管理部门应独立行使保险监督管理的职权,不受其他单位和个人的非法干预。当然,保险监督管理部门实施监督管理行为而产生的责任(如行政赔偿责任),也由保险监督管理部门独立承担。

3. 公开性原则

保险监督管理需体现透明度,除涉及国家秘密、企业商业秘密和个人隐私以外的各种监管信息,应尽可能向社会公开,这样既有利于提高保险监督管理的效率,也有利于保险市场的有效竞争。

4. 公平性原则

保险监督管理部门对各监督管理对象要公平对待,必须采用同样的监管标准,创造公平竞争的市场环境。

5. 保护被保险人利益原则

保护被保险人利益和社会公众利益是保险监督管理的根本目的,同时也是衡量保险监督管理部门工作的最终标准。

6. 不干预监督管理对象的经营自主权的原则

保险监督管理对象是自主经营、自负盈亏的独立企业法人,在法律、法规规定的范围内,独立决定自己的经营方针和政策。保险监督管理部门对监督管理对象享有实施监督管理的权利,负有实施监督管理的职责,但不得干预监督管理对象的经营自主权,也不对监督管理对象的盈亏承担责任。

9.1.5 保险监管的目标

在发达市场经济国家的保险法规和国际保险监管组织文件中,对监管目标的表述虽然不尽一致,但基本上包括以下 3 个方面:维护被保险人的合法权益;维护公平竞争的市场秩序;维护保险体系的整体安全与稳定。一些新兴市场经济国家的保险监管机构除了履行法定监管职责外,还承担着推动本国保险业发展的任务。中国的保险监管机构就拥有这两方面的职能。

中国银保监会具有政府行政管理部门和保险监管机构的双重职能。作为保险监管机构,它应维护被保险人的合法权益、维护公平竞争的市场秩序和保险体系的整体安全与稳定;作为行业行政管理部门,它必须研究和制定保险发展的中长期规划,研究保险发展的重大战略、基本任务和产业政策,要通过规划、指导和信息服务引导保险业发展的方向。

1. 维护被保险人的合法权益

由于被保险人对保险机构、保险中介机构和保险产品的认知程度极为有限,因而现实与可行的办法就是通过法律和规则对供给者的行为进行必要的制约,还有一些强制的信息披露要求,以便让需求者尽量知情。同时,也要鼓励需求者自觉掌握尽量多的信息和专业知识,提高判断力,并且应当对自己的选择和判断承担相应的风险。很显然,监管本身并不是目的,而是防止被保险人的利益可能因不知情而受到保险机构和保险中介公司的恶意侵害。

保险机构和保险中介机构的合法利益应当由它们自己依法维护。

2. 维护公平竞争的市场秩序

维护公平竞争的市场秩序的目标可以理解为是第一个目标的延伸。同时,监管者也要明白,自己的使命是维护公平竞争的秩序,而不是为了"秩序井然"而人为地限制、压制竞争。

3. 维护保险体系的整体安全与稳定

维护保险体系的整体安全与稳定是维护被保险人合法权益、维护公平竞争的市场秩序的客观要求和自然延伸。

这里有两点需要注意:一是维护保险体系的整体安全与稳定是前两个目标的自然延伸,而不是单一的和唯一的目标;二是维护保险体系的整体安全与稳定,并不排除某些保险机构和保险中介机构因经营失败而自动或被强制退出市场。监管者不应当,也不可能为所有保险机构提供"保险"。监管者所追求的是整体的稳定,而不是个体的"有生无死"。

4. 促进保险业健康发展

一是要坚持全面协调可持续的发展;二是要坚持市场取向的发展;三是要坚持有秩序并充满活力的发展;四是要坚持有广度和深度的发展。

单元 9.2　保险监管的主体、客体和内容

9.2.1　保险监管的主体

保险监管的主体是指保险行业的监督者和管理者。在这些主体中,有的既有监督权又有管理权,如国家保险监督机关;有的只有监督权没有管理权,只能通过自己的建议和看法来影响国家保险监督机关、保险业本身和社会公众,如保险行业自律组织、保险信用评级机构。

1. 保险监管机关

世界各国的保险监管职能都主要由政府依法设立的保险机构行使。在我国,自恢复国内保险业务以来,曾长期由中国人民银行行使保险业的监督管理职能。进入 20 世纪 90 年代以后,随着市场经济改革步伐的加快,保险市场出现新情况和新问题。为了加大监管力度,逐步完善保险监督体系,1998 年 11 月国家成立了中国保险监督管理委员会,取代中国人民银行行使保险监管职责,以达到规范保险活动、保护保险人的合法权益、促进我国保险事业的健康发展、稳定社会生产生活的目的。2018 年,中国银行监督管理委员会与中国保险监督管理委员会的职责整合,组建中国银行保险监督管理委员会。

2. 保险行业自律组织

保险行业自律组织是指在保险及其相关领域中从事活动的非官方组织,是保险行业自身管理的具体实施机构。

(1) 保险行业自律组织的性质

① 保险行业自律组织是一种民间的社团组织,具有独立的社会团体法人地位,是非经济实体,不经营保险业务。它的主要任务是:维护保险业自身利益,沟通政府和各保险企业的关系,协助政府加强保险行业的监控,在国家保险监管机构与保险企业之间起到桥梁和纽带的作用。

② 保险行业自律组织致力于促进、发展和保护成员的利益,并传播最新的信息和情报。

③ 保险行业自律组织通过建立行规、行约等来规范会员的行为。

(2) 保险行业自律组织的形式

从全世界范围看,保险行业自律组织的基本形式是保险行业协会或保险同业公会。它是各类保险人自行组织和自愿参加的组织,如英国的英国保险公会、劳合社承保人公会、伦敦承保人公会、经纪人委员会、人寿保险公会,美国的人寿保险协会、保险公司协会、美国相互保险协会等,日本的日本损害保险协会、日本生命保险协会、日本保险学会等。我国的保险行业自律组织为中国保险行业协会。

(3) 保险行业自律与国家监管

保险行业自律在保险业的监管层次中属于第二层次。第一层次是指保险的国家监

管,即宏观监管。国家保险监管机构根据保险业发展的需要,通过法律的、行政的手段,对保险企业、保险市场实施监督管理。第二层次是指保险业组织通过制定行业规章,对保险人的市场行为进行监管,简称行业自律。第三层次是指保险企业通过内部稽核、审计制度和内控措施进行的自我监管,即微观监管。

3. 保险信用评级机构

保险评级是由独立的社会信用评级机构采用一定的评级办法对保险公司信用等级进行评定,并用一定的符号予以表示。信用评级机构把保险公司复杂的业务与财务信息转变成一个很容易理解的反映其经济实力的级别符号。这些信用评级机构使用特定的标准评估保险公司。它们挑选决定保险公司财务稳定的因素,并把它们的评判意见转换成以英文字母来代表的等级,每个等级对应不同的经济实力。它们评判的结果不具有强制力。信用评级机构以其自身的信用来决定人们对其评定结果的可信度。

世界上有许多家保险信用评级机构,其中比较著名的有美国的 A.M.贝斯特公司、标准普尔公司、穆迪公司等,它们对评级的认识以及使用的方法都各自不同,得出的关于评级的概念也不同。尽管如此,它们进行保险机构信用评级的核心都是根据从保险公司得到的报告资料,采用各种办法,对保单的一般偿付能力做出的定性分析和定量分析。

评级机构为保险客户提供了一个非常有用的服务,它们把一个普通消费者很难理解的保险公司的各种具体财务情况简化成通俗易懂的信用等级表示符号。对保险业比较了解的消费者是迫使保险公司更加有效和更谨慎运行的主要监督力量之一,因此,消费者也起到了对保险市场的监督作用。

9.2.2 保险监管的客体

保险监管的客体即保险市场的被监管者,包括保险人和保险中介人(代理人、经纪人、公证人)。其中,保险人就是保险商品的提供者,包括寿险公司和非寿险公司。保险中介人也称保险辅助人,是保险市场供给和需求双方的联系纽带,它们共同促进了保险市场的稳定和发展,也是保险监管的对象。

9.2.3 保险监管的内容

1. 对保险人的监管

对保险人的监管主要有以下 4 个方面。

(1) 市场准入的资格审定

通常而言,只有当国家有关机关发放许可证,拟设立保险公司方可开展保险业务。为了获得许可,拟设立的保险公司必须满足一定的法律形式要求、财务要求和其他要求,如经营者的资格、管理技能、职业道德等。

(2) 保险人对监管部门应履行的义务

一旦一家公司获得了经营保险业务的许可,它就被持久地纳入监管体系当中,并接受监管部门的持续监督。它必须对监管部门履行法定义务,如定期提交各种财务报表,接受监管机构的检查,并支付法定的监管费用。

(3) 对公司管理和市场行为的监管

这是对保险公司进行监管的很重要的一项,目的是保证公平合理的保险价格和市场交易行为。监管的渠道是接受公众投诉,从中可以调查判断保险公司的管理层有无利用其专业技能欺骗公众、损害股东和被保险人的利益,公司的承保行为是否存在欺诈和不公平歧视等行为。

(4) 对公司的整顿、接管与破产的监管

监管部门对有违规行为的公司的处理是由轻到重逐步进行的。如果发现公司具有不法行为,监管部门会责令其限期更改;如果到期未予改正,监管部门可以停止公司的某些业务经营,重则还会对该保险公司实行接管。

2. 对保单格式与费率的监管

对保单条款监管的内容主体是费率监管。实行费率监管的主要原因,除了保证偿付能力外,还有其自身独特的考虑。业界比较公认的费率厘定的一般原则是足够、合理和公平。足够原则是用于保证保单的偿付能力的,防止公司间发生以降低费率为主要手段的恶性竞争;合理原则是为了限制保险人收费过高而获得超额利润;公平原则是指费率差异一定要以损失分布差异为基础,对具有类似损失分布的被保险人应收取同一费率。保单格式的事先批准确实从实际上使被保险人的利益得到了保证,然而随着整个保险市场的日趋成熟,多数业内人士认为严格的批准程序降低了市场运作的效率,使某些险种失去了时效性,而且这样做实际上并不能弥补购买者的信息劣势。针对来自方方面面的评判,包括美国在内的许多国家已经开始考虑进行监管方式的改革。

3. 对偿付能力的监管

偿付能力是保险公司的灵魂,没有足够的偿付能力就不能从根本上保证保险公司的健康发展,最终保证被保险人的利益。尤其是在放宽管制的大环境下,对保险公司偿付能力的监管就成为监管部门的最后堡垒。对保险人偿付能力的监管涉及公司操作的很多方面:资本额和盈余要求、投资、准备金、资产负债匹配、定价和产品等。一般来说,各国对人寿保险公司的投资监管要比对财产责任公司监管严格,主要是因为多数寿险合同期限都比较长。在实际操作中,对投资的监管受各国有关政府的监管理念、金融市场的情况、各国宏观经济形势和保险公司的具体情况影响。

4. 对保险中介人的监管

保险公司出售的保险产品很多是由保险中介人推出的,因此,对保险中介人尤其是代理人和经纪人的监管就是一个重要环节。绝大多数国家都对中介人做出如下行为的禁止规定:①歪曲事实,即误导,指代理人进行不实陈述,误导投保人购买不利保单;②回扣,指代理人或经纪人为了诱使消费者购买保险而和其一起分享佣金;③欺诈行为;④侵占保险人或被保险人的资金等。

违规行为严重的代理人将被处以罚款、吊销许可或支付由法庭宣判的惩罚性损害赔偿金。这种监管的一个重要出发点就是保护投保人和保险人的利益不受侵害,同时维持保险市场的有序发展。

5. 对跨国保险活动的监管

开放必然使各国面临跨国保险活动的监管问题。管还是不管,独立监管还是联合监管,宽管还是严管,与对国内保险公司的监管有何差异,这些问题成了保险监管部门监管跨国保险活动的重中之重。

国际保险监管协会对跨国监管提出了以下一些基本原则:①不同监管机构应进行合作,以使任何国外保险机构都无法逃脱监管;②子公司应受东道国规则监管,分支公司则同时受母国和东道国的监管;③跨国设立保险实体要同时征得东道国和母国的同意;④所有跨国保险集团和保险人都必须服从监管。

9.2.4 保险监管的方式

1. 非现场监控与公开信息披露

监管机构应当建立有效的监控机制,应当设定辖区内保险公司提供财务报告、统计报告、精算报告以及其他信息的频率和范围;设定编制财务报告的会计准则;确定保险公司外部审计机构的资格要求;设定技术准备金、保单负债及其他负债在报告中的列示标准。

国际保险监督官协会于2002年1月颁布了保险公司公开信息披露的指导原则,旨在为保险人的信息披露提供指引,以便市场参与者更好地了解保险人当前的财务状况以及未来的发展潜力。但需要强调的是,国际保险监管组织并不提倡,也不认为监管机构有义务去披露其手中掌握的保险公司的信息。

如果能够提供可以用于评估保险人活动以及这些活动内在风险的适当信息,市场力量就会发挥有效的作用,即奖励那些能够有效管理风险的公司,惩罚那些不能够有效管理风险的公司,这就是所谓的市场法则或市场纪律,它是有效监管的重要组成部分。

因为保险本身具有内在的不确定性,市场对保险公司信息披露的要求要比一般企业高。当然,较多的细节披露会直接或间接地增加保险公司的成本,监管机构应当在成本的增加与信息披露所带来的潜在利益之间进行权衡。

20世纪末至21世纪初,保险业越来越国际化,但各国的会计制度和惯例存在很大差异,不同国家保险公司财务信息的可比性很难实现。因此,应当对保险公司所使用的会计制度进行披露。

保险公司公开披露的信息必须与市场参与者的决策有关;必须具有及时性,以便人们在决策时所依据的信息是最新的;必须是经济和便利的,对市场参与者而言是可取的,而且不必支付过多费用;必须是全面和有价值的,有助于市场参与者了解保险公司的整体状况;必须是可靠的,基于这些信息的决策应当是可信的;必须是可比较的,要在不同保险公司之间以及保险公司与其他企业之间有可比性;必须是一致的,要具有连续性,以便可以看出相关的趋势。

2. 现场检查

现场检查可以为监管机构提供日常监督所无法获得的信息,发现日常监督所无法发现的问题。监管机构可借机与公司管理者建立良好的沟通关系,通过现场检查评估管理层的决策过程及内部控制能力,制止公司从事非法或不正当的经营行为。监管机构可以借现场检查的机会分析某些规章制度产生的影响,或从更广泛的意义上说,收集制定规则所需的信息。现场检查对于解决公司的问题也大有裨益。

一般来说,现场检查的目的是对公司的风险结构和承受风险的能力进行比较,找出任何有可能影响到公司对投保人承担长远义务的能力的问题。但是,现场检查不应只局限于找出公司的问题,监管机构还应深究问题背后隐藏的原因,并找到解决问题的办法。

监管机构在拟订现场检查计划之前,应当对被监管机构的有关业务和财务报告及其他信息进行认真分析、研究。要考虑现场检查的频率和被监管机构的风险结构,对经营状况和财务状况较差的公司,现场检查应更加频繁和深入。

有的监管机构可能既负责日常监督,又负责现场检查。这种体制可以使非现场监控和现场检查之间的联系更加紧密,也是实现对被监管机构持续跟踪观察的有效手段。

现场检查必须有一定的法律基础,即法律应当赋予监管机构广泛的权力,以便调查和收集其所需的信息。现场检查既可以是全面检查,也可以是专项检查。同时,不论监管框架的内部组织如何,监管人员都可以在现场检查过程中或某些环节上得到外部审计师或精算师的协助。

在中国,《中华人民共和国保险法》《中华人民共和国外资保险公司管理条例》《中国银行保险监督管理委员会职能配置、内设机构和人员编制规定》赋予了中国银保监会实施非现场监控与现场检查的权力,《保险公司管理规定》《金融企业会计制度》《保险企业财务制度》《保险监管报表管理暂行办法》《保险公司偿付能力额度及监管指标管理规定》《保险公司偿付能力报告编报规则》《财产保险公司分支机构监管指标》《人身保险新型产品信息披露管理暂行办法》《现场检查规程》《现场检查手册》等监管规章中则有明确、具体的监管规定。

9.2.5 保险监管的纠正与处罚措施

1. 采取非正式的纠正措施

保险监管机构对有问题的保险公司做出的第一反应通常是非正式的。监管机构可以与公司的管理层共同寻找和解决产生问题的原因。在大多数国家,善意兼并或收购是通常的做法。这些行动成功与否取决于保险人是否愿意合作、保险人的财务状况、其他公司的善意程度及监管机构的威信和强制力。

2. 采取正式的纠正或处罚措施

尽管各国采取的正式措施的具体方式和程度有所不同,但一般来讲包括以下明确的书面指令:①要求公司在从事某些交易之前必须获得监管机构的允许;②限制或停止承保新业务；③增加资本；④停止从事某些业务。如果保险人未能纠正已经被发现的问题，则会导致更加严厉的措施。

在一些国家，如果保险人未能按照监管机构的要求行事，监管机构通常会在大众或官方媒体上公开它对该保险人的建议或指令，从而提醒公众注意保险人的问题和缺陷。还有一些国家规定，在严重情况下，监管机构有权撤换该公司的管理人员和审计人员。更为严厉的措施还有中止或撤销保险人承保某些险种的资格甚至吊销其执照，这一类措施通常要提交法院或其他机构审查决定。

3. 对公司进行整顿

监管机构为了实现对有问题的公司的整顿，可以取得对该公司的控制权。所谓整顿，是指采取措施恢复保险人在市场上的功能。在有些国家，采取整顿措施可能需要有法院的裁定，有些国家则无须事先取得法院的裁定。整顿大多被作为清算前的折中性措施，目的是尽量减少市场波动，防止导致系统性风险。

4. 依法清算

保险监管机构对本国财务困难的保险人采取的最后一项措施是进行清算，结束该公司的所有业务。清算人一般由保险监管机构指定，也可以由法院指定。清算人负责清点保险人的资产，准备向保单持有人、债权人分配，如有可能还应当向股东分配。在清算程序中，保单持有人通常享有优先权，某些险种的保单持有人可以享有优于其他保单持有人的权力。

在竞争性保险市场中，保险人丧失偿付能力的情况是不可避免的，因此，监管机构必须面对如何保护相关保险人利益的问题。多数国家都建立了保险给付或赔偿的担保机制，有些国家还设立了丧失偿付能力保证组织或保证基金。

9.2.6 中国银行保险监督管理委员会

中国银行保险监督管理委员会（以下简称"中国银保监会"）是国务院直属事业单位，为正部级。中国银保监会贯彻落实党中央关于银行业和保险业监管工作的方针政策和决策部署，在履行职责过程中坚持和加强党对银行业和保险业监管工作的集中统一领导。

1. 中国银保监会的主要职责

① 依法依规对全国银行业和保险业实行统一监督管理，维护银行业和保险业合法、稳健运行，对派出机构实行垂直领导。

② 对银行业和保险业改革开放和监管有效性开展系统性研究。参与拟定金融业改革发展战略规划，参与起草银行业和保险业重要法律法规草案以及审慎监管和金融消费者保护基本制度。起草银行业和保险业其他法律法规草案，提出制定和修改建议。

③ 依据审慎监管和金融消费者保护基本制度，制定银行业和保险业审慎监管与行为监管规则。制定小额贷款公司、融资性担保公司、典当行、融资租赁公司、商业保理公司、地方资产管理公司等其他类型机构的经营规则和监管规则。制定网络借贷信息中介机构

业务活动的监管制度。

④ 依法依规对银行业和保险业机构及其业务范围实行准入管理,审查高级管理人员任职资格。制定银行业和保险业从业人员行为管理规范。

⑤ 对银行业和保险业机构的公司治理、风险管理、内部控制、资本充足状况、偿付能力、经营行为和信息披露等实施监管。

⑥ 对银行业和保险业机构实行现场检查与非现场监管,开展风险与合规评估,保护金融消费者合法权益,依法查处违法违规行为。

⑦ 负责统一编制全国银行业和保险业监管数据报表,按照国家有关规定予以发布,履行金融业综合统计相关工作职责。

⑧ 建立银行业和保险业风险监控、评价和预警体系,跟踪分析、监测、预测银行业和保险业运行状况。

⑨ 会同有关部门提出存款类金融机构和保险业机构紧急风险处置的意见和建议并组织实施。

⑩ 依法依规打击非法金融活动,负责非法集资的认定、查处和取缔以及相关组织协调工作。

⑪ 根据职责分工,负责指导和监督地方金融监管部门相关业务工作。

⑫ 参加银行业和保险业国际组织与国际监管规则制定,开展银行业和保险业的对外交流与国际合作事务。

⑬ 负责国有重点银行业金融机构监事会的日常管理工作。

⑭ 完成党中央、国务院交办的其他任务。

⑮ 职能转变。围绕国家金融工作的指导方针和任务,进一步明确职能定位,强化监管职责,加强微观审慎监管、行为监管与金融消费者保护,守住不发生系统性金融风险的底线。按照简政放权要求,逐步减少并依法规范事前审批,加强事中事后监管,优化金融服务,向派出机构适当转移监管和服务职能,推动银行业和保险业机构业务和服务下沉,更好地发挥金融服务实体经济功能。

2. 中国银保监会的内设机构

① 办公厅(党委办公室)。负责机关日常运转,承担信息、安全、保密、信访、政务公开、信息化、新闻宣传等工作。

② 政策研究局。承担银行业和保险业改革开放政策研究与组织实施具体工作。对国内外经济金融形势、国际银行保险监管改革及发展趋势、监管方法和运行机制等开展系统性研究,提出银行业和保险业监管政策建议。

③ 法规部。起草银行业和保险业其他法律法规草案。拟定相关监管规则。承担合法性审查和法律咨询服务工作。承担行政复议、行政应诉、行政处罚等工作。

④ 统计信息与风险监测部。承担银行业和保险业监管统计制度、监管报表的编制披露以及行业风险监测分析预警工作。承担信息化建设和信息安全以及银行业和保险业机构的信息科技风险监管工作。

⑤ 财务会计部(偿付能力监管部)。承担财务管理工作,负责编报系统年度财务预决

算。建立偿付能力监管指标体系并监督实施。监管保险保障基金使用情况。

⑥ 普惠金融部。协调推进银行业和保险业普惠金融工作,拟定相关政策和规章制度并组织实施。指导银行业和保险业机构对小微企业、"三农"和特殊群体的金融服务工作。

⑦ 公司治理监管部。拟定银行业和保险业机构公司治理监管规则。协调开展股权管理和公司治理的功能监管。指导银行业和保险业机构开展加强股权管理、规范股东行为和健全法人治理结构的相关工作。

⑧ 银行机构检查局。拟订银行机构现场检查计划并组织实施。承担现场检查立项、实施和后评价。提出整改、采取监管措施和行政处罚的建议。

⑨ 非银行机构检查局。拟订保险、信托和其他非银行金融机构等现场检查计划并组织实施。承担现场检查立项、实施和后评价。提出整改、采取监管措施和行政处罚的建议。

⑩ 重大风险事件与案件处置局(银行业与保险业安全保卫局)。拟定银行业和保险业机构违法违规案件调查规则。组织协调银行业和保险业重大、跨区域风险事件和违法违规案件的调查处理。指导、检查银行业和保险业机构的安全保卫工作。

⑪ 创新业务监管部。协调开展银行业和保险业机构资产管理业务等功能监管。为银行业和保险业创新业务的日常监管提供指导和支持。承担银行业和保险业金融科技等新业态监管策略研究等相关工作。

⑫ 消费者权益保护局。研究拟定银行业和保险业消费者权益保护的总体规划和实施办法。调查处理损害消费者权益案件,组织办理消费者投诉。开展宣传教育工作。

⑬ 打击非法金融活动局。承担打击取缔擅自设立相关非法金融机构或者变相从事相关法定金融业务的工作。承担非法集资的认定、查处和取缔以及相关组织协调工作。向有关部门移送非法集资案件。开展相关宣传教育、政策解释和业务指导工作。

⑭ 政策性银行监管部。承担政策性银行和开发性银行的准入管理。开展非现场监测、风险分析和监管评级,根据风险监管需要开展现场调查。提出个案风险监控处置和市场退出措施并承担组织实施具体工作。

⑮ 国有控股大型商业银行监管部。承担国有控股大型商业银行的准入管理。开展非现场监测、风险分析和监管评级,根据风险监管需要开展现场调查。提出个案风险监控处置和市场退出措施并承担组织实施具体工作。

⑯ 全国性股份制商业银行监管部。承担全国股份制商业银行的准入管理。开展非现场监测、风险分析和监管评级,根据风险监管需要开展现场调查。提出个案风险监控处置和市场退出措施并承担组织实施具体工作。

⑰ 城市商业银行监管部。承担城市商业银行、民营银行的准入管理。开展非现场监测、风险分析和监管评级,根据风险监管需要开展现场调查。提出个案风险监控处置和市场退出措施并承担组织实施具体工作。

⑱ 农村中小银行机构监管部。承担农村中小银行机构的准入管理。开展非现场监测、风险分析和监管评级,根据风险监管需要开展现场调查。提出个案风险监控处置和市场退出措施并承担组织实施具体工作。

⑲ 国际合作与外资机构监管部(港澳台办公室)。承担外事管理、国际合作和涉港澳

台地区相关事务。承担外资银行保险机构的准入管理。开展非现场监测、风险分析和监管评级,根据风险监管需要开展现场调查。提出个案风险监控处置和市场退出措施并承担组织实施具体工作。

⑳ 财产保险监管部(再保险监管部)。承担财产保险、再保险机构的准入管理。开展非现场监测、风险分析和监管评级,根据风险监管需要开展现场调查。提出个案风险监控处置和市场退出措施并承担组织实施具体工作。

㉑ 人身保险监管部。承担人身保险机构的准入管理。开展非现场监测、风险分析和监管评级,根据风险监管需要开展现场调查。提出个案风险监控处置和市场退出措施并承担组织实施具体工作。

㉒ 保险中介监管部。承担保险中介机构的准入管理。制定保险中介从业人员行为规范和从业要求。检查规范保险中介机构的市场行为,查处违法违规行为。

㉓ 保险资金运用监管部。承担建立保险资金运用风险评价、预警和监控体系的具体工作。承担保险资金运用机构的准入管理。开展非现场监测、风险分析和监管评级,根据风险监管需要开展现场调查。提出个案风险监控处置和市场退出措施并承担组织实施具体工作。

㉔ 信托监管部。承担信托机构准入管理。开展非现场监测、风险分析和监管评级,根据风险监管需要开展现场调查。提出个案风险监控处置和市场退出措施并承担组织实施具体工作。指导信托业保障基金经营管理。

㉕ 其他非银行金融机构监管部。承担金融资产管理公司、企业集团财务公司、金融租赁公司、汽车金融公司、消费金融公司、货币经纪公司等机构准入管理。开展非现场监测、风险分析和监管评级,根据风险监管需要开展现场调查。提出个案风险监控处置和市场退出措施并承担组织实施具体工作。

㉖ 人事部(党委组织部)。承担机关、派出机构和直属单位的干部人事、机构编制、劳动工资和教育工作。指导行业人才队伍建设工作。指导系统党的组织建设和党员教育管理。

机关党委(党委宣传部)。负责机关和在京直属单位的党群工作,负责系统党的思想建设和宣传工作。

复习思考题

1. 保险监督的意义有哪些?
2. 保险监管的内容包括哪些方面?
3. 保险监管的纠正与处罚措施有哪些?

模块十

互联网保险

单元 10.1 互联网保险概述

10.1.1 互联网保险的概念

尽管互联网保险的概念已提出很久,但随着传统保险与互联网技术的不断融合,互联网保险的概念近几年持续在发展变化。2014年4月,《关于规范人身保险公司经营互联网保险有关问题的通知》发布,将互联网保险定义为通过互联网技术和移动通信技术订立保险合同、提供保险服务的相关业务。而在2015年7月27日发布的《互联网保险业务监管暂行办法》中,互联网保险业务被定义为保险机构依托互联网和移动通信等技术,通过自营网络平台、第三方网络平台等订立保险合同、提供保险服务的业务。新的定义突出了互联网保险和传统保险所处的平台不同。

互联网保险实现保险信息咨询、保险计划书设计、投保、交费、核保、承保、保单信息查询、保全变更、续期交费、理赔和给付等保险全过程的网络化。网络保险无论是在概念、市场,还是在经营范围上,都有了广阔的发展空间。保险公司利用网络大数据信息,帮助客户有针对性地找到合适的保险产品,实现销售和服务,这样不但能够满足客户的个性化需求,提升客户消费体验,还能够有效降低保险公司的销售成本,提高经济利润。

互联网保险是传统保险与互联网技术及电子商务技术结合的新兴产物,是保险的革命性突破,给保险的发展带来了新的机遇,极大地推动了保险业的发展。

10.1.2 互联网保险的主要特点

1. 互联网保险产品多具有场景化、高频化、碎片化的特点

基于互联网平台设计和销售的保险产品,大多具有场景化、高频化和碎片化的鲜明特色,以退货运费险、快递延误险、个人账户资金安全险、手机碎屏险等为代表,这些产品保险条款简单、保障针对性强、价格低廉、交易便捷、在线理赔方便直接。

2. 紧密结合社会经济发展及消费投资热点,产品的市场定位鲜明

从早些年的"退货运费险"到2014年的保险版余额宝、"微关爱""微互助"等,再到2015年的APP功能保险、账户安全险、数码产品延保以及高现金价值万能险等,虽然有些产品内容尚存争议,但基于互联网平台的保险产品在设计上充分结合了互联网消费的各个环节和场景,与社会经济发展及消费、投资热点联系紧密,虽然以小额分散业务为主,单均保费低,但在一定意义上填补了传统保险覆盖面的空白,而且使保险消费成为消费者自觉、自愿、自然的选择。2020年年初开始暴发的新型冠状病毒肺炎疫情,给我国乃至世界经济带来了前所未有的冲击,失业人员陡增。国家为了鼓励就业和恢复生产,开始发展地摊经济。保险业对此非常敏感,中国太平洋保险公司马上推出了地摊保险,让摆地摊的民众有了保障和信心。

3. 互联网保险平台向多元化发展

互联网保险平台日趋多元化,目前主要包括四类:一是保险公司自建的官网营销平台或依托电商建立的销售平台;二是电商平台,目前天猫、淘宝、苏宁、京东等电商平台均已涉足保险销售;三是专业第三方保险中介平台,如和讯网旗下"放心保"、向日葵保险网、网易保险、新一站保险网、慧择网、蜗牛保险等,由于集合了多家保险公司的不同产品,并有专业的保险销售人员提供相关服务,便于保险消费者对同类产品进行比较和选择,与传统保险营销渠道具有互补的关系;四是专业互联网保险公司;目前我国已成立了众安保险、泰康在线、安心保险、易安保险四家专业互联网保险公司,完全通过互联网进行销售与理赔是这些专业互联网保险公司的最大特色。

4. 跨界合作领域不断拓宽

保险公司不断借助互联网平台推出或是注重理财,或是注重保障的新产品,跨界合作之多令人眼花缭乱。例如,2013年11月,泰康人寿联合淘宝网推出"乐业保"平台,针对淘宝卖家销售类似于"身故加健康保障"的保险产品;2014年2月,珠江人寿和天安人寿与支付宝平台合作向余额宝用户销售万能险产品,总额8.8亿元的产品仅6分钟即售罄;2014年7月,众安在线联合小米公司推出手机意外保障保险;2015年,"买保险送基因检测"为多家保险公司所尝试;等等。目前,跨界合作的广度和深度依然在积极探索中。

10.1.3 互联网保险的作用

消费者和保险从业者之间有一道信息不对称的高墙,阻隔了消费者对保险的信任。而互联网的出现在很大程度上帮助消费者打破了这种信息不对称的困境。在互联网下,每个人不用依赖某个个体而做出定论,互联网保险更懂用户,给用户带来更好的体验。智能核保、网上预核保的出现,为保险披上了科技的外衣,给很多身体状况不好、难以投保的用户带来了极大的便利。相比其他互联网金融业态,互联网保险主要有以下作用。

1. 互联网保险为互联网经济提供了风险保障

互联网保险不仅是通过互联网销售保险产品,更重要的是通过保险产品和服务为互联网经济提供风险保障。互联网保险挖掘和满足了新的保险需求,充分发挥了保险在互联网经济中损失补偿和风险保障的功能作用。例如,针对淘宝卖家开发的履约保证保险"参聚险"和"众乐宝",淘宝卖家以保金保险的方式替代向淘宝缴纳的资金担保,最高交1 500元保费,可释放50万元保证金。上述险种自开办以来,累计释放小微企业资金

45亿元,缓解了中小卖家的资金压力,激发了互联网经济的发展活力。

2. 互联网拓宽了保险行业的发展空间

互联网及移动互联技术的应用,使传统业态下不可为的事情变成了现实。基于网络购物开发的退货运费险,每单保费低至几毛钱。在传统保险经营模式下,几毛钱保单成本都难以覆盖。但在互联网时代成为可能,几毛钱享受十几元的风险保障,弥补了买家的运费损失,填补了物流保障方面的空白。2013年淘宝"双11购物节",退货运费险单日成交超15亿单,保费收入近9 000万元,创造了当年保险业单日同一险种成交笔数的世界纪录。

3. 互联网提高了保险行业风险定价和风险管理能力

基于互联网的大数据应用可以支持保险业细分风险,提供更精准的保险定价,提高行业风险识别和风险管理能力。例如,车联网的应用有可能从根本上改变汽车保险的游戏规则。保险公司可以通过在汽车上加载车联网设备,将收集的驾驶人的驾驶行为信息纳入车险定价,实现"随车随人"定价。这将颠覆传统车险定价模式。又如,健康管理与可穿戴设备密切相关。保险行业通过可穿戴设备收集客户健康数据,指导客户优化生活习惯,并建立健康保险产品费率厘定的新模型。再如,保险公司未来可以利用气象大数据,将自然灾害的风险定价细分到"田间地头",为农业保险提供更精准的定价服务。

4. 互联网保险可以实现精准营销

互联网优化了保险行业的销售模式,互联网新技术的应用,可以从根本上改变传统保险依靠人海战术的效率低下现象。基于互联网技术,保险公司销售人员可以准确预测消费者的需求,实现精准的"场景营销"。例如,基于消费者订购机票行为,可以向其推送航空意外险、旅游意外险等产品,这种由客户需求触发销售和服务的模式,能够有效避免销售扰民、强制推销等问题。

5. 互联网保险优化了客户的用户体验

互联网提升了保险行业的客户服务水平。随着互联网技术的发展,消费者可以突破时空限制,在线获得承保、理赔全流程方便快捷的专业服务,优化了保险消费者的用户体验。例如,购买航班延误险或风力指数海水养殖保险后,因航班延误或台风灾害造成损失后,无须提供气象证明,客户甚至不需要提出理赔申请,保险公司就可根据大数据信息,及时支付赔款到被保险人账户,简化了传统保险查勘理赔的烦冗流程,提高了服务效率。

综上所述,虽然保险与互联网的融合刚刚起步,尚未形成完整的保险业态,但是保险与互联网的融合是大势所趋,是对传统保险的有益补充,具有广阔的发展前景。

单元 10.2 互联网保险的发展过程和现状

10.2.1 互联网保险发展的过程

我国第一家保险网站于 1997 年成立,这标志着我国保险与互联网技术结合的开端。同年 11 月,中国保险网在北京举行开网仪式,这一仪式意味着我国保险业进入了互联网时代。在此之前,国内完全没有网络销售保险的概念。2000 年前后,我国互联网保险处于发展的萌芽阶段。在这一时期,保险公司第一次接触互联网技术,特征是宣传网络化,国内大型的保险公司陆续建立各自的官方门户网站,如泰康人寿保险公司开通了"泰康在线"电子商务网站,提供互联网保险相关服务。2001 年,太平洋保险北京分公司与朗络公司合作,开通的"网神"上线险种达到 30 多个,开始网络保险销售,开通后第一个月的保费就达到近 100 万元人民币。各保险公司依托互联网强大的信息传播功能进行网络宣传,保险网络销售模式初现,但这还不能称为真正意义上的互联网保险的开始。直到 2005 年,我国正式颁布实施《中华人民共和国电子签名法》,中国人保签发出国内的第一张电子保单,意味着我国的保险业进入了真正的互联网保险时代。

2006 年,保险网创造出"互联网保险超市"的销售模式,为客户同时提供网络及电话双渠道服务,中国人寿、泰康人寿、太平洋保险陆续推出互联网保险营销模式。尽管在发展前期,各大保险公司的官方网站具备电子商务的功能,但线上销售并没有快速发展,互联网的主要功能还是在产品宣传和信息传播。这一时期主要是将原有的保险产品进行在线化,将互联网视为销售保险的一种渠道和工具,保险公司将原有可适用于互联网销售的产品搬到线上,借助互联网的力量和技术,将保险产品的核心内容和功能详尽、清晰地展现在互联网页面上。这一变化给保险公司带来了新的企业宣传、信息传播方式。之后,随着阿里巴巴等电子商务平台的兴起,一些以保险信息服务及保险中介服务为定位的保险网站相继出现。

2010 年,我国开始进入探索互联网保险线上销售方式的阶段,特征是销售逐渐网络化,国内的电子签名、网络支付纷纷实现技术突破,互联网保险开始进入竞争升级加剧时期,各大保险公司及中介渠道都在激烈的竞争中迅速发展,这个阶段网上的产品主要是车险、理财险、旅游意外险等标准化的保险产品。在政策方面,政府开始加大对保险电子商务发展的扶持,陆续出台了相关政策。2013 年被称为互联网金融元年,2013 年 9 月,蚂蚁金服、腾讯、中国平安联合成立了国内首家互联网保险公司——众安保险,"双十一"当天,众安保险互联网保费收入超过 6 亿元。

2014 年 1 月,经国务院批准,中国保险信息技术管理有限公司成立,为保险业发展和监管提供基础性的网络支持和信息服务。2014 年 8 月,国务院印发《关于加快发展现代保险服务业的若干意见》,即保险业"新国十条",大力强调支持保险公司积极运用大数据、云计算、移动互联网等新兴技术促进保险业销售渠道和服务的创新。在这期间,保险电话销售渠道取得了很大的成功,这体现出新兴渠道占有极大的优势,需要保险行业主动把握机会。这一阶段的特点主要表现为业务逐步网络化,即保险产品的前端销售和后端理赔均在互联网上进行。线上购物的爆发式增长在很大程度上促进了互联网保险的发展,使得互联网保费收入出现增长拐点,增速大大加快,互联网保险的发展真正进入"春天"。保险作为管理风险的重要工具,场景展示非常重要,良好的场景展示会给客户以代入感,让客户更加深刻体会到风险所带来的不确定性和极大伤害,从而激发客户的消费欲望。保险公司将产品嵌入场景,利用场景销售保险产品,尽量让客户有在实体店消费的体验和感受。例如,高温险、加班险等另类保险初见端倪,这些保险产品是基于现实生活或是虚拟网络中的场景产生的,因此吸引了大众眼球,获得社会的广泛关注。但不同的保险产品后续反响却相差很远,例如高温险,销量巨大且利润高,后续的赔付率非常低;有些保险虽然得到了广泛关注,但销量极少,甚至被监管部门叫停,如彩票不中险,因保险责任为中奖后获得百倍保费奖励,涉嫌赌博行为而被强行下架。从 2011 年起,互联网保险的收入以 32.5 亿元开始,一路以 100% 的增速飙升,已成为各保险公司最重要的保费来源。

10.2.2 互联网保险发展的现状

目前互联网保险已经被许多的保险公司视为重要的运营模式,互联网的极速发展为互联网保险的发展奠定了坚实的基础,互联网保险改变了传统保险的营销模式,为保险行业带来了新的增长点。

1. 保费规模快速增长

随着互联网电商、移动支付等业务的高速发展,互联网保险业务的规模实现了爆发式增长,各种创新保险产品层出不穷。2015 年 7 月,《互联网保险业务监管暂行办法》出台,此举充分体现出我国监管部门支持互联网保险发展、鼓励创新、防范风险、趋利避害、健康发展的基本态度。由于互联网和电子商务的发展及我国巨大的网民数量,互联网保险目前已进入全面发展时期,从事互联网保险业务的保险公司已超过 100 家,2012—2016 年,互联网保费规模由 100 亿元增长至 2 300 亿元。2016 年,我国互联网保险产业发生了质的变化,进入跃进阶段,主要特征是企业的网络化。一些专业的互联网保险公司通过运用新兴技术,如大数据、移动互联网等,利用云计算来实现网络化保险业务的全过程,其中涉及设计保险产品、查阅保单信息、实行在线投保、移动交付保费、审核保单、审批赔付、完成信息更新、出具电子保单、续保提醒、线上理赔等环节。另外,保险公司将供给与客户的需求相互结合。在深度的交流沟通中,客户在无意识的情况下向保险公司提出平时不易察觉的消费需求,保险公司会根据客户表述的需求,通过海量的数据分析,了解客户的消费偏好,不仅可以开发出顺应市场需求的新产品,还可以进行动态的风险定价,同时这种相互沟通有利于进一步培养客户的消费习惯。但由于 2016 年后,监管力度逐渐增大,互联网保险整体的保费也有下滑的趋势,2017 年的整体保费规模为 1 800 亿元。

2. 专业互联网保险公司成立

泰康在线财产保险公司、安心财产保险公司、易安财产保险公司三家互联网保险公司在 2016 年正式获得开业批复,三家公司均未设置线下分支机构。自此,专业互联网保险公司批量出现,这说明互联网保险公司已达成共识,为互联网保险的整个行业带来质的改变。2016年6月,蚂蚁金服和CBN Data联合发布的2016互联网保险消费行为分析报告显示,截至2016年3月,互联网保险服务的用户已经超过3.3亿人,人数是股民人数的3倍,基民人数的1.5倍。在互联网保民当中,80后、90后网民占80%,表明了互联网保险的未来将具有更强大的生命力和爆发力。

3. 险种结构及保费占比

互联网保险与传统保险一样,包括财产险及寿险,互联网保险的财产险业务结构较为单一,以互联网车险作为主要险种,特点是签单量大,但每张保单的保费较低。互联网财产险的保费占整体保费的收入呈下降趋势。特别是随着车险费率商业化改革,线上与线下车险的差距逐渐缩小,要想使得互联网车险业务飞速发展,必须要有创新的营销模式。互联网寿险的保费占互联网整体保费的比例逐年上升,这得益于一些收益率偏高的理财类型保险,但因为监管机构加强对万能型寿险的监管,互联网寿险保费在2017年也呈下滑趋势。

4. 行业提升空间大

随着互联网经济的迅猛发展,自2012年开始,互联网保险进入井喷式的增长阶段。中国保险行业协会公开数据显示,2012—2015年的4年间,互联网保险保费收入增长近20倍,渗透率在2015年已达到9.2%。然而从2016年开始,互联网保险保费规模增长陷入停滞并开始减少,究其原因在于保险业政策监管、商车费改及人身险理财型产品业务收缩,直接影响了互联网保险的保费收入数据。但从长远来看,政策调增后的互联网保险行业将进入健康发展的轨道,业务结构已开始主动转型,互联网保险未来具有巨大的发展潜力。

5. 目前互联网保险发展重点体现在共享经济的优势

在大量的交易中,不断发掘人们在实际生活中及虚拟社交中的过剩资源,把过剩的资源进行整合,进行消费资源的共享。很多其他的行业都通过各种方式进行分享激励,例如分享可得优惠券、分享即享受返点折扣等,以此进行成本较低的宣传,聚拢极大数量的客户群体。这个客户群体中的每个人都是产品潜在的客户,同时也是产品的隐形代理人,大量的客户在潜移默化中转变了角色,大大扩展了互联网保险的销售市场。

10.2.3 我国目前的互联网保险模式

目前,我国互联网保险主要有以下3种模式。

1. 官方网站模式

这种模式是企业为了展现自身品牌、增强客户体验、拓展销售渠道,通过建立自主经营的电子商务平台来进行营销的运营模式。该模式以保险公司为主体,促进公司线上线下资源联动,提高保险公司的经营效率。

2. 专业互联网保险公司模式

这是从销售到理赔整个交易过程全部且只在网上完成的保险经营模式，专注于发展互联网保险，全部保险流程在线上完成，不设立任何线下销售人员以及实体分支机构。其特点是客户人群庞大、保费低、保单自动处理率高、线上服务占比高等。

3. 第三方电子商务平台模式

这种模式主要通过如淘宝、京东等综合电商，以及保险中介机构建立网络保险平台，是保险公司通过电子商务构建网络销售平台，利用互联网技术发展保险业的经营模式。随着金融市场竞争的不断加剧，第三方电商利用互联网创新能力激发市场竞争力，在金融行业里发挥重要的作用。

复习思考题

1. 互联网保险的主要特点有哪些？
2. 互联网保险有哪些作用？
3. 简述我国互联网保险的发展过程与前景。

参 考 文 献

[1] 吴定富.保险基础知识[M].北京:中国财政经济出版社,2010.
[2] 刘子操.保险学[M].北京:经济科学出版社,2011.
[3] 曾卫.保险学[M].北京:人民出版社,2011.
[4] 张弦.人身保险业务[M].北京:中国财政经济出版社,2010.
[5] 朱疆,雷华北.保险实务[M].北京:北京师范大学出版社,2006.
[6] 林义.社会保险[M].北京:中国金融出版社,2003.
[7] 孙启祥.保险学[M].北京:北京大学出版社,2005.
[8] 王健康,周灿.保险学概论[M].北京:电子工业出版社,2010.
[9] 中华人民共和国保险法[Z].2015.